Rolf Friedrich Schuett

Aufzeichnungen aus dem Schwarzen Loch

Fragmente eines Nachsokratikers

Rolf Friedrich Schuett

Aufzeichnungen aus dem Schwarzen Loch

Fragmente eines Nachsokratikers

Books on Demand

Bibliographische Information Der Deutschen Bibliothek:
Die Deutsche Bibliothek verzeichnet diese Publikation in der
Deutschen Nationalbibliographie; detaillierte bibliographische Daten
sind im Internet über http:// dnb.ddb.de abrufbar.

Herstellung und Verlag :
BoD – Books on Demand, Norderstedt

Gedruckt auf alterungsbeständigem Papier (holz- und säurefrei)

Umschlaggestaltung : E. L. Schmidt

Printed in Germany

ISBN 978-3-7481-9140-7

Meinen Eltern
in Dankbarkeit

Brevier für Hinterweltleute

Mehr Mut zur Feigheit? Wer Kinder in seine Mitwelt setzt, versucht eine Nachweltverbesserung und glaubt noch an juristische Unterweltverbesserer.

Zieh aus meinen Fragen richtige Schlüsse, damit ich aus deinen Antworten keine falschen ziehe.

Viele zeigen ihre Gleichberechtigung und verschleiern ihre Gleichheit.

Wahrheiten sind keine legitimen Mittel zur Wahrheit als Selbstzweck.

Hohe Gedankengebäude, die nicht aus „Steinen der Weisen" bestehen, stehen oft in Erdbebengebieten. Reise in aphoristischen Einmannzelten!

Wenn man sich nur verbessern könnte,
ohne etwas bewegen zu müssen!

Auch Kühnheit eher vermeiden als erleiden. Der Mutige, der nicht mutig bleibt, wirkt feiger als der Kleinmütige, der nicht mutig wird. Und wer mal zaghaft, mal beherzt ist, hat den Schaden der Feigheit wie des Mutes.

Verändern will immer nur, wer nichts mehr zu verlieren hat. Wer nichts mehr zu gewinnen hat, will nur Veränderungen in der Vergangenheit.

Wer nicht redet, weiß nicht, was er eigentlich weiß - außer dem, der nicht redet, weil er schreibt. Und Menschen schreiben Bücher, um Leuten zu helfen oder statt ihnen zu helfen.

Von Schicksal-Hebbel bis Heide-Schmidt : Merkwürdig, daß selbst die Themen von Stifters Roman "Nachsommer" nie Nachkommen und Neubearbeiter gefunden haben, aber immer viele Nachbeter der Kritiker.

Einmal Pech ist Zufall, immer Pech ist Charakter, und beides ist Fortuna.

Einen Mörder kann jeder sich meist besser vorstellen als einen Mönch und einen Wüstling leichter als einen Asketen.

Er sagt (beteuert), daß er sie liebt. Sie zeigt (beweist), daß sie ihn liebt?

Im Anfang war das Wort, nicht der Schrei, Satz, Aufsatz oder Roman.

Jedes Buch liest du durch alle bisher gelesenen Bücher hindurch bereichert oder verarmt, und liest du eines wieder, durch alle inzwischen *nicht* gelesenen.

Sartre à la Descartes. Ich denke: *"Ich bin ein Nichts",* also bin ich.

Ich habe keine Zeit zum Geldverdienen, zum Handeln und Helfen, zum Reden und Rechnen, Lesen und Schreiben : ich muß nachdenken.

Manche Gedanken sind frei (von Sinn und Verstand und Schadstoffen)

Jüngling: "Ich denke dein, also bin ich dein." Mann: "Ich denke bald, also werde ich sein." Der Greis: "Ich dachte, also war ich." ("Ich hätte es gedacht, also wäre ich es gewesen.")

Logik. Begriffe verbinden sich zu einem Urteil, doch jeder Begriff von Objekten ist selber schon ein Urteil über diese Objekte. Das sprachliche Urteil überformt und entfaltet nur noch das implizite Urteil, das jeder Begriff schon als solcher darstellt und über seine Gegenstände fällt, die unter ihn fallen. Aus Urteilen wird logisch geschlossen, doch jedes *aphoristische* Urteil ist schon sein eigener „*impliziter Schluß*" *(Klaus v. Welser),* wie jeder Begriff schon sein implizites Urteil ist.

Erlangen sühnt Verlangen. Stehenden Applaus für den ersten Star im Frühjahr und nicht für den ersten Filmstar im Festival!

Die üppigste Armut kommt aus reichlicher Unterschätzung.

Industrialismus ist eine schwere Geisteskrankheit, an der Handarbeiter leiden und leibhaftige Kapitalisten sterben werden.

Mancher gibt nur, damit man ihm etwas schuldet oder er keinem etwas schuldet.

Der Existenzialist ist ein Philosoph, der uns nicht unserer Untaten beschuldigt, sondern unserer Entschuldigungen dafür.

Jeder ist der Zusammenhang all dessen, was ihm je zustößt, und der Zerfall dessen, was er je beschließt, in einer Person zusammengefaßt.

Ist das Hauptkriterium deiner Selbsterkenntnis dein Zweifel an deiner Menschenkenntnis oder die Selbstkritik (als Kritik an der Weltkritik)?

Wer von einer Sache Abstand nimmt, ist noch nicht ihrem Wesen näher.

Gesellschaft: Herde aus Heideggerschen *Jemeinigkeiten* und *Eigentlichkeiten.* Ein regelrechter Prinzipienreiter ist schon ein Ausnahmemensch.

Adam erkannte Eva, mit der er sich verband, doch Adam erkennt Mutter Natur, wenn er sich von ihr trennt und die Trennverfahren ihrer Bestandteile verfeinert.

Liebe setzt das Herz in Flammen, das Stroh im Kopf fängt Feuer.

Jeder Hans und Franz sieht in Christus nur noch den Menschen wie du und ich, in sich selber aber das Göttliche und am Ende den Herrgott.

"Eine ganze Milchstraße von Einfällen" aus einem einzigen Menschen, sagt er, und jeder einzelne Einfall sagt fast alles (ganz).

Falsch gesungen, gut geklungen. Bescheidenheit ist die Zierde der Arroganz, diese zuweilen die Verschämtheit von jener.

Arbeite nie gegen Mängel,
verschwende Überfluss kriegsprophylaktisch.

Ein Leben ist so lang wie seine Freuden,
so kurz wie seine Leiden.

Sucht nicht erhabene Klarheit im Leben
und trübe Wärme in Ideen!

Ob es Engel gibt, die wiederaufgestiegene Teufel sind? Vielleicht steigen die Engel ja noch immer und fällt der Teufel noch immer, bis zum Ende der Welt, und die Menschen fallen steigend und steigen fallend ewig mit.

Wer steigt oder fällt, sieht manche Leute,
deren Blicken er entschwindet.

Die meisten Roman- und Theaterdialoge sind Autorenmonologe.

Antiquarische Buch-Erstausgaben mit künstlichen Randnotizen, Eselsohren, Fettflecken, Widmungen und Staubbeschichtungen.

Überdauert die formale Logik alles
als Blaupause der Urknallplanung?

Weltmeister und Welteroberer bilden ja eine Welt für sich. Mit jedem Menschen stirbt eine ganze Welt, heißt es. Physiker sprechen von Gültigkeiten "in allen möglichen Parallelwelten". Sie meinen nicht die sechs Milliarden Welten, die auf der Welt koexistieren - parallel oder frontal.

Mutter Natur hat einen Horror vor der inneren Leere des Menschenkindes, seit Physiker die Schöpfung in Gleichung und Tohuwabohu zerlegen.

Ob das Jüngste Gericht Jahrtausend-Verjährungsfrist für Sünder kennt?

Viele fühlen sich nur in Käfigen erlöst und von Befreiungsaktionen gefesselt und brechen aus, aber nur noch in Angstschweiß.

Zwei Menschen können kein einziges Mal in denselben Fluß steigen, es sei denn, sie seien eins und ein Fleisch geworden.

Der Zeitgenosse stößt auf mehr Phantasieprodukte, als er selber erfinden könnte, und er stößt sich härter an ihnen als an Gottes Geschöpfen.

Ein Idealist ist ein leibhaftiger Mensch, der in die Höhe fliegt, um nie in die Tiefe zu fallen - wenn er nur nicht in die Luft fliegt und dabei in Ohnmacht fällt. Ideen sterben vor den Idealisten (und Aphoristikern).

Philosophen denken auch gleich zu ernten, was sie zu sehen glauben.

Menschenkinder wissen heute eher, was sie mal sein wollen, als was ihre Mutter Natur immer ist. Nomaden fürchten die Eigenheimtücke.

In Einzelfällen tappt man in Einzelfallen. Wer mit beiden Elfenbeinen fest auf dem Dachboden der Erdatmosphäre steht, verrät ja noch nicht den Idealisten.

Fast jeder muß die Wahrheit fühlen, fast keiner kann sie formulieren.

PISA-Studie. Schon Kids fürchten heute, den coolen Kopf zu verlieren und ein heißes Herz zu bewahren.

Gibt es eine Alternative zwischen einer Welt *mit* Alternativen und einer Welt *ohne* Alternativen und eine Wahl zwischen Zwangsrepubliken der Volksdemokratie und dem Liberalismusdruck des Freiheitstotalitarismus?

Du darfst massenmorden, wenn du nur ehrlich bereust, Gedenkrituale einhältst und feierlich versprichst, es nie wieder zu tun?

Ehe 2000 heißt, wer nicht der Schwächste ist, ist gleich der Stärkste.

Das Experiment, heißt es, ist eine peinliche Befragung: Mutter Natur sagt dazu - wie alle Frauen - immer Vielleicht und meint eigentlich Nein.

Ohne Plan und Hoffnung fehlt viel Erinnerung und Wahrnehmung.

Genies können leben,
wo kein Fortschritt ihnen das Leben erleichtert.

Was du für den Jüngsten Tag tust,
tust du gegen dein letztes Stündlein.

Nur potentielle Unmenschen denken anthropomorphi(ni)stisch.

Wir verstehen erst, was ein Philosoph denkt, wenn er uns beweist, was wir denken.

Das große Ganze minus der Summe seiner Teile ist keine Zahl, aber was dann? Womit überlebt das Kontinuum seine Arbeitsteilungen, und wie läßt es sich in die Summe seiner Urteile und Gegenteile verwandeln?

Das Volk, um nichts lernen zu müssen, läßt sich häufig für klug verkaufen, doch niemand muß es aufklären, daß es selber etwas *ändern* kann: Es hat immer gewußt, daß man alles immer nur *verschlimmern* kann.

Ob Gaben oder Gifte, Gottes "Daten" sind nicht zurückzugeben.

Biologie richtet sich an Biologen, Lyrik an alle. Also will jeder Biologen hören und niemand Gedichte.

Abweichende Ideen werden bestraft,
wo sie von Minderheiten abweichen

Jedem wird ins Grab nachgerufen,
was ihm an der Wiege gesungen war.

„Gott ist tot" und der Nietzsche-Fan sein Alleinerbe. Wenn Gott tot ist, kommen alle Leute, falls noch nicht dort, in die Hölle, und Nietzscheaner werden Gentechniker, die ewig wiederkehrende Überpflanzen züchten.

Früher war alles besser gewesen, aber zu Beginn nicht meiner Lebensgeschichte, sondern der Weltgeschichte. Am Anfang war die Welt ja noch in Ordnung, aber nicht, als ich den Mutterleib, sondern das Paradies die Hand des Schöpfers verließ.

Verheerende Heerstraße. Was sich nicht in Umgangssprache übersetzen läßt, muß nicht Literatur sein.

Tasso. Der Geburtsadel des Herzogs schuf erst den „Fürstenknecht" Goethe und den Geistesadel des Dichterfürsten dagegen.

Wissenschaft : Ersatzbefriedigung für Philosophie,
die nicht weiter weiß.

Eine Theorie vereint die Summe aller Ausnahmen von anderen Theorien.

Um etwas stichhaltig zu begründen oder zu widerlegen,
genügt es nicht, dessen Konsequenzen aufzuzeigen.

Laßt Zukunft kondensieren, Gegenwart kristallisieren
und Vergangenheit schmelzen (oder verflüchtigen).

Was macht es, ob der *Baum der Erkenntnis* nun Äpfel oder Feigen trug, und gab es einen Wald voller Bäume der Erkenntnis, die niemals (Lese-)Früchte trugen?

Von dem Unterschied, ob Dinge sich in wichtigen oder unwichtigen Dingen gleichen oder unterscheiden, hängt es ab, wie wichtig Abstraktionen von ihnen sind.

Es gibt unzählige unendlich große Zahlen, doch zählt auch Zahlloses?

Nach Freud verstehen wir, woran es liegt, daß versessene Leute so verlegen werden, daß sie sich verstellen.

Was du Ende nennst, ist unter den vielen Toden, die du sterben darfst, nur der letzte, den du nicht überlebst (doch kaum noch spürst). Keine Last mehr, keine Lust mehr.

Sehnsucht **in** unbestimmte Weite ist ein Gefühl, das aber **aus** unbestimmter Weite über uns kommt.

„Ich stellte mich unter, ich machte mich klein."
(Wolfgang Koeppen)

Sozialistisch gleichverteilter Mangel, kapitalistisch ungleichverteilte Fülle:

Wer mich nicht umbringt, sagt der Talentfreie, macht mich sterblich.

Schließen wir euch aus, *weil* wir oder *damit* wir verbunden sind, und haltet ihr zusammen, *weil* ihr oder *damit* ihr uns ausgrenzt?

Vielen fehlt heute Zukunftsangst und nicht Angst vor fehlender Zukunft.

Hätten ein Mann und eine Frau sich geliebt, dann können *ihr* Sohn, der sie liebt, und *seine* Tochter, die ihn liebt, sich auch ineinander verlieben.

Sein frühes Schülerinteresse an *mathematischer Physik* zerfiel in ein Interesse an Naturpoesie *und* mathematischer Logik. Die Faszination von Kultur-, Human- und Geisteswissenschaften (Psychologie, Anthropologie, Sprach- und Staatstheorie, phänomenologische Existenzphilosophie, Soziologie, Ethik, Historie, Sprachtheorie etc.) ging auf und über in ein Interesse an (Fortsetzung) der europäischen Moralistik.

Die beste aller möglichen Hinterwelten nimmt es mit Ironie, daß Heidenspaßgesellschaften und Sozialkritikgesellschaften kommen und gehen...

Den besten Eindruck macht das arme Bremen immer von den Klippen Helgolands aus.

Die üppigste Armut kommt oft aus reichlicher Unterschätzung.

Du stehst über den Dingen, in denen du drinsteckst, seltener als über Leuten, die nicht drinstecken.

Warum richtet sich warmes Leben nach heißen Sternen im kalten Raum?

Schlecht ist Musik, die den Hörer ermutigt, selber welche zu machen.

Zweifel: Der Glaube, daß ein Glaube unbegründet ist. Skeptizismus: Der Glaube, daß kein Glaube begründet ist - auch dieser nicht.

Läßt sich nur Unbeweisbares praktizieren
und Unpraktikables beweisen?

Betrachte mal Gleiches auf verschiedene und Verschiedenes auf gleiche Weise. Stimmt es *eigentlich*, was Philosophen sagen, daß alles *eigentlich* ganz anders ist (als gedacht)? Wenigstens kann man den Teufel im Detail nicht austreiben durch den Beelzebub in der Abstraktion.

Man sucht Gemeinschaften, um Erfahrungen zu vermeiden - u. u.

Traum der Sünder: Nach dem Tode dürfen die Guten das ewige Leben erwarten und die Bösen das ewige Nichts.

Einsichten gelten als Funktionen von Gesichtspunkten. Läßt die Einsicht, welche Einstellung einer Einsicht zu Grunde liegt, sich ihrerseits als Funktion gewisser Einstellungen denken? Einsicht in Einstellungen oder Einstellungen zu Einsichten, was kommt früher? Jeder Einsicht in Gesichtspunkte liegen wiederum Gesichtspunkte zu Grunde, über die nun selbst erst eine Einsicht zu gewinnen wäre etc. Auch die "Lebenswelten" hinter objektivierenden Intentionen lösen sich ja selber auf in Begriffsobjekte, sobald sie nicht mehr im unthematisierten Hintergrund wirken.

Das Leben bedeutender Mathematiker und Logiker wird seltener einer Biographie gewürdigt. Das ist fast ungehörig, weil die Urheber hinter dem unsterblich objektiven Wert ihrer Lebenswerke fast verschwinden, weil sie ja nicht durch pikante Skandale, süffige Seelendramen und interessante Abnormitäten auffallen, die das exhibitionistische Leben gewisser Künstler und anderer Selbstdarsteller so unwiderstehlich macht für talentlose Voyeure, die sich schadlos halten müssen.

Systematiker hetzen von Sentenz zu Sentenz, Aphoristiker von System zu System.

Deine Lust freut dich weniger, als sie mich schmerzt, und deine Last schmerzt dich mehr, als sie mich freut.

Arme werden gerechter, Gerechte werden ärmer.
Erfolg macht dich besser und andere schlechter.

Deine Wahrheit braucht das ganze Leben, sich dir (uns) ganz zu zeigen.

Die Starken beklagen ihre Schwächen, die Schwachen rühmen ihre Stärken.

Nach seiner Ausbildung sollte ein *Philosoph* wohl imstande sein, denken zu lernen. Wenn die Nachwelt sich ihm zuwenden soll, muß er sich von der Mitwelt abwenden u. u. Die Erscheinungen hüllen sich ihm in *Dinge an sich,* und der Sinn seines Lebens liegt im Frohsinn des Denkens. Äußert er mehr als eine Idee pro Satz, hat er sich unsere Mißgunst redselig verdient.

Jeder Begriff will Homonym seiner Objekte sein, die unter ihn fallen, und jedes Prädikat eines Satzes will Synonym seines grammatischen Subjekts sein.

Auch Gelehrte handeln - immer noch ihre Themen ab, aber wem?

Was wir vollpumpen statt aussaugen,
kann uns nicht mehr verschlingen.

Entspricht jeder Pflanze ein Tier (eine Menschenart) oder auch umgekehrt?

Das Meer an Flußmündungen löscht kein Feuer aus Gewehrmündungen.

Seit ihn gar kein literarischer Ehrgeiz mehr treibt, weitschweifig erzählen zu müssen, kann er ein immer kürzeres Leben nun für immer kürzere Aufsätze verwenden. (Aufsätze, so glänzend wie blankgesessene Hosenböden?) Der Autor sucht zu jeder Vorstellung etwas, das weiter von ihr entfernt ist als ihr bloßes Gegenteil. Der Gegensatz steckt in jedem Satz ja immer schon drin und muß nicht erst von weit her geholt werden. Das Verschiedene liegt entlegener voneinander als die bloßen Kontraste.

Darf schon jeder sich berühmen, im Elfenbeinturm zu sitzen, der viel unnützes Zeug treibt und um Mitmenschen sich nicht viel kümmert?

Schreib etwas auf in der Hoffnung, daß die Nachwelt mehr damit anfangen kann als du. Marzipanschweinchen machen sich nichts aus Marzipanbrot.

Bequemen wir uns dazu, den Tod zu fürchten, auch wo uns kein Leben gelingt, oder zwingen wir uns, das Überleben zu lieben aus Haß aufs Ende?

Liebesaffären führen den Künstler zu Ruhmestaten, doch nur berühmten Künstlern fliegen gemeinhin solche Abenteuer zu.

Man fühlt sich dem überlegen, der sich den Überlegenen überlegen fühlt.

Wer Könner verachtet weil beneidet, kokettiert mit Dilettantismus.

Können wir von dem lernen, der nichts von uns lernen kann -
wie Gott?

Der Schöpfer hat nicht nur Besseres zu tun, sondern uns auch wahrhaft viel Besseres zu bieten, als unsere vielen Herzenswünsche zu erfüllen.

Mutter Kirche türmt Steine zwischen Gottvater
und die Menschenkinder.

Der eine kann Menschen nicht ansehen, weil er sich gekränkt fühlt, ein anderer fühlt sich gekränkt, weil er sie nicht ansprechen kann.

Kunst ist das, was man machen kann aus einem Leben, das man fürchtet, und „Dichter lügen zu viel" auch dann, wenn sie das selber sagen.

Wer ins Grüne geht, ins Blaue schießt und ins Schwarze trifft, heißt ein Naturfreund. Die Früchte vom Baum der Erkenntnis lassen sich ernten, aber oft nicht mehr aus der pflückenden Hand legen.

Das Leben der allermeisten Leute hat zu wenig Länge weil viel zu viele Längen. Je mehr dein Leben herausgebracht hat von dem, was du jemals in dir stecken fühltest, desto näher siehst du den Tod rücken. Niemand weiß, wann er stirbt, weil niemand weiß, wie viele Schätze der Allmächtige in seine Anlagen versenkt hat, damit sie von Lebensmut und Lebensumständen ans Tageslicht gehoben werden.

Wer keinen Gegenstand ansehen kann, ohne ihn durch einen anderen hindurch zu sehen, den er nicht sieht oder nicht sehen kann, ohne ihn seinerseits durch einen dritten hindurch zu sehen, erblickt nie ein reines Oberflächenphänomen und bleibt beim *Wesen der Sache* stehen, die ihre äußere Erscheinung mehr oder weniger gut verbirgt.

Elementarteilchen flitzen, Fixsterne rasen durch die Riesenräume, doch die ewigen Gesetze ihrer Flugbahnen ruhen zusammen mit den rastlosen Forschern in stillen Büchern.

Künftige Autoren müssen wir nicht mehr lesen und vergangene uns nicht mehr lesen, doch künftige werden uns lesen können, wie wir vergangene lesen durften.

Nimm dir mehr Zeit für Zeitloses. Bei Hegel ging das *Ansichsein* der Logik über die anti-idyllische Natur in versöhnten Geist (der Idealisten) über. Bei mir geht der unversöhnte Geist (der aphoristischen Moralisten) umgekehrt ins idyllische *Anundfürsichsein* von Logik und Natur(poesie) über. Regressiv verlaufen beide Bewegungen, einmal lebens- und einmal nachweltgeschichtlich.

"Auf meinem Schreibpult grünten die Inseln der Welt". (Quevedo)

Musik: Harmonisierung von Kontrapunkt und Harmonik zu polyphoner Homophonie?

Ewiggestrige Existenzphilosophie: Wer sich ständig vorweg und voraus ist, bleibt stets hinter sich zurück, und wer je sich selbst überholt, holt sich nie mehr ein. Das Sein: Sonnenbrille gegen den Schein oder Strohhut gegen den Geldschein? Wer nur sich selbst verwirklicht, kommt ins Zuchthaus, wer nie sich selbst verwirklicht, ins Tollhaus, und der Rest sitzt im Reihen-, Kauf- oder Freudenhaus.

Was du nicht illokutionär verstehst, wird dir performativ eingebleut.

Roboter-Automaten zehren/zerren stärker an uns als nur Instrumente.

Nachfahr von Helden und Vorfahr von Nullen, eine Woche ist nie länger als ihre sieben Tage, ein Ehepaar mehr als zwei Verheiratete?

Besser als herrenloses Gut behandelt man Eigentum,
auch Leibeigene.

Revolutionstheorien wirken wie halbindividuelle Revolvergeschichten,
fürs Vaterland stirbt man eher vor Lachen als vor (Bildungs-)Hunger.

Stolz ist zuweilen der bessere Teil der Demut und Mut der bösere
Teil der Vorsicht, und ob etwas für jeden sichtbar ist, läßt sich daran
ersehen, daß es keiner sehen (oder gesehen haben) will.

Frauen beklagen häufig das Gegenteil, doch auch ein Mann kann sich
in andere Menschen hineinversetzen. Er kann ihr ein Kind machen.

Bringst du mir Opfer, damit ich leichter dein Opfer werde?

Schon beim "dogmatischen Rationalisten" und "empirischen Skeptiker" Maimon ist Kants reine Vernunft nur noch eine den objektiven
Erfahrungstatsachen vollends entfremdete Mathematik oder Einbildungskraft, also pure Form menschlicher Subjektivität. Salomon
Maimons wiederum leibnizianische Spaltung von Kants "synthetischen
Urteilen a priori" in analytische Urteile a priori und empirische Urteile
a posteriori nimmt Fichtes Abspaltung der subjektiven Imaginations-
kraft von allen objektiven Fakten schon ebenso vorweg wie Schopenhauers Emanzipation des reinen „Weltauges" vom naturhaft objektivierten Weltwillen. Und diese Selbstüberhebung der von allen Objekten und Fakten abstrahierenden Willkür und Wendigkeit will restabili-
siert werden durch erneute Wiederverankerung und nachträgliche Er-
dung in einer konstitutionellen Monarchie (Hegel), in materiellen Interessen (Marx), im Religiösen (Fichte, Novalis, Fr. Schlegel, Kierkegaard), im "Amor Fati" der ewigen Wiederkehr (Nietzsche), im
Weltmaterial (Bloch), im Logik-Kalkül (Wittgenstein, Carnap, Van
Quine), in dem "Vorrang des nichtidentischen Objekts" (Adorno) oder
im totalitären Dauerrevolutionskollektiv.

Wo es bei Kant noch die „reine Vernunft" selbst ist, die regulative
Ideen systematischer *Vollständigkeit* jenseits sinnlicher Erfahrbarkeit
entwickelt, ist es bei Maimon nur die bloße „Einbildungskraft",
welche Ideen der *Vollkommenheit* weit über alle Sinneserfahrung

hinaus projiziert und damit bereits Kierkegaards "Höhenschwindel" existenzieller Angst vor der eigenen Beliebigkeitswillkür vorbereitet.

Immer geht es um die übersinnlich notwendigen (bis hinreichenden) Bedingungen kontingenter Sinnendinge : Wo Plato aufsteigt zu den transzendenten Ideen sinnlicher Erfahrungsgegenstände, steigt Kant auf zu deren transzendentalen Bedingungen, den höchsten „Archai", den ersten Urgründen und Grundsätzen (wie schon dem "Satz vom Widerspruch" bei Aristoteles) für den anschließenden Abstieg in die tendenziell unabschließbaren Verzweigungen über Gattungen und Unterarten bis hinunter zu konkretesten Einzelfällen und letzten Futilitäten.

Platons „analogische" Reduktion der Weltfülle auf die transzendenten *Archai* ist nicht primär ein Aufstieg zu den transzendentalen Bedingungen sinnlicher Erfahrbarkeit, sondern erst einmal gedanklicher Aufstieg zu einer weltschöpferisch monotheistischen Intelligenz. Das trug ihm den Namen *Moses graecus* ein. Der transzendentale Aufstieg zu den apriorischen Prinzipien und regulativen Ideen in Fichtes "Wissenschaftslehre" wurde radikalisiert von den Fragmenten nicht der Vorsokratiker, sondern der Frühromantiker um 1800 herum, bevor Hegel deren anarchische Explosion der "Ichheit" in sein panlogisch spätgnostisches Übersystem wiedereinzufangen und in den Dienst des Staates, des weltlichen Gottes, zu stellen suchte: Die christliche Menschwerdung Gottes ähnelte hier schon einer menschlichen Selbstvergottung.

Dieser transzendentale Aufstieg nicht mehr zu transzendenten Urgründen war nur noch die subjektive Abstraktion **von** objektiven Tatsachen **zu** deren apriorischen Ermöglichungskonditionen. Es handelt sich dabei, wie Maimon es sah, nicht um notwendige, sondern um lediglich *mögliche* Bedingungen der *Möglichkeit* von jeder Erfahrung. Vermutlich gibt es ja zwischen Prinzipien und Deduktaten, Gesetz und Voraussetzung, Regel und Ausnahme, Begriff und Einzelfall, weder eine eindeutig logische Ableitung noch kausale Verknüpfung. Sind „oberste Bedingungen" also weder Ursache noch Zweck noch Prämisse der Dinge und der Fakten?

Beim konstruktiv-genetischen Abstieg vom obersten Prinzip handelt es sich um die philosophische Rekonstruktion der biblischen Schöpfungsgenesis, ob nun als dendritische *Diairese* (siehe „Porphyrischer Baum") oder auch als kombinatorische Konstitution komplexer Realitäten aus einem beschränkten Simplicia-Alphabet von Atomen, Elementarteilchen, Zahlen, sense data oder anderem. — Die Vielfalt konkreter Komplexe wird zurückgeführt auf einfache Ideen (Plato) oder abgeleitet aus einfachsten Bestandteilchen (Demokrit). Reduktion oder Konstruktion, anagogischer Aufstieg zu makrologischen Ideen oder dendritischer Abstieg zu mikrologischen Idyllen: "Der Weg hinauf, der Weg hinab, derselbe Weg" (Heraklit). Sind platonische Ideen nur durch transzendentale Abstraktion und Emanzipation von objektiven Tatsachen oder von sense data erreichbar, als subjektiver Begriff vom objektiven Wesen, von deren unaufhebbbarem Zwiespalt die Aphorismen leben? Es war ein zweitausendjähriger Weg vom transzendenten (Plato) über den transzendentalen (Kant) und subjektivistischen (Fichte) bis zum dialektischen (Hegel) und zum magisch absoluten Idealismus (Novalis). Die Frühromantiker führten um den Preis der Fragmentierung erfolgreich aus, was Fichte vergeblich systematisch ausführen wollte und Kant nur an exemplarischen Punkten exekutiert hatte. Das transzendentale Programm des transzendenten Idealismus Platos scheiterte erstmalig bei Fichte an inneren Widersprüchen, die dann in den aphoristischen Paradoxen von Friedrich Schlegel sich unendlich potenzieren sollten, in Widersprüchen zwischen Ich und Nichtich, die einander auf immer neuen Reflexionsstufen voraussetzen und zugleich auch hervortreiben. Das idealistische System der transzendentalen Geltungskritik zerbricht dann an seinen inneren Widersprüchen zwischen Abhängigkeit und Freiheit, Neigungen und Pflichten, Dingen und Bedingungen, frühromantisch in potentiell unendlich viele und kleine Fragmente, die Hegel mit zweifelhaftem Erfolg staatsfromm zu reintegrieren suchte. Aber jedes einzelne der potentiell endlos vielen aphoristischen Fragmente des Novalis suchte jene *wahre Unendlichkeit* zu realisieren, die Hegel erst im großen Ganzen seines Gesamtsystems erreicht sah, als die ambivalent ironische Vereinigung von Einheit und Unverträglichkeit in einer „allgemeinen Einzelheit" wie dem Staat.

Die platonischen Ideen endeten nicht in Kants regulativen Ideen, sondern in frühromantischen Einfällen, deren jeder die Divergenz und Inkongruenz von Sein und Bewußtsein, Idee und Idyll (Eidyllion als Artenbildchen des „Eidos", des Aussehens) festzuhalten sucht und die sich, anders als bei Platon, weder diairetisch noch kombinatorisch hierarchisierbar erwiesen. "Sprüche gleichen eingeschlagenen Nägeln; sie bleiben fest sitzen. Sie sind eine Gabe Gottes, des großen Hirten. Hüte dich, mein Sohn, vor anderem mehr... " (Buch Koheleth, 12)

Martin Seel: "Adornos Philosophie der Kontemplation" (Frankfurt/M 2004). Mit dieser Schrift hat Seel seinen Adorno soweit vom Aktivisten weggerückt wie Novalis seinen Fichte, doch Fichte emanzipierte das abstrahierende Subjekt durch beliebige Erhebung über das Nicht-Ich wie Adorno das konkrete Objekt durch liebendes "Eingedenken der Natur". Adorno entpuppt sich hier als einer der wenigen Denker des 20. Jhdts., die die unauflösliche Spannung zwischen vita activa und contemplativa, zwischen Widerstehen und Anschmiegen, Negativität und utopischer Idyllik, ausgehalten und begrifflich auskomponiert haben. Zur Ruhe kam Hegel nur im Begreifen des Ganzen, Adorno im ästhetischen Anschauen des Einzelnen, doch in Unruhe versetzt wurde Adorno vom vermittelten Ganzen (wie Hegel vom „individuell Unmittelbaren") und suchte wie sein Lehrer Nietzsche diese Balance zwischen Stehen und Schweben. Die "negative Dialektik" ist das Projekt einer ideologiekritischen Moralistik im Dienste intentionsloser Kontemplation, Aktion als Mittel der passionierten Theoria.

"Kritische Theorie": Selige theoria durch immanente Kritik hindurch, idyllische Kontemplation des Nicht-identischen nur noch durch kritische Sozialtheorie hindurch möglich und negative Moralistik nur als ästhetische "Versenkung ins Kleinste". Sogar bei Schopenhauer steht eine ideologiekritische Moralistik im Dienste von buddhistischer Nirvana-Idylle. Marx, Bloch und Adorno argumentieren für Aktionsutopien als (ästhetisch antizipierbare) Kontemplationsidyllen von übermorgen. Der Aktionist Sartre steht vor dem Tagebuch-Aphoristiker Jules Renard so verständnislos wie Fichte vor seinen frühromantischen Vollstreckern Novalis und Friedrich Schlegel. Leibniz amalgamiert Integral und Differential in seiner *prästabilierten Harmonie* der aphoristisch pointablen Monaden *(Harmonade)*. Die zeitlose Statik platonischer Ideen-Idyllen wurde vielleicht am kongenialsten realisiert in den Logikkalkülen Wittgensteins, Carnaps und Quines. Kommt Husserls platonistisch ahistorische "Wesensschau" nicht erst ganz zu sich in der idyllizistischen Naturmetaphysik seiner enttäuschten Schülerin Conrad-Martius, die auf Aristoteles und den Aquinaten zurückgriff?

Für mich existiert primär, was mir ein *Phänomen* wird, also verschleiernd enthüllt und entdeckend verbirgt, entweder eher intuitiv in idyllischer Ganzheit oder eher paradox in aphoristischen Differenzen. Auch solche *indirekte Ontologie* ist Form einer Phänomenologie, die verdunkelnde Vorurteile, überflüssige Annahmen und irrige Begriffskonstrukte weggräumt, um Sachverhalte freizulegen, die gehörig variiert werden, bis ein Phänomenangebot vorliegt, das sich den potentiellen Einwänden und Widerständen von Adressaten aussetzt, ohne sich in ein argumentatives Pingpong-Spiel einzulassen, das bereits vorausgesetzt ist in einem Urteil, welches wirken will als Prämisse oder Konsequenz implizit gewordener Schlußketten.

Ars nuda veritas brevis: Unzusammenhängender Zusammenhang. "Auch Aphorismen sind manchmal unverständlich ... die Nervösen, Blasierten, Süffisanten ... wie mir alles Theoretisieren über das Aphoristische hinaus immer unwichtiger wurde." *(Arthur Schnitzler)*

Kommst nur sterblich in die Welt hinein:
Vor Gott auf eigenen Füßen!

Der Autor hat die Dinge oft schon erfaßt, der Leser aber noch nicht den Verfasser, doch hat nur der, den du überzeugst, dich verstanden?

Das Wahre, Gute und Schöne: Philosophia

rationalis	moralis	realis
Theorie	Praxis	Natur / Kunst
Logik	Ethik	Physik / Ästhetik
logistisch	moralistisch	naturpoetisch
Syllogistik	Moralistik	Bukolik

"Man hat festgestellt, daß die Autoren auf dem Gebiet der Physik, der Naturgeschichte... gewöhnlich Menschen von sanftem Charakter waren, ausgeglichen und im Allgemeinen glücklich, und daß im Gegenteil die Schriftsteller aus den Bereichen der Politik, der Gesetzgebung und selbst der Moral traurig und melancholisch waren. Nichts ist einfacher zu erklären; die einen studieren die Natur, die anderen die Gesellschaft; die einen betrachten das Werk eines erhabenen Wesens, die anderen lenken ihre Blicke auf die Werke der Menschen." *(Nicolas Chamfort:* "Früchte der vollendeten Zivilisation", Stuttgart 1977, S. 99) "Wenig Philosophie führt dazu, die Gelehrsamkeit zu verachten, viel Philosophie führt dazu, sie zu schätzen." (a.a.O., S. 107) "Wir haben nur das bißchen Kunst und Wissenschaft, das uns, in ehrlicher Arbeit, über uns erhebt und haben als Bestes die *Natur.* Alles andere ist Mumpitz, und je mehr Lärm und patriotischer Radau desto mehr. Es hat alles gar keinen Werth. Aber man muß es gehen lassen und auch schließlich noch so thun, als freue man sich darüber. Denn um es zu wiederholen, das andere ist bloß langweiliger, aber nicht besser. Wir stecken schlimm drin; das heißt Mensch sein." *(Theodor Fontane,* Brief vom 13. 3. 1888)

Monotheismus bedeutet : Die Wahrheit wird durch Wahrheiten wahrlich verfälscht.Es ist nicht schön, Schönheiten durch Schönheiten zu verdrängen, doch es ist ein Irrtum, Irrtümer lieber stehen zu lassen als durch neue Irrtümer zu beseitigen, und wer den Teufel mit Beelzebub austreibt, hat ja doch wenigstens bewiesen, daß Satan aus seinen Masken sich vertreiben läßt. Frage : Gesellschaft schützt vor Natur, Natur rettet vor Gesellschaft, doch was bewahrt vor beidem zugleich?

Legen Gelehrte Gedanken, die sie logisch verketten, deshalb schon in Ketten?

Viele Halsketten sind Schmuckstücke und Henkerstricke.

Unfreie Menschen tun Böses und vermindern in der Welt, was existiert. Freie aber täten Gutes und vermindern in der Welt, was *nicht* existiert.

Die Welt war für Gott wert, nicht vernichtet zu werden, und ist für sein Geschöpf wert, nicht verbessert, oder nicht wert, verändert zu werden.

Weiter gehen oder höher stehen, um weiter zu sehen?
Gesellschaftsfähig werden einige um den Preis, Fälle für Psychiater zu

sein. Was geltendes Recht wird, hat sich dadurch noch nicht gerechtfertigt, und Ungerechtigkeit nennen viele (ungerechte) Menschen den
ihnen bekannt gewordenen Teil der Gerechtigkeit. Wie wir nicht
über dem Gesetz stehen, sondern unter das Gesetz fallen, das wir
verletzen, so fallen wir meist noch hinter die Normen und Konventionen zurück, die wir weit hinter uns gelassen haben wollen.

Ist denn an den Reichen nur das Beste gut und an den Armen nur das
Schlimmste schlecht?

Mystiker: Verschmelze mit zwei voneinander sich trennenden Dingen
und trenne dich von zwei miteinander verschmelzenden Dingen.

Low idealism. Manche treten einer Körperschaft bei, um sich über
die Welt des bloß Körperlichen zu erheben.

Viele Lebensläufe bedeuten: Leute abhängen oder von Leuten abhängen. Aber der Lebenslauf manches Weisen ähnelt nur dem Wettlauf mit Blumen und Bäumen.

Wenn er mal keine Mitmenschen ausnutzt, ist der Egoist am aller-
liebsten Egoist, indem er in sich zusammensackt oder sogar in sich
geht, paßt er doch auf, daß er auf der anderen Seite nicht gleich wieder aus sich herausrutscht, auf andere hin.

Der Ort der Kindheit hat sich weniger verändert
als durch Erinnerung.

Bei welchem (nicht-naturwissenschaftlichen) Buch, das heute verfaßt
wurde, würde es undenkbar sein, daß es schon vor drei Jahrhunderten
verkauft worden wäre, und welches Werk der Zukunft könnte schon
heutzutage erscheinen?

Die wenigsten Menschen sterben *bei* ihrer Fehlgeburt, die meisten
aber viel später *an* ihrer gelungenen Geburt.

Notwehr ist der beste Angriff. Mathematiker und Philosophen haben nicht viel mehr gemeinsam als ihren sehr schlechten Ruf bei gewöhnlichen und gebildeten Leuten zugleich. Vorgeworfen wird ihnen vor allem, daß sie auf Legastheniker, Faulpelze und Behinderte viel zu wenig Rücksicht nehmen.

Um anzuschwärzen und reinzuwaschen, lösen Toner die Tinte ab.

Mancher *Lauscher an der Wand* hört ... und geht mit dem Kehlkopf durch die Wand.

Geist bildet den einzigen Reichtum, der nichts kostet − als den Hohlkopf.

Je größer das Individuum, desto größer die Masse, die es gegen sich zusammenschweißen muß.

Eigene bittere Erfahrungen sind so unnütz wie fremde, nicht weil wir unbelehrbar sind, sondern erfahrungsgemäß zu selten wieder in gleiche Situationen kommen (ohne sie mit Gewalt herbeizuführen).

Jede gut bewiesene Theorie beweist, daß sie besser ist als die Praxis.

Gott hat die Welt, wie sie beschaffen ist, erschaffen und will sie auch nie wieder abschaffen. Sein Ebenbild will sie sich nur noch anschaffen.

Wem seine Zukunftsprojekte und Wunschträume aufgezwungen werden, der plant auch zielstrebig die Zufallstreffer und ganze Schicksalsschläge.

Die Nachwelt ist beliebte und gefürchtete Rache an der Mitwelt o. u.

Heißt Gesellschaft die Dauer eines Kontrakts, der jedes Zwangsmitglied um sein rechtmäßiges Ureigentum bringt und ihm dafür sein Diebesgut feierlich zuspricht?

Komm in die Jahre, die ins Land gehen... Ein guter Mensch gilt vor allem als ein guter Verlierer, der seine Mitmenschen niemals um die Früchte ihrer Siege bringt, indem er sich *nicht* schwarz ärgert, und erst in zweiter Linie als ein guter Gewinner, der seinen glücklosen Nächsten gnädig erlaubt, aus ihrer Not eine Tugend zu machen und ihn so um die Früchte seines Sieges zu betrügen.

Anthropologen sind Leute, die den Menschen auch erforschen, um der Selbsterkenntnis und Menschenkenntnis zu entgehen. Von Humanisten unterscheiden sie sich dadurch, daß sie jedes Unwissen über den Menschen wohl lieber aufheben wollen als die bewußte Unmenschlichkeit.

Philosophie: Ein aufrechter Gedankengang des Menschen im logischen Kriechgang? Ein Philosoph galt immer schon als einer, der die Welt verbessert, indem er keinen Handschlag tut.

Wer gut und böse genau ausforscht, findet kaum mehr Zeit, es auch noch zu *sein.* Also ist es besser, das Böse in der Welt vor allem in der Maske des Guten lebenslang in allen Abarten zu untersuchen. Mit dem Guten ist man zum Glück schnell fertig, da es sich schon fast von selbst versteht und deshalb so selten vorkommt wie nicht von dieser Welt.

Der weiseste Mensch muß nicht klug und der beste nicht gütig sein.

Alle Menschen sind sehr verschieden, jeder hat so seine ganz eigene Art, nicht genügend nachzudenken. (Heute denkt jeder selbständig, was alle ständig selber denken.)

Der Stein der Weisen bringt sich nie ins Rollen und spielt gar keine.

"Nur derjenige Witz ist gut, der den Witz der Natur aufdeckt."
(*Hebbel*)

Politiker wollen Geschichten machen
und gleichzeitig, was Geschichte macht.

Rechte Medizin behandelt konservativ,
linke Medizin wetzt Beckmesser.

Man betet zum lieben Gott, daß er ein lieber Gott ist, wenn er böse wird, und daß nur der Teufel böse ist, also uns alles schenkt.

Wesen, seid gewesen! Falsches wird widerlegt, weil es falsch ist; Wahres wird widerlegt, weil es wahr ist.

Interpreten mißverstehen Kunstwerke
oft noch kunstvoller als Künstler.

Kann ich dir das Wasser reichen, das dir bis zum Halse stehen soll?

Auf Gretchenfragen antwortet Goethes „*Faust*" oder Hänsels Faust.

Am Schönen triumphiert die Niederlage
als Grundlage für Gut und Wahr.

Der Hitzkopf erleuchtet so, wie das Licht der Vernunft erwärmt.

Spießbürger richten Bürgerschreckschußpistolen aufeinander.

Neues entdeckt nur, wer uralte Bücher liest und nicht mit Büchern im Kopf auf die berühmte Straße geht.

Warum die Rose „*ohne Warum*" blüht? Weil sie mit Absicht blüht.

Esse est Essen oder Gefressenwerden. Vergebung aus Verachtung fällt leichter. Werden Leute auch verachtet, um sie genießbarer zu machen?

Brich mit Traditionen, die du fortsetzen willst,
und halte die Tradition hoch, die du beenden willst.

Moden wechseln immer schneller,
weil sie immer abschreckender sind.

Ein Lichtenberg ist vom Ehrenplatz jenseits der Philosophiegeschichte so schwer wegzudenken wie in Literaturgeschichten hineinzudenken.

Wir sitzen alle nicht *in*, aber schwitzen *über* denselben Atom-U-Booten.

Fruchtbarkeit kompensiert Vergänglichkeit,
Orgasmus verschiebt Todesangst.

Monogamie nennen Männer die Erlaubnis, eine kluge, gute und schöne Jungfrau zu bekommen nur zusammen mit einer dummen, bösen und häßlichen Ehefrau.

Moral lobt heute den, der nicht das Laster,
sondern das Lästige unterläßt.

Angestrebte Wahrheit wählt nur die richtigere Richtung einer Methode.

Bereits die Meinung, daß nur *eine* Meinung oder daß *alle* Meinungen wahr seien, ist wahrscheinlich unwahr.

Wenn Tausende (dir) Gleiches tun, ist es dasselbe Leid.

Wer muß sein Herz erst brechen oder verlieren,
um sein Hirn zu hören?

Der Sinn des Lebens liegt in der nicht zu späten Erkenntnis,
keinen zu brauchen.

Moderne Mittel heiligen ihre Eigner mehr als ihre Zwecke.

Lies zwischen den Feilen : Ideen waren oft Samen in Lesefrüchten.
Aphorismen zu befolgen ist leichter, als sie zu erfinden.

Genmilieu. Erwerben kann dein Leben nur, was schon in dir angelegt war, und diese Erwerbungen zeigen schrittweise, was deine Anlagen enthalten.

Macht einer brauchbar, was er sieht, oder sieht er nur, was er brauchen kann? Sichtbar macht er, was er nicht brauchbar machen kann.

Lediglich geschiedene Leute kennen sich und einander genau.

Falsch erscheint dir das Wahre, das du noch nicht erkennst, gut scheint dir schon das Böse, das dich nicht mehr schmerzt, und Unangenehmes zu verstehen ist schon angenehm.

Wer sogar verdrängt, *daß* er alles verdrängt, Lustiges wie Lästiges, kann ohne Hasenfuß ein Leichtfuß werden, der nur Nebenbuhler verdrängt.

Viele glauben an einen Herrgott, der ihnen nicht glaubt, und daß Er an Leute noch glaubt, die Ihm längst nicht mehr glauben.

Gottvater kann freies Können erschaffen und will freiwillig deinen freien Willen. Wer mit Wichtigem erfolglos ist, muß noch nicht mit Nichtigem erfolgreich sein, und wer wertlose Bestseller schreibt, kann deshalb nicht schon wertvolle Worstseller schreiben.

Liebe heißt heute auch Forderung, sich stark zeigen zu dürfen, ohne Gegenwehr oder tyrannische Schwäche zu provozieren.

Unzählige Kritiker fördern das Geniale durch Verrisse, verreißen das Mittelmaß durch Ignorieren und preisen sich selbst durch beides.

Charaktere bestimmen die Taten, nur Taten enthüllen die Charaktere.

Wer im Glashaus sitzt, wirft lieber Licht als Steine auf Bewohner.

Ein Atheist ist ein Heide, der nicht mit einem Gott vorlieb nehmen will, wenn er dem Freunde die liebe Frau oder dem Intimfeind das Leben nehmen will.

Wir sehen in die Welt wie Fotografen, die immer neue Bilder schießen und Filme belichten, ohne die alten zu entwickeln oder gar auszuwerten.

Zusammenhängen heißt Abhängen. Erst findet jeder nur Neues und Interessantes immer gut, später nur Gutes immer interessant und neu.

Sind Herzen, die Schriftsteller erobern wollen,
aus Gold oder aus Papier?

Logik ist geistiges Skelett; hängen blutige Fleischfetzen dran,
ist es Lyrik.

Kein Durchkommen. Was wir niemals durchdringen, durchqueren
oder durchhauen können, müssen wir wenigstens durchschauen.

Die Großen können sich verkleinern, und Gott machte sich klein,
um groß zu bleiben.

Verbessert wird heut die Gegenwart durch Überstunden und
Überjahre, die Zukunft durch Planierungspläne und unsere Vergangenheit durch Erinnerungen.

Der Mensch ist gezwungen, sich für frei und ungebunden zu halten,
und ist dann so frei, sich ganz gefesselt und gelenkt zu sehen.

Viele Gottverlassene halten sich an die Religion.

Als der Agrarfeudalismus unterging in einem Meer von Blut, war
das Dampfschiff der bürgerlichen Industriewelt eine Arche Noah.
Inzwischen wurde sie selber zur Sintflut, die ihren Noah sucht.

Wer noch Luft zum Atmen hat, ist noch nicht im Himmel.

Zu Kreuze kriechen. Liebt Gott Menschen, die nicht viel bereuen,
weil sie Ihm gar nicht viel schulden, oder solche, die Seine Begnadi-
gung nicht sehr brauchen, da sie ihren Nächsten kaum gequält haben?
Erlangtes sühnt Verlangtes.

Weiße Westen schicken Licht zurück,
das schwarze Seelen verschlucken.

Wer über mich urteilt, vermehrt mein Wissen, ob nun über mich oder
sich. Bloße Behandlung hebt das Behandelte auf, sagt der Betrachter,
und bloße Betrachtung hebt den Betrachter auf, sagt der Händler.

Mancher schafft sich leicht so viele Intimfeinde, wie er kann, weil kein Wunschgegner seine Freundschaft erzwungen hat.

Naturwissenschaftler erforschen, was noch kein Mensch jemals dachte, und Geisteswissenschaftler, was jedermann immer schon dachte.

Der "Baum der Erkenntnis" ist aus dem Holz, aus dem Köpfe oder Bretter davor geschnitzt werden.

Da du dir gleich bleibst, siehst du meine Veränderungen, und da ich mich ändere, sehe ich deine nicht.

Geist : Verhältnis von dem, was dir passiert, zu dem, was in dir passiert und von dem, was dich passiert, zu dem, was durch dich *nicht* passiert.

Die Natur verbirgt ihre Geschichte und die Geschichte ihre Individuen. Ich sterbe, also war ich nicht immer.

Ein Übel, einem Ideal konfrontiert,
wird schon bald ein ideales Übel oder übles Ideal.

Schmeichler müssen nicht erst Zeugnisse vorlegen.

Ein Mensch vereinigt unzählige Vorstellungen in einem sinnlichen Körper, das Weltall unzählige Körper in einem göttlichen Geist.

Je weniger wir ein Wort verstehen, desto lieber benutzen wir es, aber was wir wirklich wissen, müssen wir nicht mehr erwähnen.

Nach der allerletzten Vorstellung auf der Lebensbühne legt jeder Schauspieler sein Fleischkostüm von den Knochen. Der eine braucht fünfzig, der andere hundert Lebensjahre, um alles herauszubringen, was ihm an die Wiege gesungen und in seinen Genen angelegt war.

Lehrt das Studium unseres Auges über die sichtbare Welt nun mehr als das Studium der sichtbaren Dinge über unser Sehvermögen?

Behandele dich selbst zur Probe einmal wie ein Vater sein Erstgeborenes und nicht wie der jüngste Sohn seine Mutter.

Sobald sie den Mund aufmachen, reden fast alle Leute in Zitaten, ohne diese als solche kenntlich zu machen. Der Zeitgeist, den sie dauernd plagiieren, ohne es zu merken, könnte sie wegen geistigen Diebstahls anzeigen, wenn er diese unauffällige Art seiner Ausbreitung nicht gerade besonders bevorzugen würde.

Das Wahre kann zweifellos nützlich werden, aber ist Nützlichkeit deshalb schon Wahrheit? Am nützlichsten war uns wohl immer das Nutzlose.

Zwei Seelen, ach, wohnen nicht nur in der Brust eines Bigamisten.

Wärest du lieber vom Freund beraubt als vom Feind beschenkt?

Der Weise denkt so lange nach, bis wir Kopfweh kriegen, und strengt seine Augen so an, daß wir davon blind werden können.

Es gibt manche Fundamente, auf denen nie gebaut wurde, und umgekehrt (Gedanken-)Gebäude ohne jeden Grund.

Wenn es noch keinen Fortschritt gab, kann man fortschrittsgläubig sein. Was man nicht erzwingen will, kann man auch gewaltlos nicht erreichen.

Mancher Romancier kreiert seine Leser, indem er seine Heldin heiratet.

Würde die Allgemeinheit sich einmal dem Individuum opfern, zerfiele sie und fiele das Umgekehrte viel leichter.

(Wer Seelen durchdüst, durchbricht laute Schallmauern.) Erfolg läßt den Verrat an Freunden und Idealen vergessen, der Mißerfolg nicht.

Gedanken, die ihren Mann gut ernähren, sind nie tief genug.

Lehren scheiden Junge vom Leben und schützen Alten vorm Leben.

Güte nimmt sich nie die Kraft,
fremde Güte für Schwäche zu nehmen.

Wenn viele Geltungssucht auf fehlende Zivilcourage trifft, entsteht die Tugend der Bescheidenheit. Aber entsteht "sozial höher bewertetes Verhalten" immer als ein Kind von Lustmolch und Hasenfuß?

Psychologie : Das Unbewußte kommt leichter zum Menschen als dieser zu Bewußtsein, und ein Herr im Luftschloß ist ein Diener im Lustschloß.

Apotropäum. Menschen kommen heute schwerer über die Welt zu Gott als früher über Gott zur Welt.

Gehe nicht in die Falle, Mitmenschen Fallen zu stellen! Was überzeugt uns mehr als das Erlebnis, andere zu überzeugen?

Auch viele Praktiker und Pragmatiker führen ein Leben aus dem Geiste heraus und in den Ungeist hinein.

Du in der Welt und die Welt in dir: Das liebe Ich-selbst bildet nur die mehr oder weniger dünne Membran zwischen den zwei Welten.

Voir pour prévoir pour prévenir. Technik erleichtert unsere Arbeit, die wir verlieren, und unser Leben, das sie zerstört.

Wer sich zu Hause immer fremd fühlt, ist ja auf der Milchstraße noch nicht daheim, doch wer sich überall gleich heimisch fühlt, verläßt wohl nie sein Nest.

Es kann sein, daß wahre Naturgesetze nicht falsch sein *können,* aber es kann nicht sein, daß der wahre Gott nicht sein *kann* (ob Er für jeden nun „existiert" oder nicht).

Mancher ist zu verzweifelt, um sich das Leben zu nehmen, mancher zu böse, um anderen das Leben zu nehmen, und mancher einfach zu blöd für richtige Geisteskrankheiten.

Ein Mensch wird immer falscher, das Urteil über ihn immer wahrer. Mancher korrigiert nicht gleich seine Aussagen, sondern wartet, bis sie wahrer werden.

Invention of tradition? Die Luft ist oft so klar, daß keiner sie sehen kann, und die Vergangenheit oft so dunkel, daß jeder sie versteht.

Wer von der Menge nichts wissen will, muß eine Unmenge wissen.

Gibt es auch Reflexionen, die eine Grazie der Bewegungen nie stören, sondern erst schaffen, also Gedankenarmut als Armut an Anmut?

Sind Menschen eher Dinge als Dinge Menschen?

Selbsterkenntnis wäre Fähigkeit, eigenes Denken, Reden und Tun für jede künftige Situation nach jeder Wandlung prüfbar vorherzusagen.

Der Mensch ist unfrei, solange ihm nicht bewußt ist, wie frei er ist.

Leib und Seele verbindet eine gesetzliche Vernunft- oder Liebesehe. Dabei liegt nicht stets die Liebe beim Leib und die Vernunft bei der Seele.

Trifft verschämte Armut mal auf verschämten Reichtum, geschieht meist unverschämt wenig.

Feminismus auf Buddhistisch. Ein Mann, der seine Frau lebenslang betrogen hat, wird nach dem Tode als Frau wiedergeboren, und eine Frau, die sich von ihrem Liebhaber emanzipiert, darf nach dem Tod auf Nimmerwiedersehen ins Nirwana?

Wenn Liebe nicht fruchtbar ist, bringt der Hass umso mehr, sagt er.

Nachwelt fängt mit Kindern an und hört mit Kindeskindern auf.

Man bleibt allein nicht **in** der Gesellschaft, sondern **mit** ihr. Und wenn ein Mystiker mit dem All sich vereint und sich immer noch einsam fühlt?

Der Mensch hat eben Schwächen und der Einzelne seine Stärken.

Ein Romantiker ist auch nur ein Mensch, dem durch glückliche Identifikation mit seiner Karriere und durch glückliche Vereinigung mit dem anderen Geschlecht immer noch einiges fehlt außer Hobbies, um sich als ganzer Mensch zu fühlen.

Wer kann etwas bewegen, ohne sich mitzubewegen, und umgekehrt?

Auch Unterhaltungsautoren können ja anspruchsvoll und engagiert zugleich sein; sie drücken sich - wie von Mehrheiten - gewählt aus.

Die Sonne ist eine strahlende Gefangene, zehn Planetenkugeln hängen an langen Schwereketten, damit sie nie über die Milchstraße entflieht.

"Man kann nicht alles auf einmal sagen, insofern ist alles Einzelne falsch." *(Adorno)* Das bare Wahre ist konfus, nicht das rare Klare.

Nimm ihn dir zu Hirn, folge keinem Spruch,
auch er folgt aus keinem.

Was ins Wasser fällt, kommt leicht ins Schwimmen *mit* dem Strom.

Wenn Jean-Paul Sartre den Menschen nicht erfunden hätte, müßte er nicht so viel existieren.

Sadisten lassen sich von Masochisten (in Grausamkeit) schlagen.

Die Gottesbeweise sind tot, nicht die Gottesidee. Die Teufelsbeweise aber sind nicht widerlegt, obwohl sie vielleicht zweifelhafter sind.

Alles eitel (Sonnenschein) : Der alte Adam wird besiegt von jungen Evchen und der innere Schweinehund abgerichtet vom äußeren.

Über Geschmack, den man zu haben glaubt, wird man nicht streiten.

Wer uns in die Tasche stecken will,
steckt uns in die gefüllte Brieftasche.

Sachlichkeit allein verdeckt Ursächlichkeit, und Realismus wäre richtiger für Hundertjährige, doch die denken dafür zu realistisch.

Unwissenheit schützt nicht vor Strafe, aber diese oft Wissenschaft vor.

Die Beobachter der politischen Großwetterlage warnen die Regierung vor aufziehenden Stürmen der Entrüstung und empfehlen, gerüstet zu sein.

So *beschaffen wie geschaffen fürs Geschäft.* Wären die Dinge so, wie die meisten Leute sie sehen, könnten sie nicht einmal existieren.
Moderne Höhenpsychologie analysiert ganzheitlich, warum Patienten alles Abstrakte zu hoch ist, zu welchem Zweck das richtige Bewußtsein und das *rigide Überich* von dunklen Trieben verdrängt und die Oberbegriffe immer abgewehrt werden.

Höhere Mathematik: Einmaleins ist Heinz, meins plus deins ist meins, deins durch deins ist eins, und wann ist meins durch deins unendlich?

Den besten Eindruck macht das arme Bremen
immer von den Klippen Helgolands aus.

"In die Geschichte gehen Sätze mit höchstens sieben Wörtern ein."
(Dieser Satz, obwohl ohne Begleitschutz, gehört dann nicht dazu.)

Keine Einschränkungen ohne Einschränkungen,
fordert das Unendliche.

Nietzsche? Heim**weh spricht** : "**Vergeh** vor Platzangst!"

Ich denke, also bist du ausgedacht.

Es weihnachtet sehr : Die Zimtsterne lügen nicht,
und der Weihnachtsmann lebt auch nicht von Marzipanbrot allein.

Wie viele Sterne müssen jeden Morgen untergehen, damit die Sonne aufgehen kann!

"Eine Zensur findet nicht statt." Jede Zensur verbietet schon die Aussage, daß sie stattfindet.

Freiheit ist ein Unding an sich; es gibt Spielraum für neue Spielräume. Kantianer drehen ungestraft ein krummes Ding an sich nach dem anderen.

Adorno : Lass dich nicht mit Villen und Schweinen abspeisen!

Was war zuerst da, das Ei in der Henne im Ei oder die Henne im Ei in der Henne oder der Wasser**hahn im** Brust**korb**?

Liebestechnik ist die Tücke des Projekts im Affekt gegen die Heimtücke des Subjekts.

Sünd-Ethisch. Eine Bildung, die jeder will, ist die Unwillensbildung, doch meine Bildung ist nur Meinungsbildung.

Nichts Neues über die Sonne, nur ein neuer Gemeinplatz an der Sonne. Mach mir mal Luft, du bist Luft für mich!
"Erdübervölkerung" ist das Heilmittel, für dessen Todkrankheit sie sich hält, doch C. G. Jungs kollektiver Archetyp von morgen, ist das Noahs Raumschiff auf der Flucht vor der Kindflut?

Was auf der Hand liegt, liegt auf der faulen Haut und nie am Beweis.

Wer nachdenkt, denkt meist anderen nach oder folgt Gedanken, die aus erfolgreicheren folgen. Wahrheiten sind ohne Lügen so wenig zu verbreiten wie Lügen ohne Wahrheiten auch nur zu verstehen.

Theorie ist für körperlich und geistig Gesunde,
für andere ist die Praxis offen.

Menschen halten Dinge für so, wie sie sich verhalten. Was einleuchtet, ist selten ausgeleuchtet, aber versteht sich von selbst, daß es nichts Selbstverständliches gibt? Geschichte ist kein Weg vom Verständnislosen zum Verstand, sondern vom Selbstverständlichen zum Mißverständlichen.

Abwendung von der Moral ist keine Unmoral mehr, sondern Anwendung einer „Neuen Moral". Aus allen Lautsprechern verkündet wird die Einheit einer Theorie, die nie gelebt wird, und einer Praxis, die nie gelehrt wird.

In Eden entdeckte Gottvater unseren Sündenfall, aber Adam nicht die Fallgesetze, da der von Eva gepflückte Apfel nicht vom Baum fiel.

Der Groschen fällt — nicht weit vom Stamm; er ist alles, was der Fall ist

Steril oder pueril? Unsterbliche Kunstwerke, die nicht in unserer Lebenszeit entstehen und vergehen, also fast alle, lassen uns eher kalt.

Brüchige Ehen muß keiner mehr brechen.

Utopie? Die Ewigmorgigen sind heute die Ewiggestrigen u. u.

Keine Angst vor der Zukunft! Sie ist ja längst vorbei.

Die Freude an Freudenhäusern leidet daran, daß darin nur Freudenmädchen leiden. Es ist das Irre an Irrenhäusern, daß nie nur Irre darin sind.

Ehe und Scheidung, hört man, haben eins gemein: den Tod der Liebe.

Der Geschlechterkrieg ist der Vater aller Menschen, und der Krieg ist der Vater aller Dinge, mag sein. Aber der Vater aller Kriege ist der überlange Arbeitsfriede, dessen Früchte jedem über den Kopf wachsen.

Kopflose wollen mit dem Kopf durch die Vorwände. Stoße mit kühlem Kopf an den Himmel und nie nur mit warmen Füßen ans Bettende.

Lieber leiden und den Lohn nicht mehr erleben als prassen und nur noch Schulden hinterlassen, sagen fromme Geizkragen.

„Cogitor, ergo sum." *(Franz von Baader).* Ein Kreis oder eine Kugel wird unverständlich als aufgepumpter Punkt.

Moderne Kunst ist oft viel zu häßlich, um falsch zu sein, denn ihr Sinn ist der Sinn für die Sinnlosigkeit des modernen Lebens, sagen Künstler.

Reden ist flüssig, Schweigen eisig? Gute Schriftsteller sind gehemmte Stotterer, die schlechteren deshalb keine glänzenden Redner.

Der Reiche wird aus Lehrern nicht klug
und sucht sich einen Dummen.

Die Künstler sind nicht zu schlecht?
Die Kritiker sind aber nicht zu gut.

Erfolgreiche Memoiren sind oft die Wunschbiographien ihrer erfolglosen Leser, und eine mißlungene Biographie gibt zuweilen noch eine passable Autobiographie ihres Autors ab.

Wer sich auf die Welt versteht und mit allen Wassern gewaschen ist, hat deshalb noch nicht Kants "Kritik der reinen Vernunft" verstanden. – Mit der Kenntnis der „formalen Logik" ist noch kein reales Leben bewältigt, mit der Kenntnis des realen Lebens aber auch noch keine formale Logik.

Der Schein bestimmt den Bewußtschein, doch Geist bestimme das Geist. Wer die "Pastorale" hört oder Utopisten liest, der staunt, wie unbequem und lästig das Leben im *Goldenen Zeitalter* gewesen wäre.

Bedank dich nicht für das, was man dir erst schenken soll.

Wäre ich ein Stein, würde ich mir die Fallgesetze nicht gefallen lassen und gegen die Schwerkraft einfach aus der Hauswand springen.

Wer als ABC-Schüler durchfällt, wird Mathematiker, der ABC-Waffen berechnet, und einem Musiker ist oft schon das Einmaleins ein Einmal-und-nie-wieder.

Eine geistige Person zerfällt in Einzelsätze, und jeder will da eine ganze Persönlichkeit für sich sein und kein bloßer Urschreihals.

Gehaltloser Widerstand? "Es ist das Mögliche, nie das unmittelbare Wirkliche, das der Utopie den Platz verstellt." *(Adorno,* 1965) Das technisch, kulturell und sozio-ökonomisch Unwahrscheinliche bis Unmögliche, z. B. das Idyllische oder das exzentrische Unikum, ist der immer real existierende letzte Mohikaner.

Kain ist wieder rehabilitiert:
Hat er es nicht *für* seinen Schöpfer getan?

Zum einen Menschen komme ich eher als zu einem Bild von ihm, zum anderen komme ich kaum, weil sein Bild zwischen uns beiden steht.

Wissenschaft verdrängt den Sinn der Bilder durch die Bedeutung der Begriffe, und der Idealist verläßt seinen Kopf und sieht nach, was er mit eigenen Augen sah.

Realismus sollte etwas mehr sein als die Summe aus mißlungener Übertreibung und mißglückter Unterschätzung der Dinge.

Gut verstanden ist, was logisch aus dem Selbstverständlichen folgt, das bald wieder von selber unverständlich oder mißverständlich wird.

Manches Handlungsmotiv hatte schon weniger Folgen als sein Fehlen. Gefühle realisieren sich in Gedanken (u. u.), nicht in Getue.

Geschliffene Tränen. Einige Gedanken sind ja mit ihrer schwierigen Formulierung schon abgebüßt, andere erst mit ihren angewandten Spätfolgen.

Schreiben heißt wissen, was man nie sagt. Viele handeln entschlossen und bringen alles zu einem Ende, weil sie nicht weiter wissen.

"Alles fließt", sagt der alte Philosoph Heraklit, "Scheiß Prostata."

Die Welt ist ein einziges Dorf geworden. Überall wird geackert, jeder kennt jeden, Schweine suhlen sich im Dreck, Schafsköpfe blöken, alte Ziegen meckern, dumme Gänse schnattern, Rindviecher stehen rum.

Der Tod ist kein *Nachweltuntergang, Hinterweltuntergang* kein Ende staatlich geförderter Philosophie, doch Arbeitswelt- und Unterweltuntergang wäre eine Utopie.

Der neuzeitliche Mensch lenkt alles —
außer was der alte Gott denkt.

Luft und Wasser haben keine Balken, nur in meinem Auge ist einer.

Aphoristiker sind Autoren, die Zeit verschwenden, um Worte einzusparen, wenige Worte verlieren, damit ihre Leser viel Zeit gewinnen, und Säcke voll Rosinen aus ihrer Scheibe vom großen Kuchen pulen.

Mancher verkraftet seine Schwächen besser als seine Stärken.

Wer deine Zukunft voraussagt, kümmert sich um seine.

Der wahre Christ liebt ja nur unliebenswürdige Leute, zügelt selbst seine nächtlichen Träume und trainiert den inneren Schweinehund auf scharfe Gewissensbisse, bei denen mehr Schweiß oder Tränen als Blut fließt.

Selbstmordgefährdet ist, wer seinem Lebensweg aus dem Wege geht, doch wer auf einen grünen Zweig kommt, kommt auf seinem Lebensweg nicht weiter.

Realisten nehmen es mit ihren Möglichkeiten möglicherweise nicht so genau.

Meteorologen beherrschen mitten in der Flaute die schwierige Kunst, von künftigen Stürmen schon heute Wind zu bekommen.

"Reden" : zwei Silben, Widerreden ein Blech. Wer Einbildungskraft hat, kann wahrsagen; wer keine Einbildungskraft hat, muß die Wahrheit sagen.

Wer alles wüßte, müßte lügen,
wenn er mal die Unwahrheit sagen wollte.

Wahrscheinlichkeit ist die Höflichkeit der Mathematiker und Weisen.

Einordnung ist das halbe Leben,
Unterordnung die andere Hälfte.

Hauptrollen in Filmen spielen stets die Kinokarten
und Fernsehgebühren.

Was auch immer jemand tut, das tut und kreidet er anderen an.

Entsinnt euch : Am sinnvollsten ist es, wenn einiges sinnlos bleibt,
und am sinnlosesten wäre, wenn alles Sinn (oder Unsinn) machte.

Dein Naturell entstammt der Reihenfolge erlebter Choc-Traumata.

Ein Autor muss sich fremde Köpfe aus dem Kopf schlagen.

Wer seinen Kindern und Nachbarn die Flötentöne beibringt, beklage
sich nicht über ruhestörenden Lärm.

Weniger Arbeit für alle heißt weniger Krieg gegen alle. Wachsen
heißt Hoffen, ohne den *Boden unter den Füßen* zu verlieren, mit dem
Kopf das *Dach überm Kopf* zu durchstoßen und den Himmel offen
zu sehen.

Kleine Fehler verfehlen oft große Verfehlungen und nicht umgekehrt.

Stellt der Himmel auch Kinder her,
macht nicht jeder daraus Menschen.

Wer würde was vermissen, wenn Weltgenies plötzlich mit einem
Schlag in Normalverbraucher wie du und ich verwandelt wären?

Backfische und Milchbärte müßten Erfahrungen haben, *bevor* sie
die machen; Matronen und Knasterbärte müßten Erfahrung machen,
nachdem sie die haben.

Die Gerechtigkeit nimmt ihren „Lauf der Welt" und ihren Wettlauf der Juristen.

Wem gelingen vielsagende Ausdrücke für nichtssagende Eindrücke?

Wer immer etwas abwesend und nie so ganz da ist, spart Reisekosten.

Ein Intellektueller ist ein Händler, der niemanden überzeugt, von dem er sich nicht überreden läßt, und den keiner überzeugt, der nicht von ihm überredet ist.

Die Frau beklagt die Entfernung des Mannes von ihr
und ent-fernt ihn.

Welche Anfechtungen lassen sich anfechten und welche verfechten?

Ist es vermessen, mein Land zu vermessen und dein Feld *nicht*?

Pointen? Stichhaltig gilt als spitzfindig.

"Was soll einem Mut machen, von allem was man betrachtet, wenn nicht die Betrachtung selbst." *(Canetti:* "Die Provinz des Menschen", 1943)

Glücklich, wer nie mehr Pech hat als das Glück, das ich mal habe, und unglücklich ist, wer nie mehr Glück hat als das Pech, das ich mal habe.

Christlich. Bestraft einer dich damit, daß er von dir nichts nimmt, belohne ihn damit, daß er dir etwas schenken darf.

Die Jungen wehren Gefühle ab, die Alten eher Gedanken.

Mancher hört mehr als seine Ohren, sieht weniger als seine Augen, greift weiter als seine Hände, geht langsamer als seine Beine und denkt nicht wie sein Kopf.

Tugendböcke. Kerzenlicht zeigt anderes an dir als das Sonnenlicht, und das Licht der Welt erblickt dich anders als das Licht der Vernunft. Neue Irrtümer in der Physik, neuartige Irreführer in der Philosophie?

Irren können beide, doch Reflexionen können lügen, Reflexe nicht.

In kürzerer Zukunft, sagen Leute heute, wird mehr geschehen (sein) als in der ganzen bisherigen Vergangenheit.

Gesellschaft heißt : Andere versprechen nur, was du halten mußt.

Farbenlehre: Lilien und Chamäleons sind heute dasselbe in Grün, schlucken rotes Licht und werfen keine roten Schatten.

Ein Mensch, den es noch gar nicht gibt, gibt sich ganz selbstlos einem anderen hin, den es vor seiner Selbsthingabe auch noch gar nicht selber gab : Mit einem Male bin ich da durch dich, der du plötzlich da bist durch mich?

Wenn viele Mächte sich streiten, freut sich das Individuum? Ein skeptizistischer „Transzendentalbelletrist" unterstellt, jedes Individuum, statt zermalmt zu werden, habe autonome Macht genug, möglichst mehrere gleichstarke Determinanten zu bewegen, daß sie sich neutralisierend gegenseitig in Schach halten. Welches Individuum außer einem Professor kann Mächte und Institutionen gegeneinander ausspielen und von sich auf einander ablenken?

Das Gefühlsleben der meisten Zeitgenossen ist nicht so reich, um auch noch an Romanfiguren und Filmhelden vergeudet zu werden.

Tiefe Denker in tiefen Brunnen. Lacht die thrakische Magd auch über den Unterwasserforscher Thales, der keinen Boden unter den Füßen mehr hat?

Zweifelhaft oder schmeichelhaft. Die Gesellschaft interessiert dich nicht? Aber die Gesellschaft interessiert sich für dein Desinteresse.

Illusionen müssen keine als nackte Wahrheiten verkleideten Selbsttäuschungen, sondern können Schleier über nackten Tatsachen sein.

Wer es erreicht, ist über sein Ziel schon hinausgeschossen.

Modalitäten. Gefangene haben wohl die "Möglichkeit" erfunden, Erfolgreiche die "Notwendigkeit" und Erfolglose den "Zufall".

Steht dein Auge im Wege zwischen dir und der Welt? Wer Töne untersucht, entdeckt das Gehör, wer Ohren untersucht, entdeckt Geräusche, und wer gar nichts untersucht, erfindet bald beides.

Innenleben? Oft fürchtet man eher darin zu bleiben als einzutreten.

Eponym. Lieber sucht man zu den Worten einen möglichen Sinn als für Sachverhalte die möglichen Ausdrücke.

Religionen verwechseln Ursache und Wirkung gern mit Schuld und Sühne, Atheisten Sünde und Strafe gern mit Motiv und Folge.

Und führe uns nicht in Versuchung, sondern mache uns zu Hasenfüßen.

Man hofft, keine Irrtümer mehr zu finden, wenn man keine Wahrheit sucht, doch hält Lüge oder Wahn die Wahrheit in vernünftigen Grenzen?

Die Wahrheit wird uns eher de(kon)struieren, als sich von uns konstruieren zu lassen.

Selbstzweck nützt. Erkennende *wollen* Erkenntnis um ihrer selbst *willen.*

Das Wissen folgt dem Willen williger als der Wille dem Wissen (und das Unwissen dem Unwillen).

Jeder läßt sich oft verstehen als Nachgeburt seiner Kopfgeburten.

Am häufigsten desillusionieren uns neue Illusionen.

Jeder vernarrt sich in seine − genetisch oder frühkindlich fundierten − Evidenzen, die er sonst als Desillusionierungsautomaten erlebt.

Hohe und niedere (erniedrigende) Gefühle und Gedanken heißen tief.

Scylla und Charybdis : Schreibe nicht, was jeder und was keiner liest!

Was man Individualität nennt, bildet auch eine potentielle Sackgasse, die nur von *einer* Person bis zu Ende gegangen (oder mit Gedankengebäuden angefüllt) werden kann. – Oft handelt es sich um eine Spielart von Selbsttäuschung, die erst am Lebensende in all ihren Möglichkeiten vollentwickelt dasteht und vor dem Tode selten mehr aufgehoben wird.

Fraktalfahrt. Dummheit macht selbstgefällig, doch beweist mangelnde Selbstzufriedenheit schon Intelligenz und Erfahrung?

Entwaffne deinen Feind, indem du ihn überall rühmst, doch liebe nur den Feind, der die Besiegten nicht durch Sklavenarbeit vernichtet.

Gesehen haben: doppelter Besitz. Optimisten und Pessimisten erlauben keiner Erfahrung, ihnen Überraschungen zu bereiten.

Nietzsche griff eine schon halb verfallene Form des Christentums an. Er redete von Anfang an zu vielen Lesern nach dem Munde, z. B. all den Neo-Paganisten, die sich heute auf ihn berufen und sich von ihm bestätigt und inspiriert fühlen. Fast möchte man da seine früheren und heutigen Gegner in Schutz nehmen gegen die unzähligen Nietzscheaner, die von Anfang an offene Türen einrannten und bloße Ruinen sprengten und die man genauer in Augenschein nehmen sollte, weil sie nicht alle den Meister nur mißverstanden haben können. Geben nicht diese allzu-menschlichen Übermenschen des generalisierten „Desengano" nur traurige Windmühlenkämpfer einer abstrakten Übersubjektivität ab?

Wie in Hegels platonistischem System die Logik und Natur einander antithetisch gegenüberstehen, so in meinem Quasi-System die Logistik und die Naturpoesie als gemeinsame Statthalter einer relativen Idyllik. Als Verknüpfung von Logik und Realität fungiert bei Hegel der idyllisch versöhnende „Geist", bei mir der aphoristisch-satirische „Esprit".

Willenloses Wissen, Wille unbelehrbar. Freud verstand geistiges Leben als Doktorvatermord mit Galgenfristenlösung der Nachwelträtsel.

48

Hegel verhandelte das als einen Widerspruch von logischem An-und-für-sich-sein und natürlichem Außer-sich-sein des Geistes, *Carnap* als Dichotomie von mathematischer Logik und empirischer Naturwissenschaft, also von theorie-internen versus -externen Termen, *Van Quine* als nur aposteriorische Gradualität innerhalb der (paradigmatisch leitenden) physikalischen Theorien, doch noch niemand bisher als eine Komplementarität von log(ist)ischen Gedanken und (natur)poetischen Gefühlen.

"Nichts eignet sich besser, eine späte Rache zu tarnen, als Zuflucht zur philosophischen Reflexion. Alle Philosophen, die ich gekannt habe, waren ohne Ausnahme impulsive Naturen." *(Emile Michel Cioran:* "Der zersplitterte Fluch", 1987) "Der ausgeprägte Sinn für das Lächerliche macht die geringste Tat peinlich, ja geradezu unmöglich." — "Nur der neigt zum Handeln, der sich in sich selbst täuscht, der die geheimen Triebfedern seines Tuns nicht kennt." *(Cioran, a.a.O.)* Gilt nicht aber auch vom Nichtstun, was Cioran hier von seiner Praxis schreibt? Etwas unfreier als im Roman, "etwas freier ist man beim Aphorismus - dem Sieg eines zerspaltenen Bewußtseins."

Nicht das "Seyn" nahm dem Denker das "alltägliche Besorgen des Seienden" ab, sondern Heideggers Gattin Elfriede (es sei denn, es handle sich da um das "Sein" dieser Ehefrau). Nichtete er aus "Sorge" um dieses bedrohte "Mit-sein" sein Verhältnis zu Hannah Arendt, der "eigentlichen" "Passion meines Lebens"?

Die Logik und Physik, die Ethik und Ästhetik waren Platos und Kants *Grunddisziplinen*. Die allgemeingültige Wahrheit der reinen Vernunft verteilt sich auf logische Denkgesetze und empirische Naturgesetze. Eventuell ließe sich Natur(schönes) und Kunst(schönes) unter Ästhetik zusammenfassen, der formalen Logik die theoretische Vernunftwahrheit vorbehalten und einer essayistischen Moralistik der Sachbereich jeder praktischen Vernunft überlassen. Dadurch fiele die Natur-(wissenschaft) heraus, die dann zwischen Naturpoesie und reiner Logik aufgeteilt würde. Die spezielle Metaphysik könnte weiter die alte Trias aus monotheistischer Ontotheologie, essayistischer Weltkunde und analytischer Seelenkunde umfassen. Die *Moralistik* komponiert philosophische Motive literarisch aus, und die *Kultur* bedeutet hier die idyllisch selbstreflektierte Kompensation satirisch faßbarer Defizite.

Münchhausen : Eine Reflexion, die sich ständig in den eigenen Schwanz beißt, zieht sich auch am eigenen Zopf aus dem Sumpf.

Neuordnung der klassischen philosophischen Disziplinen

(Formale) Logik

Erkenntnistheorie (inkl. Wissenschaftstheorie)

Metaphysik
  a. Ontotheologie
  b. Naturpoetische Kosmologie
  c. Anthropologie/Ethik/Psychoanalyse/aphoristische Moralistik

Ethik (praktische Vernunft / Recht und Moral / Essay-Moralistik)

Ästhetik (nach Schiller *Poesie* aus Elegien, Satiren und Idyllen)

Willensfrei wird genannt, wer von niemandem, der etwas von ihm will, etwas will.

Menschen, zusammengebrochen unter der Naturgewalt ihrer Naturbewältigung? Wenn Logik nicht der Kern der Gesellschaft ist, ist dann der "reale Lebensprozeß der Gesellschaft" aber umgekehrt schon "der Kern des logischen Gehalts selber"? Adorno sah "unsere gesamte Logik nach dem Modell von Rechtsnormen ... der Erhaltung von bestimmten Produktionsverhältnissen ... Ausdruck eines Eigentumsbewußtseins" als "subjektive Immanenzphilosophie". Objektfreie Weite, subjektreiche Enge : Auf der anderen Seite war ihm die "Entgegenständlichung der Landschaft" "Vernunft im Angesicht der Landschaft". Schon immer, schrieb Horkheimer 1958 an seinen Freund "Archibald Bauchschleifer" gegen Habermas, "wußten wir um die Vergeblichkeit des Gedankens an Rettung durch Revolution". "Mangel an Engagement muß kein moralischer Defekt, kann selber moralisch sein, Beharren auf der Autonomie: der eigenen Einsicht." (Adorno: "Graeculus") "Das Glück, das durch die Praxis herzustellen wäre, findet in der heutigen Welt gar keinen anderen Reflex als das Verhalten des Menschen, der auf dem Stuhl sitzt und nachdenkt." — ("Bange machen gilt nicht. Und dabei soll's bleiben.") Blieb er den Engagierten nun philosophisch zu "weit vom Schuß"?

Ewigkeit ist keine Eigenschaft der Seele, sondern der Sehnsucht danach.

Mach mal kurzen Prozeß mit dem lebenslangen Arbeitsprozeß, der dir gemacht wird! *Über Kafka (hinaus)* : Bald wird das Individuum einem Kläger oder Angeklagten ähneln, der vor Gericht sein Recht ja bekommen würde, aber dessen Scheu ihn hindert, vor Gericht zu erscheinen oder sich auch nur einen Anwalt zu nehmen. "Emphatisches Denken fordert Zivilcourage".

Läßt Luhmanns *Systemtheorie* sich auch als Versuch lesen, Adornos dialektische *Systemkritik* in instrumentelle Rationalitätsstrukturen zurückzuholen oder einer formalisierbaren Soziallogik dienstbar zu machen und dadurch zu reintegrieren? Adorno beargwöhnt als Verkürzung um das Nichtidentische, was Luhmann als systemische Reduktion der Umweltkomplexität begrüßt, und bei Luhmann wird individuelle Autonomie zu einer Ausdifferenzierungsleistung des Systems selber. Die Komplexitätsreduktion der Umwelt durch Sozialsysteme und Konventionen ähnelt der Entlastungsfunktion des konservativen Institutionalismus bei Arnold Gehlen.

"Grau ist alle Theorie" des grauen Alltags,
blau alle Theorie des Himmels.

Theorie ist vielen Menschen viel zu praktisch, eine viel zu mühsame Arbeit.

Bösewichter sind Gefangene, die nicht gefangen werden, und Freie täten Gutes. Denker treffen Gott umso sicherer, je weniger sie ihn und ihm abhandeln.

Bei Kierkegaard will das Individualsubjekt, das kein Objekt mehr in sich weiß, mehr leisten, als was bei Hegel nicht mal der *absolute Geist* leisten kann, der kein Subjekt und Objekt mehr außer sich weiß.

Was ist Wahrheit zur falschen Zeit am falschen Ort? Wird ein falscher Mensch erkannt, muß er sein wahres Gesicht gezeigt haben.

Man schämt sich nie, sich lieber seiner Armut vor den reicheren Nachbarn als seines Reichtums vor der hungernden Weltmehrheit zu schämen.

Erst in Utopia wird der Mensch wenigstens so langsam wie ein Leopard, so sanft wie ein Wolf und so bescheiden wie ein Pfau.

Gut leben ohne Gut, viel haben von wenig Habe? Er hat dem zu danken, dem er alles verdankt, ein herzensgutes Elternhaus, treue Jugendfreunde, ein Vierteljahrhundert an überstandener Arbeitswelt, die milden Krankheitsverläufe, eine liebe Lebensgefährtin, einige Ersparnisse für das Alter, eine gemütliche Wohnung, oft Ruhe und Frieden für beschauliches Sinnieren, offene Augen für die Schöpfung. Von schwankenden Sozialsatzungen zu ewigen Naturgesetzen: Von der harten Gesellschaft ging es erst in die harte Naturwissenschaft) und dann in eine weiche Naturpoesie oder -metaphysik. Von mathematischer Physik zu mathematischer Logik (pur ohne Natur und Geschichte): Ausgleich bei Marx, Sartre, Adorno und auch Freud. Psychoanalyse, Ideologiekritik und phänomenologische Existenzphilosophie gehen leicht auf in ein Interesse für europäische Moralistik.

Individuum als Unikum. Der "Vorrang des Objekts" reichte bei Adorno bis zum Vorrang des Kunstwerks vor dem Künstler, doch nicht zum Vorrang göttlicher Schöpfung vor menschlichen Machwerken.

Lebensmaximierung durch Lebensmaximen? Theoretische Vernunft braucht menschliche Sinnlichkeit und scheitert an Dingen an sich, praktische Vernunft umgekehrt braucht diese autonomen Noumena und scheitert an der Sinnlichkeit. Unerkennbares ist nur anzuerkennen.

Gerade die vielen Totgeburten, die auf Erden herumlaufen, fürchten am meisten, einmal lebendig begraben zu werden.

Schlechte Autoren reden dem Leser nach dem Munde, bessere nach dem Unbewußten (und nur dadurch ins Gewissen).

Wer biblischer Weisheit folgt, spart die Zeit und Beulen, die es ihn kosten würde herauszufinden, daß sie Recht hat. Sie verlängert das Leben, indem sie die Erfahrung erlaubt, wie viele Erfahrungen zu vermeiden wären. – Denken heißt nicht, Erfahrungen auszuwerten, sondern ihnen zuvorzukommen. Begriffe übrigens sind notwendig, um zufällige Wirklichkeitserfahrungen zu ermöglichen. Wer mit anderen teilt, gewinnt an Gewicht.

Sau'ber. Als Dreckschwein gilt, wer mit allen Wassern gewaschen ist.

Man hofft den Tod zu verkleinern, indem man das Leben übertreibt u.u.

Wer keine eigene Meinung hat, opponiert nicht anderen Meinungen.

Ein Standpunkt kann nichts *verkörpern*
und ist nicht einmal *oberfläch*lich.

Soft (con)science. Manche fühlen sich zu stark, um andere zu stärken, manche zu schwach, um böse zu sein und andere zu schwächen.

Fortschritt als Verfallssteigerung. Terra incognita diesseits der Villen liegt vielen ferner als die jenseits der Lufthülle und des Sonnensystems.

Jeder sucht Gutes, das ihn verurteilt, wie Schmutz, der ihn rein erklärt.

Kommen & Gehen. Was zu weit geht, kommt nicht weit.

Jeder wird gern in die Schublade gepreßt, er lasse sich zum Glück in keine Schublade pressen, d.h. er sei alles und gar nichts und stehe für wenig mehr als die Unfähigkeit und Weigerung, sich einem kompetenten Urteil zu stellen.

Manches Buch zelebriert mit jedem Satz, daß Leser nix zu sagen haben.

Man möchte sich auf nichts festlegen müssen. Argumente hört man sich ja gnädig an, aber nur, um sie weniger zu widerlegen als nicht hinreichend zu finden, um eigene Überzeugungen zu revidieren. Alles soll kurz gekostet und distanziert werden, um Platz für neue Stimmungsreize zu machen. Eine jede Erkenntnis ist lästig, weil sie einem zumutet, die eigene Selbstverzärtelung in Frage zu stellen. Man blättert gern in *Matschbüchern,* die in der überprivilegierten Wehleidigkeit nur herumrühren. Man weiß nicht, was einem fehlt, und wenn man es wüßte, würde man sich auch nicht ändern und litte sogar darunter und wäre noch stolz auf das Leidenkönnen an so feinen Dingen. Entweder will man so unterhalten werden, daß es dem sozialen Niveau schmeichelt, oder ganz einfach nur bestätigt werden in seinem guten Recht, aus keiner bloßen Minuteneinsicht lebenslange Konsequenzen ziehen zu müssen und alles relativieren und geschmäcklerisch entschärfen zu dürfen, was einem noch so stringent vorgelegt werden sollte.

Dialektik der Aufklärung : „Der Mensch muß sich in die Natur schicken lernen; aber er will, dass sie sich in ihn schicken soll." *(Immanuel Kant)*

Denken heißt, Himmelsleitern an die Wolken zu stellen und mit beiden Beinen unter der Erde zu bleiben, ohne sich zu widersprechen.

Entweder du fliehst vor der Wirklichkeit in die Wahrheit oder vor der Wahrheit in die Wirklichkeit. Wer nicht fliehen will, flieht vor beidem.

Die Franzosen, heißt es ja, seien scharfsinnige, geistreiche und frivole Genießer. Aber gibt es wirklich so wenige Franzosen?

Gut und klug sein heißt besser und klüger werden und den Besten und Klügsten zu kennen, der u. a. lieber in guter Gesellschaft vereinsamen als in schlechter Gesellschaft glänzen will.

"Der Sozialismus will die Armen reich machen; Jesus will ganz im Gegenteil die Reichen arm machen ... der Sozialismus will, daß womöglich *alle* arbeiten und besitzen, Jesus sieht den idealen Gesellschaftszustand darin, daß womöglich *niemand* arbeitet und besitzt ... stellt die Lilien auf dem Felde und die Sperlinge auf dem Dach als Vorbilder hin." *(Egon Friedell:* "Selbstanzeige", Wien 1983, S. 84) Die Paradieserzählung zeige "unzweifelhaft", "daß Gott dem Menschen ursprünglich ein Dasein in unnützem Nichtstun zugedacht hatte und dann leider gezwungen war, ihn zu praktischer Arbeit zu verdammen." (a. a. O., S. 185)

"Manche Leute hängen wohl darum so an der Natur, weil sie als verzogene Kinder sich vor dem Vater fürchten und zu der Mutter ihre Zuflucht nehmen." *(Novalis)* Ein romantischer Wink für Umwelt-(vor)schützer?

Weder ein *Standpunkt* noch *Endpunkt* und *Schwerpunkt* kann etwas *verkörpern,* ist keine *Richtlinie* und nicht einmal *oberflächlich,* bewegt sich aber in den Zeit- und Lebensräumen oft pünktlich im *Kreise.*

Moral? Einer *Schuldzuweisung kann* man sich heute nur noch schuldig machen.

Die Zukunftspläne sind das sicherste Mittel, um nie da gewesene Ausgangspunkte für originelle Rückblicke auf die alte Natur und Geschichte zu gewinnen, um sie von bisher völlig übersehenen Seiten zu zeigen, als wäre sie dadurch ganz neu erschaffen.

Horoskop. Erotische Anziehung steht unter guten Sternen und hat gute Aussicht, wenn die Mutter des Mannes und der Vater der Frau sich besser verstehen (oder verstanden hätten) als *ihre* Mutter und *sein* Vater.

Daß jede Lebensgeschichte weltgeschichtlich bedingt ist und jedes Individuum ein Kind seiner Epoche und seiner Gesellschaftsformation darstellt, will mancher immer auf das menschenmögliche Minimum herunterschrauben und am liebsten gar nicht zugeben müssen. Also wird er dazu neigen, sich in seinen geistigen Bemühungen an das vergleichsweise überzeitlich Unvergängliche und unwandelbar Ewige zu halten, das ihn ebenso weit überdauern wird, wie es ihm schon vorausgegangen ist, und von dem er hofft, daß dessen wechselresistente Solidität auf ihn selber abfärben wird und ihm ein Stück Unsterblichkeit sichern sollte durch bloß innige Beschäftigung damit. Ist es da verwunderlich, daß mathematische Naturgesetze und logische Denkgesetze, daß Gesteine und Gestirne ihn tiefer fesseln werden als die eitle Abfolge brüchiger Weltreiche?

Kaltgemachtes stinkt nicht, Warmes fault. Gerade wenn man richtig rechnet, kommt im Leben etwas anderes heraus, sagen nicht nur Irrationalisten.

Eine Lebensgefährtin, weder nur Mutter noch Familie. Ein Sparkonto, weder nur Schulden noch Vermögen. Eine Mansarde, weder nur Mietzimmer noch Eigenheim. Eine Rente, weder nur Sozialhilfe noch Topgehalt. Freunde, weder Isolation noch Gesellschaft. Und Publikationen, weder nur Lektüre noch Weltruhm.

Das frühreife *Nilpferd* Adorno sah sich 1965 rückblickend als "Braven und Folgsamen, der durch Fügsamkeit die Freiheit zu selbständigem Denken und Opposition sich erkauft", ganz anders als der ewige *Halbwüchsige* im *Mammut* Horkheimer : "Den Zustand des Tieres erreichen auf der Ebene der Reflexion, das ist Freiheit. Freiheit bedeutet, das man nichts arbeiten muß." (1956) - "The non-identical element must not be nature alone, it also can be (free) man." (1940) Die "Ausschweifung" (1945) einer "Verbindung der Intellektuellen, die es noch sind, mit den Arbeitern, die noch wissen, daß sie es sind", entfernte Adorno, dem das weltgeschichtliche Revolutionssubjekt vom lebenden Proletarier zum künftigen Menschen und nicht zum bürgerlichen Studenten sich verschoben hatte, 1951 aus den *Minima Moralia* - ni Kulturreligion, ni Industriekultur. – Walter Benjamin, anders als Husserl, deutete Phänomene als "Offenbarungen". Adorno verteidigte wie Benjamin ein jedes "intentionslose Sein", frei von intentionalem Bewußtsein, aber auch befreit von göttlicher Intention in aller Schöpfung, wie entkernt. In Adornos Nachlaß fanden sich über 40 Notizhefte aus dreißig Jahren bis zum Tode und bilden laut R. Tiedemann (2001) "durch ihre scheinbare Formlosigkeit eine Form ... gar nicht unähnlich den Fragmenten von Novalis und Fr. Schlegel, auch den Aufzeichnungen vergleichbar, die aus Nietzsches Nachlaß zutage getreten sind" – oder etwa in Jean Pauls *Bemerkungen* und Canettis *Aufzeichnungen*.

"Die ihrer Reinheit vom Betrieb sich rühmen, die Stillen im Lande, sind des Provinziellen, kleinbürgerlich Reaktionären verdächtig" oder des Proletarischen, und "daß das Bessere aus eigener Kraft sich durchsetze, ist nicht mehr als ein erbaulicher Lebkuchenspruch." (Adorno) — Ja, auch das bedarf der Hilfe des Allmächtigen.

Würfel, verworfener Aus-wurf, Unterwerfung? "Mit dieser Faktizität wütet das Existieren", mit diesen Pfunden wuchert das Heideggern.

Lichtenberg buckelte nie, doch sein Buckel machte den unglücklichen Träger ja klüger und viele Gutgewachsene bis heute zu inneren Krüppeln.

Das „Löwenheim-Skolem-Theorem" besagt, daß Theorien mit *überabzählbarem* Anwendungsbereich ohne alle Wahrheitsverluste reduzierbar sind auf numerisch abzählbare Untermengen. Wenn *"überabzählbare Menge"* mit Hermann Schmitz verstanden wird als "Kontinuum des Werdens", als unabzählbar "chaotische Mannigfaltigkeit", kommen Phänomenologie und analytische Sprachphilosophie einander näher. Aber das chaotisch unreduzierte Hintergrunduniversum überabzählbarer Objekte wird nur hypothetisch vorausgesetzt, um ihre Überflüssigkeit zu beweisen für numerisch abzählbare Welten, auf die sie sich eindeutig abbilden lassen. Gibt es nun immer abzählbar endliche und eindeutige *Stellvertreter* (proxy-functions) für potentiell unendliche, chaotisch unentschiedene Bereiche, und läßt sich das beliebig Mannigfaltige immer ganzen Zahlen ohne Verlust zuordnen?

Die Weggabel zwischen locus amoenus und topos noetikos ist noch kein locus terribilis.

Konstanten : Spielen und siegen, sichern und spaziern. Wandern im Freien und Gehen im Grünen, fragmentierte Sätze ins Freie als polemische Satiren. Spielerische Artistik im feststehenden Rahmen des absolut Gewissen und geistig Gesichertsten wie der log(ist)ischen Denkgesetze. Einsichten ohne Absichten, ein Wissen als Selbstzweck und Denken um seiner selbst willen, ohne praktische Nutzanwendung und ohne Parteinahme für die je einnehmendste Partei ...

"Kein Lärm der Geschichte bricht das Schweigen der Erde." *(Kudszus)* Angst vorm Leben erwacht mit ihm, und Angst vorm Tode stirbt mit ihm, mancher lebt 80 Jahre lang und hat sich nie etwas dabei gedacht.

Gutes ist Böses, das man nicht tut, Böses ist Gutes, das man nicht tut.

Wer weiter vorausdenkt,
kommt leichter hinter seine eigenen Gedanken.

Welche künftige Erfindung wird das *Smartphone* romantisch machen?

Wer sich Freuds Lustprinzip lustiger vorstellt, als es ist, findet den moralischen Lebenswandel lästiger, als er ist. Wer weiß, wie selten "genußfähige" Leute genießbar sind, genießt seinen "kulturellen Triebverzicht" gleich doppelt.

*T*iefste Denker" sind weder ins Wasser gefallen noch zur Hölle gefahren, sondern gruben und ruhen einige Fuß(noten) weit unter der Oberfläche des Irdischen, wo sie tiefe Löcher in Holzköpfe bohren.

Die Allgemeinheit ist eine Gemeinheit gegen all ihre Ein(zel)-heiten, und von ihrer Höhe übersieht sie alle Einzelnen.

Wo Einmaliges sich wiederholt, wird am Ende einmalig, wie oft die Wiederholung sich wiederholt, bevor sie sich einmalig nicht mehr wiederholt.

Sieh den Tod nie als Arzt und deinen Tod nie, wie der Arzt ihn sieht.

Der Aphoristiker, sagte einer, "wird oft verachtet, aber von seinen Einfällen zehren alle, und an seinem Maßstab werden alle gemessen."

Wer er-fahrener sein will, um auf dem Laufenden zu sein, läßt sich leichter gehen.

Guterzogene Denker zeigen mit nackter Wahrheit auf nackte Fakten.

Kampfgeist: Versuch, militärische Tugenden intellektuell zu legitimieren u. rationalen Argumenten martialische Durchschlagskraft zu geben

Die beste aller möglichen Hinterwelten ist noch immer die alte Metaphysik, nicht das Hinterzimmer für Hintermännergespräche.

*Hume : Wissen*sdurst *ist Macht*hunger (*der Gewohnheit*stiere).

Adorno: "Es ist sehr seltsam, wie sehr mein Schicksal mich, ohne daß ich das mindeste dazu täte, zum Sohn meiner Mutter macht" und nicht auch zum Sohn seines Vaters oder zum Vater von Kindern gemacht hat.

Der Mensch ist ja bisexuell und verbindet männliche Gebärfähigkeit mit weiblichem Vermögen, im Stehen pinkelnd eine "Kritik der reinen Vernunft" zu schreiben.

Abtötung von Trieben durch Übersättigung: Askese, die sich das Versagen nie versagt, plus Genuß: Anstachelung von Begierden durch Enthaltsamkeit.

Jeder wird abhängen von dem, den er im Lebenslauf abhängen will.

Wer seinen Verdienst als sein Verdienst versteht, verdient einen Diener.

Größter Unsinn liegt wohl darin, ihn wissenschaftlich zu erforschen.

Ein Onanist treibt es mit sich so wild, bis alle Frauen erschöpft sind. Geständnisse haben bei Polizisten und Juristen keinen guten Widerruf.

Viele Empörer sind Emporkömmlinge,
Giftzwerge mit Sinn für Höheres.

Haar in der Suppe. Manche Rentner heute sind keine Tattergreise, sie haben Toupets auf den Prothesen.

Lebensmittel sind schon so lebensgefährlich mit Giften belastet, daß bald wohl nur noch Hunger und Durst nahezu schadstoffrei sind.

Praktische Ärzte prüfen Hand und Fuß auf Herz und Nieren und zerbrechen sich den Kopf, warum sie trotzdem auf den Magen schlagen.

Metamoralin. Von einer Ethik, die heute allgemein "implementiert" werden will, wird erst einmal verlangt, daß sie - sanktionsfähig wie eine Ästhetik der Güte(r) - die *Soll*werte verurteilen *sollte*.

Schreckschraube in der Mutter? Emanzipation heißt nicht nur, daß betrogene Männer bemitleidet und betrogene Frauen belächelt sind.

Erst am Lebensende setzt man voraus, daß es besser ist, dem Leben ein Ende zu setzen, doch dafür ist es dann zu spät, und vorher weiß man es noch nicht. Mancher braucht ein Leben, um es lebensunwert zu finden.

Für Liebenswürdigkeit spricht, daß sie uns besser verbirgt als Mißmut.

Viele kompetente Lobredner reichen kaum aus, das Selbstbewußtsein eines Künstlers aufzubauen, doch ein Kritiker genügt, es zu zerstören.

Nicht die Dümmsten begnügen sich damit, Problemlösungen zu problematisieren statt Vorschläge beizusteuern, um des Rätsels Lösung rauszuzögern, wo *trouble-shooter* sich vorschnell von Fragen erlösen.

Die Trennung von Körper und Geist bleibt unüberwindlich, solange kluge Leute körperliche Liebe suchen und Muskelprotze gar keine geistige Einheit.

Geistreiche können sich ja den Luxus leerer Taschen und das Elend von Wahrheitssuchern leisten, Arme nicht mal den Luxus falscher Weltbilder.

Religion schadet nie. Gläubige haben so wenig Glück wie Gottlose.

In Demokratien gibt es keinen mehr,
vor dem alle gleich sein können.

Woran scheitern sanfte Gemüter?
Krieg ist der Anfang des Friedens.

Tausend Leute übersehen mich, und ich übersehe tausend Leute. Das
Spiel steht also 1000 : 1 für mich.

Wer Grenzen überschreitet, schiebt sie vor sich her. Gott ist nicht die
einzige Grenze, die unsere Überschreitungen weit überschreitet.

Sein konfliktscheues Harmoniebedürfnis ging so weit, daß er ihm
einige Paradoxien beimischte, um es realitätsgerechter erscheinen zu
lassen, ohne nun durch Realitäten gefährdet werden zu können.

Gott verzeiht reuigen Sündern, auch denen, die nicht wissen, was sie
tun. Also tritt er mit Füßen nur die Frommen, die ihn nie treten?

Wer schützt uns vor Hobbes' Leviathan, der auch deine vor meiner
Wolfsfreiheit schützt? Die Gesellschaft verurteilt ja jeden zum freien
Individualismus, weil sie Fortschritt braucht, um sich selbst zu erhalten
– auch gegen das Individuum. Demokratie heißt für manche : Das
Recht auf Irrtum überwiegt die Pflicht zur Wahrheit.

Am gehemmtesten ist oft, wer gar nichts verdrängt.

Deine Lebensgeschichte verhält sich zu der Menschheitsgeschichte
nicht einmal wie diese zur Naturgeschichte.

Beweint ihr meinen Tod, um zu glauben,
daß ich euch solange geduldig zuhörte und zusah?

Bei so vielen Autos gibt es auf Vaterlandkarten
nur noch weiße Flecken.

Die Physiker führen vor, wozu sie ihre Mutter Natur bringen können,
und die Biologen untersuchen deren spritzendes Blut. Nicht bloß Ge-

folterte lügen wie gedrückt, und das Schicksal presst manchen Menschen das Geständnis ab, Schinder zu sein.

Ein Autor steht vor seinem *Opus magnum* nie so klein wie der Physiker vor der Kernspaltung.

Eheliche Treue gedeiht oft nur zwischen alten Möbeln.

Es genügt nicht zu scheitern, um ein Held zu werden, doch es reicht, Erfolg zu haben, um keiner zu sein.

Wer zu Lebzeiten keines Besseren belehrt werden will, muß nicht das morgige Wetter, sondern einfach seine Nachwelt prophezeien.

Zwei Männer für eine Frau, das ist weniger als einer, doch lebenslang eine einzige Frau für einen Mann, das ist mehr als ein Harem.

Vom letztlich Unerkennbaren dürfte wohl nur reden, wer als erster vieles erkannt hat, und vom Unbewußten nur der Selbstbewußte, der vieles weiß. Weltberühmt ist ein Autor, dessen Worte alle im Munde führen, ohne seinen Namen zu kennen.

"Noch immer trage ich mich mit dem Lieblingsgedanken, zurückgezogen von der Welt, in der philosophischen Stille mir selbst, meinen Freunden und einer glücklichen Weißheit zu leben." *(Fr. Schiller)*

Er vergaß, daß er gestorben war, erinnerte sich, daß er nie geboren war, und ward zum Nichts, nachdem es gelesen, was Sartre schrieb.

Das Recht auf eine Rente hängt ab von früherer Arbeit der Alten, deren Höhe aber von heutiger Arbeit der Jungen.

Der Mensch schmückt sich gern mit den Federn, die er lassen mußte. (Dichter schreiben sogar mit ihnen.)

Deinen Körper, sofern du gesund bist, spürst du gar nicht. Hast du ihn deshalb aber *verdrängt*? Psychoanalytiker führen auch Klassenkampf auf ihrer Couch.

Takt wurde Taktik, schneller voranzukommen durch aufdringlichste Form der Zurückhaltung, um nicht zurückzufallen auf Überholspurensicherung.

Die Vorsilbe "un-" bedeutet oft Unangenehmes.
Beispiel : *unangenehm.*

"Die Vernunft ist der Schluß." *Be*-schloß er nun einfach, was er vermeintlich *er*-schloß? Freies Entschließen ist ein Ver- und Erschlossensein. Was war Hegels logische Grundoperation? Ich und du sind zwei gleichberechtigte Einzelwesen, jeder ist das alter ego des anderen. Wer sich in sich abschließt, hat sich schon angeschlossen an den, für den er ein- und aufgeschlossen ist. Ich schließe dich aus mir aus und zugleich in mich ein, aber auch du schließt im selben Akt mich zu-gleich ein und aus. Also schließe ich, sobald ich dich ein- und ausschließe, auch mit ein, *daß* du mich (samt meinem Ein- und Ausschluß) gleichzeitig ein- und ausschließt. Folglich schließt jeder sein Ein- und Ausgeschlossensein durch andere sowohl in sich ein als auch zugleich in derselben Bewegung aus sich aus. – Seit um 1806 herum dem Ich nicht nur *das* jeweils Andere, sondern auch und vor allem *der* jeweils Andere gegenüber- und entgegensteht, bleibt Hegel eigentümlich unschlüssig, ob es zusätzlich zu beiden Konkurrenten ein großes Ganzes geben muß, welches sowohl das gegenseitige Sichein- und Sichausschließen als auch dieses wechselseitige Ein- und Ausgeschlossensein der selbstbewußt freien Subjekte noch einmal in sich einschließt oder immer aus sich ausgeschlossen hält. Das verbirgt ja letztlich die Frage, ob schon jeder einzelne Mensch oder erst die komplette Menschheit den Schlußpunkt setzen kann, weil den schöpferischen Anfang macht. Wickelt erst die Geschichte aus, was schon im Ursprung angelegt ist, oder degeneriert sie es bloß? Bringt die Geschichte die Vollendung einer unvollkommenen oder das böse Ende einer vollkommenen Erstgeburt? Besiegte der Muttersegen über jüngere Kinder welthistorisch den Vatersegen über den Ältesten und Erstgeborenen?

Ein Philosoph ist dort im Exil,
wo seine Gedanken vor- und nachgedacht werden.

Wes Geisteskind ein Künstler ist, zeigt der Egomane nur als *Ergomane.* Co-agitas ergo ego est. ("ego" russ.: „sein")

Nabokov : "Originalität, Erfindungskraft, Harmonie, Prägnanz, Komplexität, grandiose Unaufrichtigkeit." "Ich bin ein einsames Lamm."

Wahres Leben heißt ja für jeden Menschen, sich als eigener Menschenschlag aus der Art zu schlagen. Darin widerspricht die Dichtkunst nie der Lebenskunst.

Gilt der logische Satz vom ausgeschlossenen Widerspruch nur deshalb, weil sonst ein logischer Widerspruch entstünde? Folgt daraus, daß dieser Satz sich selber voraussetzt? Wer logisch-semantische Analysen liest, dem wird selbst die Klarheit unklar. Es sind Erklärungen, die unklarer machen, was schon vorher nicht klar war, doch umgangssprachlich stets noch klarer als die logische Klärung selber.

Sartres Abweg von der Freiheitsphilosophie zur totalitären Ideologie wiederholt in gewisser Weise den Weg Fichtes in einen Mystizismus und den Weg Friedrich Schlegels von der „frühromantischen Ironie" in einen Habsburger Katholizismus. Die *„entfremdete Subjektivität"* *(H. Schmitz)* des Individuums, das von einem zum andern lebt, sucht am Ende Unterschlupf bei stabilisierenden Gemeinschaftsideologien.

Gegen den Sozialismus sprach weniger das Bürgerschreckliche, als daß er den Arbeiter stärker ausbeutete als der demokratische Kapitalismus, daß der militärische Kastenstaat eine Heimsuchung eher für Proletarier als für die Bürger war.

Seine ursprüngliche *Metaphysica specialis* aus biblischer Theologie, aphoristischer Kosmologie und analytischer Psychologie entwickelte sich weiter zur Dreieinheit von kontemplativem Schöpferlob, idyllischer Naturpoesie und formaler Logik.

Lob bessert Schüler : Urteile lassen sich wahrlügen.

Warum soll sich heute jeder über politische Verhältnisse entrüsten? Er entrüstet sich, rüstet ab, streckt die Waffen und gibt sich Blößen.

Ist Kafkas Joseph K. nun ein Normalverbraucher in einer totalitären Gesellschaft oder ein Paranoiker in einer liberalen Demokratie? Und ist der Leser, der die letztere Lesart vorzieht, deshalb schon ein Idiot? Die Literatur des 20. Jahrhunderts bietet auffällig viele neurotische bis schizoide Romane über nur neurotische oder psychotische Helden statt gesunde Psychopathographien. Das hat nun weniger mit dem Prädikat "entartete Kunst" zu tun als mit einer zunehmenden Tendenz von Autoren, interessant gemachte Psychopathen nicht intelligent und sensibel zu beschreiben, sondern ebenso psychopathisch, wie die literarischen Helden selber sind. Wirken Neurotiker, die schizoide Welten schildern, gesünder?

Manchen Schuh zieht man sich an, um auf fremden Füßen zu stehen.

Falsche Propheten sind selten Mitläufer, und die besten Außenseiter sind die Historiker. Schriftsteller interessieren sich weniger für die Biologie als für ihr Leben, doch mehr für das Privatleben von Biochemikern als für Proteinmoleküle.

Positronen, Positivismus, positives Denken, HIV positiv.

Du denkst nie aus einer Stimmung heraus, du bist gestimmt von Gedanken.

Der Alte versteht keine Jungen, doch seine Jugend, und erst der Sterbende seine Kindheit.

Füllhörner beweisen Gott so wenig, wie Erdbeben ihn widerlegen.

Warum verbirgt man heut eher seine Außenwelt als sein Innenleben?

Ein Atom ist dir näher als ein Stern, das Nichts näher als das All, doch Gott dir näher als dein Herz. Die Zukunft des Weltalls ist jetzt bekannter als die Vorzeit der Erde oder auch nur die jüngste Vergangenheit.

Täter und Opfer sind heute meist so weit getrennt, daß sie nicht miteinander in Verbindung zu bringen sind, und noch nie ließ sich so viel Teuflisches ausrichten mit so wenig Bosheit.

Ein Täter verfolgt sein Opfer mehr noch nach der Tat.

Zwischenmenschliche Beziehung *(human relation)* heißt heute, daß ein jeder sich zum Produkt der Produkte seines Nächsten macht.

Liebende, die einander lange gehört haben, nehmen ihre Besessenheit in Besitz.

Wenn Stendhals Liebestheorie wahr wäre, betrögen Liebende einander mit Salzkristallen : Leider muß ich dich idealisieren, denn du selbst gibst nicht genug her, weil auch du meine Wenigkeit erst noch schönlieben mußt, um *mit* und nicht *von* deinem Traummann aufzuwachen.

Was du nicht willst, daß man dir tu, das füg *(auch nicht)* dir selber zu.

Doppelte Negation : Lügen über Lügen sind noch keine Wahrheiten.

Impliziert die formale Logik eine Identitätsphilosophie? Der partikulare Quantor (z.B. : "Einige Zentauren sind klug") wird - mit zweifelhaftem Recht - meist als Existenzprädikat interpretiert: "Es existiert mindestens ein einziger Kentaur, der klug ist."

Gleichgültigkeit ist cool und macht eher depressiv tolerant als selbstlos sachlich.

Erkläre du erst einmal selber den Kontext, der dich erklären soll.

Vorsehung ersetzt keine Zukunftspläne, trifft aber den Pläneschmied.

Laut Schopenhauer diente Hegels zu wenig universalistisches Universitätsdenken nur jenen eigenen materiellen Interessen, die Marx darin vermißte - als habe Hegel sophistisch *für* das Geld gedacht, das er philosophisch nicht genügend bedacht habe.

Manchmal glaubte er fürchten zu müssen, daß die Menschen, die er je gekannt hatte, nach ihrem Tode alles erfahren würden, was er ihnen je vorgelogen oder sonst verheimlicht hatte. Das war ihm dann doch so peinlich, daß er beschloß, künftig etwas weniger zu lügen und seltener das Gegenteil des Gesagten zu denken.

Wer nur den einen absoluten Wert kennt, keinen Wert absolut gelten zu lassen, trifft Kulturen, die nur den einen Unwert kennen, ihren einen absoluten Wert nicht gelten zu lassen. In mancher Religion straft Gott die Gesellschaft, die dem Einzelnen alle Religionen freistellt.

Der Spaziergänger genießt mit raumgreifenden Schritten die Fähigkeit, auf eigenen Beinen zu stehen und auf eigenen Füßen wegzugehen, den Ort aufzubrechen, von dem er aufbricht. Du verwandelst dich in die Umgebung, in der du vor dich hin wandelst und auf etwas zugehst, um es hinter dir zu lassen, Minimalbewegungen, um Dinge aus dem Schlaf zu wecken und nach kurzem Gruß in ihren Halbschlaf zurückzuschicken. Dein Schritt läßt Fühlenswürdiges erst auftauchen, bahnt den vorgebahnten Weg noch einmal und läßt selbst die Bäume am Wegrand erst aus dem Erdreich wachsen. Weißgraue Wolken ziehen und ziehen dich mit in die große Leere, solange du schlenderst und dich umsiehst unter der Firma-mentalität auf "horizontaler Himmelfahrt" (Jean Paul). Du gehst hinter dir her, ihr beide im langen Gänsemarsch durch deine Intuitionen, durch das weite *Blickfeld der Ehrfurcht,* das vorn am unteren Rand von deinem Schritt angefressen und langsam aufgezehrt wird.

Der Philosoph steht heutzutage im Schatten von Menschen und Dingen, die ihn hinters Licht der Vernunft führen wollen, um dessen Schattenseiten zu zeigen.

Will man dem Zeitgenossen glauben, ist jeder viel zu gut für die Welt und nur für seinen Schöpfer nicht gut genug.

Schriftsteller gelten als narzißtische Egoisten, doch wer sich nur in sich selbst hineinversetzen kann, ist nicht selbstlos genug, um Romane, d.h. aus diversen ebenbürtigen Augenpaaren heraus zu erzählen.
Allen die gut waren, bevor die Besseren kamen ... Angenommen, eine Person A liebt eine Person B, welche aber eine Person C liebt (die vielleicht wiederum A liebt). Wird B, wenn sie - geschmeichelt oder

überrumpelt - dem Werben von A am Ende nachgibt, obwohl sie *eigentlich C* liebt, in dieser Beziehung mit A glücklich werden und bleiben, oder wird B eines Tages A dafür bestrafen, daß B schwach genug gewesen war, nicht weiter um C zu werben, die ja doch A liebt? Kann ein Mann eine andere Frau erobern als jene, deren Kindheitskomplexe zufällig auf seinen *Typ* biochemisch ansprechen? Ist die "Verführung" die zurechenbare Leistung von Könnern oder bloßes Resultat eines einschnappenden und psychoanalysierbaren Auslösemechanismus? Und kann *sie* sich mehr darauf einbilden, mit *ihrem* "Typ" zufällig *sein* Reizschema bedient zu haben? Wie oft gilt der "Korb", den jemand sich holt, ein Werturteil über eine Person? Dieser Zufall, in dem eine Vorsehung sich noch vermummen kann, gereicht gleichwohl zu großem Schmerz, da Liebe oft genug unerwidert unglücklich bleibt, auch wo sich nichts und niemand verständnislos zwischen die Menschen gestellt hat.

Carnaps und Adornos Heideggerkritiken unterschieden sich, obwohl beide sozialistisch dachten, wie Logik und Psychologie, also fast stärker voneinander als von ihrem gemeinsamen geistigen Widersacher. Dabei gehört (selbst mathematische) Logik ja eher zur Philosophie als zur Naturwissenschaft. – Was Logiker die „*Realreferenz*" des Begriffs nennen, reicht nicht an Adornos *Nichtidentisches* heran, und was Heidegger die *eigentliche Sache des Denkens* nennt, erreicht nicht den Modalkalkül der *Begriffsintension*. Semantische Sprachanalysen stehen einigermaßen hilflos vor phänomenologischen Begriffsdistinktionen, andererseits tun Existenz- und Sozialphilosophien das Präzisionsideal mathematischer Logiker als bloße Naturbeherrschungstechnik ab. Positivistische "Sinnesdaten" sind für die einen ideologieverdächtig manipuliert und dialektische Begriffsbewegungen für die anderen metaphysikverdächtige "Scheinprobleme". Der Carnap-Schüler Quine endete bei einem logischen "Holismus", mit dem der Ganzheitsphänomenologe H. Schmitz gerade anfing, und der Nominalist Adorno endete bei einem "Nichtidentitätsdenken", mit dem Russells "logischer Atomismus" begonnen zu haben glaubte. Der Quine-Schüler Putnam bewegte sich vom "logischen Empirismus" zu einem wissenschaftstheoretischen Pragmatismus, während Adornos frühe Praxisphilosophie bei einer aktionsfreien Theorie um ihrer selbst willen landete.

Ein Christ brüstet sich nie, gibt Armen reichlich und behält es für sich.

Jenseits von schön & obszön. Ein Rohling muß kein Verstandesmensch sein und ein Dummkopf kein Gefühlsmensch.

Um materiellen Erfolg zu haben, genügt es oft noch nicht, geistigen Verrat zu üben, und um sich geistig zu bereichern, reicht es meistens nicht, sein Geld an Arme zu verteilen.

Der Zeitgenosse schämt sich für sein Gewissen, das sich vor ihm schämt.

Die einstige "Magd der Theologie" wurde erst Magd der Politik, dann Polizei des Marktes, dann Sklavin der Physik und nun Putzfrau des Zeitgeistes.

Der Versager hat nichts zu sagen und kann nichts ungesagt lassen.

Wer schreibt, ist ein *Stampomane,*
und wer nicht schreibt, ein Sterblicher.

Auf unbeschriebene Blätter vom Baum der Erkenntnis folgen Lesefrüchte. Warum sollte der Leser über Autoren besser reden als diese übereinander?

Abstrakte Malerei, konkrete Poesie. Der eine Autor entdeckt sich, indem er Konkurrenten kopiert, und der andere plagiiert sich, indem er Fremde erfindet.

Schlechte Schriftsteller sind oft engagiert — von guten Theaterleuten.

Du liebst deinen Nächsten mehr, von dem du nichts mehr wissen willst.

Menschen leben von unzähligen Dingen, Mathematiker von Zahlen. Deren Kult kostet leicht das Leben (das ihre Gegner auch nicht führen).

Das Leben kann kommen, der Tod muß kommen, und ich darf gehen. Was zur Geburt führt, läßt erröten, was zum Tode führt, erbleichen. (Dazwischen wird ein Gesicht mal blau, mal grün und mal gelb).

Sancta Roma verfolgt das *gute Leben*, das Leben folgt schlechten Romanen.

Auch Arbeitsbienen sind auf romantischer Suche
nach der blauen Blume.

Es gibt noch Leseratten. Das spricht nicht für den großen Bildungshunger der Bürger, aber gegen das niedrige Niveau ihrer Bücher.

Kein Leser haftet für das, was er zwischen den Zeilen liest, und kein Autor für das, was er zwischen die Zeilen schreibt.

Jeder wirft jedem vor, Menschen seien gleichgeschaltet und -berechtigt. Religion ist Reaktion auf das Heidentum, also fast sein Werk.

Der Globus der Globalisierungsgegner entpuppt sich langsam als große Seifenblase.Nur Lokalpatrioten eignen sich als Kosmopoliten, aber Weltbürger nur als Dorfpopen.

Nur zwei Seelenlosigkeiten in einer Brust aus einem Guß? Man kann klug, treu, bescheiden, hilfsbereit, teilnahmsvoll, humorvoll und auch prahlerisch, feige, verlogen, furchtsam, verstiegen, mißgünstig sein, ohne mit sich zu zerfallen.

Um sein Indien zu finden, muß man schon Amerika entdeckt zu haben glauben.

Wer die Grenzen seiner Kraft erreicht hat, wird von Grenzposten erwartet.

Du ringst dich zu einem Entschluß durch?
Erstick ihn bloß nicht dabei.

Konkretes Handeln statt abstraktes Denken? — Denkste.

Magersüchtige Dickköpfe machen sich das Leben schwer, weil sie zu viel Gewicht auf ihr körperliches und geistiges Gewicht legen.

Frau Welt gibt auf der Bühne des Lebens immer wieder eine gut-besuchte Vorstellung. Davon macht sich der Zuschauer keine rechte Vorstellung.

Wem tieferes Nachdenken zu hoch ist, der nennt es bloßen Über-bau. Warum nennt er den tiefen Gefühlsreichtum nicht bloße Unter-schicht?

Tiefpunkte sind keine Etappen, auch ein Höhepunkt nach dem ande-ren ergibt nicht mal den kürzesten Lebensweg oder eine Höherent-wicklung.

Kultur besteht in der Art, wie man mit Kulturen umgeht (und mit de-nen, die sie nicht haben). Fremde Kulturen locken uns mit Erlösung von der eigenen, die uns dann auch wieder von ihnen befreien soll.

Wenn Überzeugungen allzu lange wie Hund und Katze in uns leben, zeugen sie Aphorismen, die nur ihren Produzenten Dampf machen wie Feuer und Wasser. Die einen Aphorismen enthüllen uns schon alle Denkfehler des ausgewachsenen Systems, dessen zarte Keime sie erst sind, und die anderen verbergen sie noch.

Wer Idylliker wird, um kein Selbstmörder zu werden, macht keinen Optimisten. *"Idylle:* wörtlich - *reine* poetische Gattung. Das Aufheben der Sexualität durch *Form."* "Schreiben — vielleicht nicht nur, aber vorwiegend — ist eine Kunst der schönen Sätze." (Stefan Napierski) "Gedanken sind viel wichtiger als Taten — deren Repertoire von so vielen Zwängen begrenzt wird und deren Ziel meist der bestimmte Stand eines Gedankens ist." (Karol Irzykowski)

Wenn Herren dir gehorchen und Knechte dir befehlen, bist du noch kein Papst. Ein Platoniker ist kein fühlloses Haupt, ra(s)tloses Herz und kopfloser Bauch auf zwei Beinen.

T. S. Eliot, der Russells Seminare besuchte, sagte über formale Logik, daß ihm "die Manipulation der komischen kleinen Chiffren zu einem angenehmen Machtgefühl verhelfe." "Unserer Ansicht nach waren Lo-gik, auch angewandte Logik, Erkenntnistheorie ... wie die Wissen-

71

schaften selbst, praktischen Zielen gegenüber neutral, ob moralischen des Einzelnen oder politischen der Gesellschaft ... Wir bestanden aber darauf, daß das Eindringen praktischer und insbesondere politischer Gesichtspunkte die Reinheit der philosophischen Methode trüben würde." (R. Carnap: "Intellectual Autobiography", 1963, / "Mein Weg in die Philosophie", Stuttgart 1993, S. 36 f.) – "A Stoic and an Epicurean, an individualist and a socialist, a happy man and a sombre man - the best of this troubled age." *(Robert Cohen)*

Aphoristischer Imperativ : Schreibe so, daß die Maximen deines Denkens jederzeit auch als Prinzipien einer allgemeinen Gesetzgebung gelten (also deine besonderen Maximen allgemeingültige Gesetze werden) können.

Wiederkehrende Verhaltensmuster eines Menschen erlauben eine Übersetzung: Er verhält sich so, *als ob* er einem festen Grundsatz folgen würde, den er sich im Übrigen gar nicht klar zu machen braucht, der ihn vielleicht sogar überraschen dürfte, wollte man ihn damit konfrontieren, und der die verborgene Gesetzesförmigkeit seiner Verhaltensabfolgen regelt. Es gälte also, aus den Verhaltensmustern einer Person ihre unbewußten Als-ob-Maximen zu explizieren und diese zu kontrastieren mit ihren ausdrücklichen Grundsätzen, falls sie sich auf solche beruft, und die Person dann festzunageln auf den Widerspruch zwischen den expliziten und den impliziten Prinzipien, wie es die Moralisten tun, die ja keine Moralprediger sind. Alles verläuft so, als würde das Unbewußte Maximen folgen, die hypo-thetisch zu erraten sind, um sie den offiziellen Grundsätzen des Über-ichs entlarvend gegenüberzustellen. Das hat seine Anschlußstellen in Kants Moraltheorie der praktischen Vernunft, die nach Grundsätzen handelt, und dem "empirischen Charakter", der nach Grundsätzen handeln sollte, falls er das nicht tut, sondern sich nur auf "moralische Gefühle" beruft, die ja moralisch sind, nicht sofern sie Gefühle, sondern soweit sie im Einklang mit explizierbaren Normen sind.

Aktionen verändern die Welt, also abstrahieren sie von ihr, wie sie ist.

Mein Gedanke ist tiefer als dein Gefühl, mein Gefühl höher als dein Gedanke.

Wenn Schriftsteller über Menschen sprechen,
reden sie über Schriftsteller.

Der Dichter ruft : "Seid umschlungen, Millionen – diesen Kuß der ganzen Welt!" und nur seine Frau hält ihm die Wange hin.

Wahrnehmen : aufnehmen und nicht sehen, was es ist und wohin damit.

Leben : Tu, was dir angetan wird, und denk, was dir zugedacht ist.

Man will heute keinen guten Rat, sondern bessere Geräte.

Ein Mann läuft sich die Hörner ab, die ihm aufgesetzt wurden.

Wer das Gefühl dafür verliert, daß er mit seiner eigenen Gefühllosigkeit keine Fühlung mehr hat, redet von emotionsgeladenen Affekthandlungen.

Ist Gewalt erlaubt, wo Gewaltverzicht
zum Deckmantel für Mord wird?

Der Mut, ein *Scheißspiel* abzubrechen, läßt sich in dieses Spiel selber einbauen. Selbstmordversuche gehören zu manchem Leben dazu.

„Fundamentalist" heißt heute schon, wer klare Überzeugungen hat, und nicht erst, wer sie anderen aufzwingt.

Überlegenheit macht Triebe? Wirklichkeit ist nicht nur Bedeutung von Worten und eine Sprache nicht bloß die Bedeutung ihrer Metasprache. *Rudolf Carnap* ("Empirismus", 1950): "Wir wollen vorsichtig sein im Aufstellen von Behauptungen und kritisch bei ihrer Prüfung, aber duldsam bei der Zulassung sprachlicher Formen", zu denen nun auch Aphorismen zählen mögen, die Th. Stölzel in "Rohe und polierte Gedanken" (1998) wissenschaftstheoretisch zu den falsifizierungswürdigen Hypothesen und Paradigmenwechselvorschlägen von Grundlagenforschern rechnete. "In der Logik gibt es keine Moral. Jeder mag seine Logik, d.h. seine Sprachform, aufbauen wie er will.

Nur muß er, wenn er mit uns diskutieren will, deutlich angeben, wie er es machen will." (Syntax, 1934) Aphorismen sind eine "ausdrucksstärkere Sprache bei schwächerem Verifikationsbegriff" auf einem "offenen Ozean freier Möglichkeiten", also auch Variationsspielräume „möglicher Welten" für semiotische Analysen.

Messer messen die Tiefe von Stichwunden. Wieviel Gewalt mußt du dir antun, um deine Gewalttätigkeit einzudämmen, genügt dafür gewaltloser Widerstand?

Von Zukunftsprojekten aus erscheint die Gegenwart so objektiv fern wie heute die Vergangenheit.

"Je stärker die Sinne ... sich affiziert fühlen, desto weniger lehren sie." (Kant, „Anthropologie", § 19) Noch weniger lehren sie, wenn der Leib überhaupt nicht affektiv berührt wird. Also vermitteln uns die zarten und sanften Affekte mehr als jene, die uns jäh aufschrecken lassen? — Die Dinge werden vorgestellt bloß als Erscheinungen, doch gefühlt als Dinge an sich, schrieb Fichte um 1794 "Über den Begriff der Wissenschaftslehre". Nach S. Maimon kann Kants *Ding an sich* keinesfalls die Ursache bewirkter Phänomene sein, aber die (anschaulich) *gegebene* Erkenntnis auch nicht von uns selbst *erzeugt* sein, also nicht allgemeingültig notwendig sein. Schopenhauer wiederum sah unsere Vorstellungen durchaus als kategoriale Wirkungen des affektiv ergreifenden Willens an sich, der seine erste „*Objektität"*, den eigenen Leib, sinnlich affiziere und der zeitlich *vor* und räumlich *hinter* diese Vorstellungen projizierbar sei. Vermitteln oder verlegen die Affekte uns den Zugang zur Wirklichkeit? Die Tradition glaubt letzteres, die Gegenwart ersteres.

Der Sicherheitsbedürftige kann sich vor einer als feindselig empfundenen Fremdwelt auch introvertiert verschanzen hinter einer gefühlsarm überspannten Sachlichkeit.

Hätte er Glück im Schreiben gehabt, hätte er es nicht bei Frauen gesucht?

"Das Originelle und Interessante ist immer zweitklassig." 1956 klingt Heimito von Doderer wie Hegel über Schlegel.

Auf Gereimtheiten muß man sich keinen Reim mehr machen.

Laut H. Schmitz wurde die "entfremdete Subjektivität" von Fichte entdeckt, von romantischer Ironie radikalisiert und von Hegel wiedereinzufangen gesucht, indem er Schlegels "Selbstschöpfung und Selbstaufhebung" der abgesondert einseitigen Subjektivität nun zusammen mit der abgespaltenen Objektivität in einen „übergreifenden Allgemeinbegriff" aufhob, welcher die Entfremdung und Zerrissenheit des *unglücklichen Bewußtseins* geheilt wissen wollte, während in der Folge gegen diese Allgemeinheit der (Subjekt und Objekt) umgreifenden Subjektivität ein *Kierkegaard* wiederum die einseitig beschränkte Subjektivität und *Marx* umgekehrt die objektiven Fakten rehabilitieren wollte. Marx hatte nicht kapiert, warum Hegel gegen die *entfremdete Subjektivität* nicht einfach wieder nur noch die abgespalten *objektiven Tatsachen,* sondern auch die unentfremdet *subjektiven Fakten* anerkennen mußte, welche beide von der romant-ischen Ironie, von dieser "Freiheit der Leere", übersprungen worden waren. "Existenzphilosophie ist die Konsequenz der romantischen Ironie" und stammte doch, wie Schmitz selbst, aus Husserls Phänome-nologie. Leistet aber nicht Freuds Psychoanalyse schon diese affekti-vistische Korrektur der *entfremdeten Subjektivität* und ihrer Ideologien?

Die Literatur genießt der eine, um sie nur lesen und nicht leben zu müssen, der andere hingegen, um sie wenigstens lesen, wenn schon nicht leben zu dürfen. Mancher schwankt zwischen beidem, weil er beides zugleich will. Vom wahren Leben, das nicht geführt wird, will man *mindestens* mal lesen oder *höchstens* mal lesen: In der Jugend überwiegt wohl ersteres, im Alter eher letzteres, aber schließlich gibt es ja sowohl kindische Greise als auch verknöcherte Jünglinge.

Wie will ein Buch Leser bilden, die für das Buch zu ungebildet sind?

Epikurorte? "Allein das klare Denken verschafft uns ein freudevolles Leben." "Man kann nicht lustvoll leben, ohne zugleich vernünftig zu leben, und umgekehrt nicht vernünftig, ohne lustvoll zu leben." "Die

Fähigkeit, Freundschaft zu erwerben, ist unter allem, was Weisheit zum Glück beitragen kann, bei weitem das Wichtigste." "Die schönste Frucht der Selbstgenügsamkeit ist die Freiheit." "Man muß sich aus dem Gefängnis der Geschäfte und der Politik befreien." *(Epikur)*

Keiner sollte "so reich sein, um sich einen anderen kaufen zu können, noch so arm, um sich verkaufen zu müssen." (J. J. *Rousseau)*

In der Fremde Heimweh, zu Hause entfremdet -
verwurzelt auswandern und als Fremder heimkehren?

Wiesengrunds Grundschwäche steckte vielleicht schon im Entschluß des 35-jährigen Einzelkindes, den Mädchennamen seiner korsischen Mutter Maria *Adorno*, einer Sängerin, anzunehmen und den Familiennamen seines Vaters, eines assimilierten (askenasischen) Weinhändlers, der die frommen Chassidim wenig achtete, fortan auf „W." zu verkürzen.

Der Erstgeborene will lebenslang und, wenn nicht überall, so doch im engsten Fach, der unanfechtbare Primus (und sei es inter pares parentes) bleiben, der er unter den Geschwistern in der Herkunftsfamilie gewesen war: Erst der Klassenprimus in der ganzen Schulzeit, später auch der Primus seiner sozialen Klasse und auf seinem selbstgewählten Spezialgebiet. Er fühlt und gefällt sich als *eine Klasse für sich,* er stellt sich keiner Prüfung und keinem Wettbewerb mehr, weil er nur so der Gefahr entgeht, jemals Zweiter oder Schlimmeres und deplaziert zu werden. Die Gesellschaft, das ist der spätere Deck-name für die Geschwisterhorden, die dem hochmütig hochgemuten Erstgeborenen (der eigentlich Einzelkind sein will, wo er die jüngeren Geschwister nicht übersehen oder versklaven kann) im Nacken sitzen und auf den Achillesfersen bleiben. Sie hören ja nicht auf, ihm nach dem Leben oder Thron zu trachten. Kurzum : Sie besiegen ihn gesellschaftlich, doch Gottvater läßt ihn „geistig" siegen über seine soziale Niederlage. Die eifersüchtigen Kollektive sind weder fähig noch willens, seine gottespflichtige Überlegenheit als den zeitlich wie rangmäßig Ersten und Einzigen anzuerkennen, und er lehnt seine Brüder und Schwestern als die Richter über seine Einzig(artig)keit ab. Die gottgeschützten biblischen Ur-Erstgeburten, die ihren jüngeren Geschwistern unterlagen, hießen Kain, Ismael, Esau und (Noahs) Ham. Hatten Ismael und Jesus nicht „nur" eine proletarische Mutter und einen himmlischen Vater?

"Aphoristizismus ist ein Zeichen von Arteriosklerose." (*Nabokov*) "Ich schätze meine Kollegen wie mich selbst ... weil sie imstande sind, in spezialisiertem Wissen ihr ganzes Glück zu finden." ("Das Bastard-zeichen", 1947) Und hier ist Gerd Binnigs Chaostheorie beinahe vorweggenommen: "Der Mensch kann nur existieren, solange er in-nerhalb seiner Umwelt isoliert ist." ("Pnin", 1957)

Seine Philosophie ist fertig - bis auf die Gedanken.

Philosophen als Stutzer : Du staunst und stutzt über etwas, und dann stutzt du es solange, bis es dich nicht mehr stutzig macht. Seit Aristote-les kommt Philosophieren vom Staunen und "staunen" von "stauen" , "starr und stehen machen", "feststellen", "stützen", "stutzen", "stoßen" an anstößigen Denkanstößen, auch vorstoßen auf Abstoßen-des und umgestoßen werden. Erstaunliches *stößt* dir auf.

Wer eigene Leidenschaften fesselt,
findet an Dingen fesselnde Eigenschaften.

Versager sind Sieger auf anderen Gebieten und Helden für Feiglinge nur Wichtigtuer.

Manchen Menschen ist die Strafe anzusehen für das, was sie oder andere in einem vorigen Leben getan oder unterlassen haben müssen; andere lassen schon ahnen, als was sie wiedergeboren werden dürften.

Um an der Warmherzigkeit seiner Mitmenschen nicht zu erfrieren, wärmt sich mancher an der Wärme, die er verbreitet, und gilt als Christ.

Der Gegenstand der praktischen Vernunft ist meine Freiheit, etwas zum Gegenstand zu machen, was seine Gegenständlichkeit dadurch abstreift, daß es seinerseits meine Freiheit ganz willensfrei zu seinem eigenen Gegenstand macht etc ... Philosophie ist jene Ideologie, die dich befähigt, mich in begründeten Ideologieverdacht zu bringen, ohne meine Ideologiekritik fürchten zu müssen ...

Nur Kontextwechsel, *schon* Kontextwechsel widerlegen jede Meinung. Annäherung an die Wahrheit ist Lüge und Irrtum, nicht umgekehrt. Mancher Mann erwartet, daß Frauen von ihnen ein Flirten erwarten, und wenn er das Sechste Gebot Gottes zu respektieren entschlossen ist, obwohl er vielleicht gar keine angetraute Ehefrau, sondern nur eine uneheliche Lebensgefährtin sein eigen nennt, kann er mit einer anderen Frau über das unumgänglich Alltäglichste hinaus gar nichts mehr reden, da er nicht versuchen darf, um sie zu werben oder sich von ihr verführen zu lassen, wenn er sie nicht auf ein allgemein-menschliches Wesen bloß reduzieren will. Worüber sollen ein Mann und eine Frau nur reden, wenn sie kein geschlechtliches Interesse aneinander nehmen und einander auch nicht als geschlechtsneutrale Menschen an sich behandeln und beleidigen sollen? Jeder wird die Gesellschaft des jeweils anderen Geschlechts dann besser meiden, um keine unentwirrbar schwierigen und unkontrollierbaren Folgekompli-kationen heraufzubeschwören, denen das Sechste Gebot Gottes gerade zuvorkommen will. Isaak B. Singer schrieb, wie sein osteuropäischer "Vater, der Rabbi", es nicht aus Prüderie vermied, fremde Frauen anzusehen, mit denen er reden mußte, und die anzusprechen, die er vor Augen hatte.

Gegen Gottes 1. Gebot stellt der Mensch vor die unwirtliche Wirklichkeit gern die wirtlichere Unwirklichkeit der Abbilder und Urbilder, der Wunsch- und Schreckbilder, Vorbilder oder Einbildungen.

Das Geheimnis der Vollkommenheit liegt schon im Anfang beschlossen, doch noch in verhülltester Form. Was im perfekten Ursprung sich verbirgt, bringt die Geschichte dann vollkommen ans Licht, doch nur in getrübtester Form, bis zur ebenso großen Unkenntlichkeit verstreut wie vorher verpackt. Geschichte depraviert, was sie offenbart und was im Ursprung noch verhüllt, aber zugleich vollkommen war. Die Gnosis sah die Wertminderung in materieller Mehrung.

Seiner selbst innewerden heißt einen jeweiligen Moment spüren als unaffiziert immerwährendes Hervorsprudeln ohne etwas anderes, das da nun hervorkäme, als das reine Vorgehen und Hervorgehen selbst. Der

Augenblick als unspezialisierte Potentialitätsvorgabe, als unfinalisierter Stand-by-Bereitschaftsdienst, der nun mehr oder weniger prompt anspringt, sobald er nur schlüsselgereizt in Anspruch genommen wird. Das pure unangestoßene Hervorsprudeln von Gegenwart und Vergegenwärtigungsmöglichkeit darf als Lebenswunder bestaunt werden, das bis zum Tode anhält, durch Krankheiten geschwächt wird, sich unablässig aus sich selbst erneuert und durch gewöhnliche Unausgesetztheit doch in Unauffälligkeit verhüllt. Conrad Meyers "Römische Fontäne", die "strömt und ruht" zugleich, die übersprudelnd dasteht, bietet ein nicht unpassendes Bild für Mörikes *sanfte Wollust bloßen Daseins* ohne weitere Zutaten. Es ist kein bloß dämmerndes Dahindösen, aber auch nicht erst im jähen Interrupt erfahrbar, sondern wie eine ständig konzentrisch in sich zurücklaufende "stehende Welle", frische Virtualität pur. Der Menschenverstand steht still auf dem Gipfel einer solchen Fontäne.

Erst einmal muß das Subjekt mit all seinen Projekten sich seinen Objekten und Affekten genügend weit entfremdet haben, um sie instrumentell desto zweckrationaler nutzen zu können. Die romantische Ironie, freie Selbstbestimmungen ebenso frei auch immer wieder distanzieren zu können, fungiert so als psychologischer Verstärker des pragmatischen Handelns, das sie doch entmachten will. Noch Sartres distanziertes und distanzierendes "Für-sich-sein" kann sich selbst intimste Liebesverbindungen nur als zweckstrategische Verführungsakte zwischen autarken Substanzen vorstellen statt als leibhaftige Co-Situationen, welche die Liebespartner ja erst hervorbringen und tragen. Fichtes Handlungsfreiheit aktionistischer Zielsetzungen, Werkpläne und Mittelbeschaffungen versteckt sich noch in der romantischen Willkür von Schlegels "Selbstschöpfung und Selbstaufhebung", die Hegel dann dialektisch einfing und staatstragend entschärfte. –

Fehlende Mittel, schnarrte Preußens Adel, ersetzt man durch Haltung

Ging die Literatur aus der Rednerkunst hervor? Kunst ist intelligente Rache des Affekts am Intellekt, Rhetorik aber der wahre Tribut der Lüge an die Wahrheit.

79

Literatur heißt sage und schreibe, daß es vor Gottes Kosmos gar nicht der Worte bedürfte, vor unseren Worten aber des Kosmos. Tagsüber verdeckt die Gesellschaft das All, nächtens der Kosmos die Kulturen: Sieh am Tage den einen Stern am Himmel, des Nachts unzählige Sonnen.

Interessengebiete und Betätigungsfelder, chronologisch

Monotheismus
Objektivität (Kleinstes & Größtes)
1   Atomphysik
2   Astronomie/Kosmologie
3   Philosophie der Naturwissenschaft) [Conrad-Martius u.a.]
4   Formale Logik (Menne, Carnap, Quine u.a.)
5   *Subjektivität*
6   Existenzphilosophie (Heidegger, Sartre, Jaspers, Schmitz)
7   Psychoanalyse (Freud u.a.)
8   Sozialphilosophie (Marx, Bloch, Sartre, Adorno u.a.)
9   *K u n s t*
10   Romane, Lyrik, Schauspiele
11   Aphoristik
12   Idyllik, Bukolik

Schreibschule zwischen Scheu und Abscheu : Zieh deinen Kopf aus der Erde und nimm der Neurose den Kugelschreiber aus der Hand.

Wer sich schämt, weil er nichts hat, dessen er sich schämen könnte, ist *in*. Von modernen Psychologen erwarten wir, daß sie uns befreien von der Scham und nicht von der Unverschämtheit oder von dem, dessen wir uns zu schämen hätten.

Auch Arbeitsbienen suchen ihre blauen Blumen.

Seine armen Eltern baten ihn nach der "Reifeprüfung" gelegentlich und dann immer häufiger ins Wohnzimmer, um sich mit ihm zu besprechen und auszusprechen. Sie wollten ihm ja freie Hand lassen, aber wenigstens seine Zukunftspläne wissen, doch er saß nur stumm verstockt, mit hängenden Schultern, vor ihnen und "sprach und brach kein Wort". Auf jede Frage, ob nun milde oder drängend vorgebracht, kam von seiner Seite nur ein hilfloses: "Ich weiß nicht." Er konnte sich keinen Brotberuf denken, den er sich zutrauen würde, und wagte nicht, sie beide um ihr Verständnis zu bitten – das sie ihm vielleicht gar nicht verweigert hätten. Hin und wieder verdiente er sich etwas Geld, wurde aber stets bald wieder entlassen, und tat wenig, um seine vorzeitigen Kündigungen zu verhindern. Vor seinen guten Eltern, die besorgt in ihn drangen, schämte er sich seines Unvermögens und Kleinmuts, und daß er es nicht über sich brachte, sich und ihnen auch nur reinen Wein einzuschenken. Er hielt sie und sich selbst nur hin. Bis zur Arbeitsunfähigkeit depressiv und ohne frischen Schwung saß er rauchend auf Parkbänken herum und wartete auf eine lebenslange Sinekure und freie Nische. Im Stillen grämte er sich, wenn seine Mutter über ihren "Sonderling" weinte.

Geschwister : Wer zuerst kommt, ma(h)lt zuerst. Dem Vater "gehört" der Älteste, der Mutter das jeweils schwächste Kind. Im Ehekrieg hauen sie sich ihre Kinder um die Ohren, und Feminismus meint ja mehr als nur Hausfrauen im Frauenhaus oder verhärmte Harm-o-nie.

Von Kleinmut über Schwermut zur Wehmut. In zeitgenössischer Philosophie ist die Religion mit dem metaphysischen Bad ausgeschüttet und kommt der *linguistic turn* meist ohne die griechische und lateinische Sprache aus, wird die Vernunft geerdet in einer verwissenschaftlichten Lebenswelt und die theoretische Schöpfungskontemplation dominiert durch eine politische Praxis, die alles umso mehr verschlimmert, je mehr sie alles verändert.

Gedanken sind die Theorien, Prophetien sind die Prognosen der Laien. Handarbeit ist die Praxis derer, die nicht handeln können, und das Handeln die Arbeit derer, die nicht arbeiten müssen.

Die sympathisch gezeichnete Figur des Leonhard Kakabsa, der sich in H. von Doderers "Dämonen" (1956) erfolgreich bewiesen hatte, daß jemand Intellektueller werden kann, ohne aufzuhören, Industriearbeiter zu sein, hätte sich niemals als "fürstlich Croix'scher Fideikommiß-Bibliotheks-Direktor" bei dem Prinzen Alfons am Ende einkaufen lassen dürfen. Es ging nicht darum, sich die Existenzmöglichkeit eines proletarischen Intellektuellen einmal im Leben ganz exemplarisch zu beweisen, sondern darum, das nun auch gegen alle Anfechtungen lebenslang zu bleiben, ohne zum Klassen- und Geistesverräter zu werden. Kakabsa ist, von Doderers Gnaden, ein bloßer Aufsteiger von Gnaden der geschichtlich längst gerichteten und nur noch nicht enteigneten Machtklasse, "nicht durch eigene Kraft", ein vielversprechend enttäuschender Parvenü, den der Autor protegiert und sich dabei großherzig vorkommt. (Auflösung bietet die Biographie des Fatologen Doderer in bewegter Zeit.) Nur "falsche Furcht um die *Freiheit*" lasse Kakabsa noch kurz zögern vor einer "Verbindung mit dem Prinzen", die er doch niemals hätte eingehen dürfen. "Dies hier verstrickte nicht, es verband", als wäre das hier nicht dasselbe. Arbeiter und Aristokrat, Arm in Arm als Bürgerschrecke, mit dem Renaissance-Schriftsteller Pico della Mirandola als geistigem Funda-ment, das war Doderers Antwort auf seine Zeit.

Be-gegnung. Was eintrifft, trifft uns an - an empfindlicher Stelle. Ein Schuß, ein Treffer. Das Triftige ist das Richtige, das den Nagel auf den Kopf trifft und zutrifft und betroffen macht. Das betrifft das Vortreffliche, das ins Hintertreffen kommt, und übertrifft treffsicher alles Dagewesene aus triftigen Gründen.

Etwas Beruhigendes geht aus von dem Gefühl, wenigstens ein Gutteil von dem, was in den Ahnungen der Jugendzeit eingewickelt lag, später literarisch entfaltet und vor dem Vergessen gerettet zu haben, wenn auch nicht tagebuchausführlich, so doch in essentiellen Extrakten. Sicher hatte der 20-Jährige nicht genau diese Werke schreiben wollen, die der 70-Jährige dann geschrieben hat, aber was ist vom jugendlichen Wollen eigentlich in den späteren Werken nicht zugleich aufbewahrt, durchkorrigiert und erhöht worden?

Diese schwierige Jugend war also doch zu etwas gut gewesen, nämlich auch diese Dutzend Bücher vorbereitet zu haben, die der Erwachsene daraus machen sollte. Heute ist er viermal so alt wie zur Zeit seiner literarischen Träume, und scheu streift die Erinnerungstreue noch zuweilen an diese frühen Unbeholfenheiten, auf der Suche nach weiteren Schätzen, die dort auf dem Meeresboden der frühen Jahre vielleicht noch vor sich hin modern und gehoben werden könnten.

Was war das damals nur gewesen auf diesen jahrelangen täglichen Spaziergängen, Wanderungen und Schlendermärschen auf den Deichwegen entlang dem Flußlauf? Was war dort vorgefühlt und an Ahnungen angehäuft, was erdacht und auch geplant worden?

Probeskizzen in alten Schulheften, ein Wittern und Lauschen durch die Jahreszeiten. Wurde das zukunftsträchtig Brauchbare aus jenen halben Dahingeschwundenheiten literarisch in Sicherheit gebracht oder das Entscheidende darin noch gar nicht wieder vergegenwärtigt? Sicher ist nicht mehr alles so ganz präsent, aber liegen noch mögliche Diamanten unter all den Schuttmassen? Wurde etwas „bedeutsam Vorscheinendes" später übersehen, und blieb etwas Rettenswertes verschüttet?

Aphorismus : Ein Spruch, Euer Ehren!

Vielleicht muß man auch noch nach dem Tode arbeiten - nämlich die Fehler seines Lebens (samt des Vorlebens) berichtigen.

Frege nach Cusanus : Nihil certi habemus nisi nostram log(ist)icam.

In Ehen von vorgestern wie in Ehen von übermorgen verstehen sich die beiden Familien besser als die Eheleute selber.

Mancher verbreitet gern über andere den Klatsch, daß sie ständig nur tratschen und hecheln. Aber an wen wendet sich diese Feststellung?

Genomen est omen. Sind die Menschen schon durch ihre genetische Ausstattung dazu bestimmt, diese nach eigenen Wünschen verändern zu können, und läßt sich die Erbsubstanz irgendwann so abwandeln, daß sie sich selber nicht mehr ändern will und kann?

Kunst macht Musen nun zu Schlampen, Zicken, Girlies oder Amazonen.
Als frei gilt schon, wer nur einen Mitmenschen findet,
den er ungestraft tyrannisiert.

Wer sonst nichts zu sagen hat, kann versuchen, seine literarische Ruhmsucht zu befriedigen durch ein Buch über sie.

"Wir haben nur das bißchen Kunst und Wissenschaft, das uns, in ehrlicher Arbeit, über uns erhebt, und haben als Bestes die Natur. Alles andere ist Mumpitz ... Wir stecken schlimm drin; das heißt Menschsein." (69) "Ich bin kein Sitzungsmensch, außerdem alt und ein entschiedener Freund von Zurückgezogenheit und Stille. Gesellschaften bedrücken mich, und Sitzungen erschrecken mich ... Ich interessiere mich noch für alles, aber - aus der Vogelperspektive." (70) "Drei Leser, wenn man ein Buch geschrieben hat, und drei Tränen, wenn man stirbt." (Theodor Fontane im Alter)

Jeder Mensch ist ganzheitlich zu sehen. Das große Ganze sieht das aber ganz anders.

Beifall ist meist das, was von der Meisterschaft trennt - und umgekehrt.

Das Gegenteil von Angriff ist nicht Verteidigung, sondern sich selbst etwas angegriffen fühlen - von der gegnerischen Verteidigung.

Die menschliche Geschichte überschreitet ihr Verfallsdatum seit dem Sündenfall.

Mancher steckbrieflich Gesuchte kann untertauchen im Blut neuer Opfer, doch Paranoiker machen sich in die Hosen und tauchen darin unter.

Hölderlin? Wer tatenarm ist, muß noch nicht gedankenreich sein.

Wo steht dem Menschen der Kopf auf dem Boden der Wohltatsachen?

Reiße von Mysterien nicht die Fassaden weg, die dich verstecken. Die "Erscheinungen" verbergen dir Kants Ding-an-sich − auch dich vor ihm.

Die Letzten werden die Ersten sein: Epigonen sind schon jetzt Pioniere.

Wer alle kaufen kann, läßt sich nicht mehr kaufen: Wem das verkaufen?

Gestern träumte mir von einem Traumdeuter.
Er konnte ihn mir auch nicht deuten.

Geknebelte äußern sich kaum über ihre Behinderung.

Die einen Sünder wollen fremdgehen, die anderen sich klonen.

Genetische Manipulation?
Auf das Buch Genesis folgt das Buch Exodus.

Heiden machen Quellen zu Gräbern, Christen Gräber zu Jungbrunnen.
Skeptiker sind Optimisten, die auch an keinen Teufel glauben.

Wo ist der Noah für das Häusermeer
und das Meer von Blut und Tränen?

Jonas : Herr, vergib ihnen nicht, denn sie tun nicht, was sie wissen.

Man hat denen, die nichts zu sagen haben, immer vieles zu sagen.

Gottvater schrieb den Text. Die Rollen spielen uns.

Sein oder das Seyn nichten, das „ist" hier Fragwürden Heidegger.

Auch die Kontexte aller Texte haben ihren Kontext : das Wort Gottes.

Papier ist geduldig — wenn es ein unbeschriebenes Blatt bleibt.

Keine Niederlage eines Denkers macht seine Gedanken tiefer.

Zu Kopf steigt einem eher der Schwanz als der Kopf eines anderen.

Amerika wurde häufiger erfunden als entdeckt.

Auf Geistesheldenfriedhöfen liegen zu Recht auch Feigengedenkgräber.
Wer sich mußeunfähig schreiben läßt, verdient bis zum Umfallen weiter.

Wer Amor psychoanalysiert,
zerlegt auch seinen Giftpfeil und Ellenbogen.

Liebst du mich, wenn du mir eine Blöße oder dir meine Blöße gibst?

Viele Ökologen bringen ihre Schäfchen auch nicht ins Feuchtbiotop und sehen den Wald vor lauter Baumsterben nicht mehr.

Manche ziehen sich splitterfasernackt aus, um ihr Inneres ganz zu verbergen, und andere machen Geständnisse, um sich nicht unbekleidet zu zeigen.

Theologen liegen am Schlüsselloch zu himmlischen Freuden.

Ein Mann bleibt sich treu, wo er der Frau untreu wird, die sich selbst untreu wird, wenn sie ihrem Mann treu bleibt.

Mancher Autor möchte als bester Bauchredner seiner Nachwelt gelten.

"Vae victis"? Bauch- und Kopfweh den Siegern!

Die Talfahrt eines Großen sollte nicht auf deinem Lebensgipfel enden.

Am Anfang war das Fleisch, und "Schweinefleisch" ward das Machtwort.

Leute unterscheiden sich auch darin,
ob sie lieber Gelungenes zerschlagen oder Mißlungenes.

War der himmelhohe Turm von Babel
ein einziger einsprachiger Bücherstapel?

Es ist noch nicht alles wirklich, was nur unvorstellbar ist.

Reichtum firmiert als häufige Form der Dachentschädigung.

Pläne und Erinnerungen schwimmen nicht gegen den Strom der Zeit.
Vorm Donnerwetter von oben schlagen Fromme sich
in brennende Büsche.

Idealisten: Realisten, die Reflexionen für begründeter halten als Reflexe.

Der Schöpfer ist für Christen der sterbende Hauptdarsteller des Welttheaters, für andere der unsterbliche Autor des ganzen Schauspiels.

Nostalgie wird auch wieder das goldene Zeitalter der Utopien erreichen.

Viele Alibis zur Tatzeit erweisen sich selber als Untaten.

Flüsse sind verseucht und verdreckt.
Wer hat sich in der Quelle gebadet?

"Das Leben ist zu kurz, als daß man sich Mühe geben sollte, irgend etwas zu unternehmen." (Petronius)   "Begehren und dabei gleichgültig sein: das ist das Wesen des Spiels... Das Spiel ist die einzige Form des Handelns, die ... des Menschen würdig ist, weil verständig und triebhaft zugleich ... Nehmt also teil am Zeitlichen, aber nehmt daran teil wie ein ewig Abwesender." *(Montherlant:* Tagebücher 1958-1964)   Ist das nicht H. Schmitzens "entfremdete Subjektivität" des Dandies : So leben, als ob etwas ernst zu nehmen wäre, und *so tun, als ob* es Sinn machte? "Schiffahrt mit gelöschten Lichtern", "unbeteiligt wie ein Schlafwandler", "wie wenn nichts wäre". Nietzsche, Montherlant und Foucault : Sind es am Ende nur noch Homosexuelle, welche die Weisheitslehren der "Selbsttechniker" vom Orient über die Griechen und Römer zu den Moralisten beerben? Montherlant schrieb an meinem 22. Geburtstag, daß "die Indifferenz eine Tochter der Vernunft ist, wenn nicht gar diese selber." Wenigstens war seine so geliebte Gleichgültigkeit eine Tochter der Postmoderne und der römischen Stoiker.

Die Welt geht unter mit jedem Sterblichen −
und nicht erst mit Atombomben.
Arbeit ist das Opium des Volkes −
und zugleich der Grund, es zu nehmen.

Wer will aus der Not, kein Gelehrter geworden zu sein, die Tugend machen, die Lebensform des Gelehrten literarisch nur zu besingen?

Wer es sieht, wie die Großen in ihren größeren Ansprüchen verbittert wurden, fühlt sich ermutigt, seine kleineren Ansprüche mit mehr Recht zu verfechten

Die sich von Dingen ein Bild machen, unterscheiden sich durch Farben, die sie von Paletten der Vergangenheit oder der Zukunft nehmen.

Das Individuum besteht nicht aus Gesellschaften, und daß jeder Einzelne ein Teil der Gesellschaft bildet, ist kein Teil des Individuums.

Arbeiter und Tatmenschen haben eines gemeinsam:
sie treten dauernd auf der Stelle, von der sie die Dinge rücken.

Kulturwissenschaftler können nicht mehr fern und Naturwissenschaftler müssen noch sehr fern sein von vollständiger Erkenntnis ihrer Objekte, denn erst, wenn man sie genauer kennt, gewinnt Gottes Werk und verliert Menschenwerk. Wurde Bauer Kain nicht erst als Heimatvertriebener, zur Strafe für den Brudermord, selbst zu jenem nomadischen Gottesgünstling, den seine Eifersucht in Abel beseitigt hatte? Aus der Verbindung der nomadischen "Gottessöhne" mit den seßhaften "Menschentöchtern" gingen die Ur-Helden hervor. (Genesis 6) So mildtätig und kultiviert die Mächtigen sind, so habgierig und barbarisch möchtest du auch sein dürfen.

„Jenseits der Bildungsschicht heißt und hieß die große Gefahr des Lebens in Deutschland immer: Leere und Langeweile... Über den großen Flächen Nord- und Ost-Deutschlands, in seinen farblosen Städten ... drohte immer der Stumpfsinn. Und zugleich der horror vacui und der Wunsch nach "Erlösung". Erlösung durch Alkohol, durch Aberglauben oder, am besten, durch einen großen, alles überschwemmenden Massenrausch." (Sebastian Haffner, 1939)

"So viele Hände, um die Welt zu verändern, und so wenige Blicke, um sie zu betrachten." *(Julien Gracq:* "Witterungen I") "Gute Praxis ist keine Rechtfertigung für schlechte Theorie." (Otto *Schönberger,* Würzburg 1987) "Patentrezepte habe ich für Sie auch nicht." Doch *dieses* Patentrezept hat jeder gegen jeden bereit. Wer rechtzeitig zur Vernunft kommt, muß nicht erst zu seinem Recht kommen.

Lach nur los, dann wird es schon lustig!

An Bäumen hängt zuerst der Geistesadel, doch das herrschende Weltbürgertum wird mal gestürzt werden eher von Nomaden als von Industrie- und Landarbeitern oder alternativen Kulturrevolutionären.

"Was ihn von den Frauen fernhielt, war ... der Glaube, sein Körper sei etwas Abstoßendes (das war er auch tatsächlich, aber die Frauen nehmen das nicht so genau) und vor allem seine angeborene Schüchternheit ..."
(Henry de *Montherlant,* „Die Junggesellen", Paris 1934)

Was Zeitgenossen oft ganz zu Recht als kauzige Satire lesen, mögen Nachfahren mit weniger Recht als genialen Sachbericht verstehen. Wird hier ein Genie nun zu spät erkannt oder ein Kauz später als Genie verkannt? Wer aber gerade noch das Talent hat, Bewundernswertes zu beneiden und den Neid in gebildete Kritik zu hüllen, muß sich hüten, sein Selbstlob auf andere Mittelmäßige zu übertragen.

Wahrheit lohnt sich nur dort, wo jeder weiß, (daß alle wissen,) daß niemand ehrlich ist.

Christian Wolff: "Philosophie ist die Wissenschaft von allem Möglichen" - vom kontingent Beliebigen oder von dem, was real- und denkmöglich ist?

Um einer (Kultur-)Revolution willen nun auf die (Sozial-)Revolution verzichten? Wenn Konservierung gesellschaftlicher Verhältnisse nur durch deren Mobilisierung und Flexibilisierung möglich ist, verändert sich Bestehendes dann nur durch Konstatierung statischer Wesenheiten und Naturgesetze? Für Adornos Lehrer Hans *Cornelius* war Kants "Ding an sich" nur das immanente Gesetz der Abfolge von Erscheinungen und die "erkenntnistheoretische Wendung der Philosophie ist ... zugleich eine psychologische Wendung" ohne Freud.

Pflege die Vergeßwerkzeuge und ändere deine Vergeßgewohnheiten.

Konservative Gesellschaften verlangen ständige Flexibilität und Dynamik, *revolutionäre Volksrepubliken* gewähren tyrannische Ruhe und Ordnung.

Frei ist manchem ja nicht einmal der Gedanke, mancher sei unfrei. Notwendigkeit heißt auf Erden, daß der Zufall allein durch Zufall aufhebbar ist, aber hat der Zufall das Notwendige immer ganz notwendig suspendiert?

"Mich ängstigen alle meine Werke; ich begreife ja nicht, was ich tue ... Überall Betriebsamkeit, überall Tumult. Aber was ist Frömmigkeit? Zeit haben für die Betrachtung." *(Bernhard von Clairvaux)*

Hegels Denken schweifte spekulativer aus als das von Leibniz : Hat Kants Kritik nicht viel mehr Vernunftspekulationen ermöglicht als beschnitten? Muß man faulen Zauber erst aufziehen, um durch Entzauberung größeren Wiederverzauberungsbedarf zu wecken? Welchem Älteren oder Jüngeren erlauben Siebzigjährige noch, sie nochmals in Frage zu stellen?

Christ sein heißt glauben dürfen, man sei gerettet durch bloßen Glauben, schon gerettet zu sein.

Es ist nicht alles richtig, was nur wichtig ist, auch nicht alles nichtig, was richtig ist, doch wann ist es zu Recht wichtiger, daß etwas lebenswichtig, als daß es goldrichtig ist?

"Die Logik sorgt für sich selbst, wir müssen ihr nur zusehen, wie sie es macht" (Wittgenstein, 13. 10. 1914). Das erinnert an Hegels Gedanken, man müsse dem philosophischen Gedanken nichts von sich hinzutun, sondern nur "zusehen", wie er sich selbst entwickle.

Sozialrevolution würde für mindestens ein Jahrhundert Hochfinanciers in tiefe Bergwerke und Bergleute in beste Bibliotheken einschließen.

Der gewöhnliche Sterbliche erlebt häufig außerordentliche Dinge, doch ein ganz besonderer Mensch kaum je etwas Besonderes.

Ein Romanheld äußert Ideen, auf die der Autor nie gekommen wäre.

"Gedankenreich und tatenarm"? Seine Taten sind Tätigkeiten, seine Geschäfte Beschäftigungen, und er macht sich Gedanken wie Sorgen.

Jemanden lieben heißt nicht lieben, wen und was er liebt. Nur jene Leute trennen sich, die genügend viele Gemeinsamkeiten haben. Gegensätzliche Charaktere sagen, sie ergänzen sich; harmonierende sagen, sie langweilen sich und einander.

Hire and fire. Welcher Mensch hatte nur die zündende Idee, uns das himmlische Feuer zu stehlen und es den Arbeitstieren zu bringen, die es uns unterm Hintern machen, ohne sich die Finger zu verbrennen?

Du, geteilt durch mich, bist nur unendlich groß, wenn ich eine Null bin.

Man schlägt seine Wurzeln dort, wo man seine Wege einschlägt u. u.

Wer sich heute fortpflanzt, erfährt man, vermehrt nur seine Einsamkeit.

Sind nächtliche Wunschträume besser als Wachträume? Jeder träumt, die Wirklichkeit möge beim Erwachen besser sein als seine Alpträume.

Ich sage dir meine Schwächen nach und spreche mir deine Stärken zu.

Moralmode: Man trägt heuer lieber zornrot als schamrot
und bricht besser in Stinkwut als in Freudentränen aus.

Was der Junge nicht beherrscht, das beherrscht den Alten u. u..

Was wir erfassen können, muß uns schon erfaßt haben, doch was mich sehr mitgenommen hat, hatte ich schon vorweggenommen.

"Selbstfindung" suchst du? Finde dich, doch in andere hinein, bitte!

Ganz in der Gegenwart leben wir, wenn wir in Erinnerungen so weit hinter uns bleiben, wie wir uns in Plänen voraus sind.
Ganz unter uns gab er sich so, wie er war.
Im stillen Kämmerlein machte er sich was vor.

Himmelblauer Himmel. Der H-Bombenblitz, der alles irdische Leben zerstört, antwortet dem Sonnenlicht, das alles irdisches Leben ermöglicht.

Tatendrang : Schreib Bücher darüber, daß man nichts tun kann.

Wer im Bilde ist, gehört selbst zum Bild, das er sich von dir macht?

Subjektiv betrachten Physiker nur den Mikrokosmos und wir Naturfreunde auch den Makrokosmos.

In den Wissenschaftlern ist alles Subjekt(ive), in den Künstlern alles Objekt(ive) wichtiger, als sie glauben wollen. Lebe *von* praktischem und *für* theoretisches Wissen. (Bin ich selbstlos objektiv an fremden Objekten und selbstlos subjektiv an fremden Subjekten?)

Das „Philosofa" als locus amoenus: Zeit ist veränderliches Abbild der Unwandelbarkeit, Raum aber unbewegtes Abbild der Bewegungen.

Ich tree nicht auf. Aber in welchem Theater?

"Rührt euch": Im Künstler hat das Kind die Gedanken und Einsichten, der Mann die Gefühle und Absichten.

Spirituelles ist meist nicht zu himmelhoch, sondern allzu muttererdig.

Wer nur liebt, wird leicht ungerecht, wer nur gerecht ist, leicht lieblos.

Liefern Naturdinge oder Menschenprodukte die besseren Metaphern für Geistiges?

"Fürchte den Herrn." Ich fürchte mich.

Wahrheit ist die einzige Partizipation unseres Wortes an der Welt, dem fleischgewordenen Wort Gottes.

Objektivität heißt, eine Subjektivität, die dir gegeben ist, nicht nochmals subjektiv zu fälschen.

Der Preis der Wahrheit besteht im Großen darin, daß ich nicht selbst zum Objekt gehöre, und im Kleinen darin, daß ich nur erkenne, was ich dabei auch schon (an mir und am Objekt) verändere.

Aphorismen wollen wiedergutmachen, was das Sein und das Bewußtsein einander antun.

Zen-Koans und Aphorismen sind aus keinem Zusammenhang gerissen. Sie befreien nur, was man in einen Zusammenhang reißt.

Manche Philosoph(i)en sind erstaunlicher,
als was sie begreifen wollen.

Wälder ohne Bäume sind seltener als Bäume ohne Wälder.

Wer sich im freien Fall befindet, sucht den steigenden Zwang.

Mehrere Zwänge befreien dich voneinander —
und von einem einzigen.

Aufgeklartes Cogito : Es geistesblitzt.

Wie erkennt man, ob Kunstwerke mißfallen,
weil sie schlecht oder weil sie gut sind?

Nie wurde die Natur besser verdunkelt
als durch soziologische Erklärung.

Beschenkte kann man leichter quälen,
doch Egoisten nicht egoistisch lieben.

Selbst Trivialliteraten verschreiben keine Idyllen mehr.

Die Vorsehung zeigt wenig Nachsicht mit zu viel Vorsicht.

Weltgewandte Weltabgewandtheit? Der Wohnort, an den Reisende nach Wochen zurückkehren, scheint ihnen veränderter als sie selber.

Masken schützen vor Faustschlägen und Vorschlägen.

Kulturelles Gewicht haben oft nur kosmische Unwichtigkeiten u. u.

Wenn sichtbare Phänomene gesteuert werden vom unsichtbaren Gesetz, dann nicht auch von den in Studierstuben unsichtbaren Gesetzeskennern.

Das Gewissen ist etwas, was unsere Ungewißheiten Theorien bleiben läßt und unser Wissen hindert, seinen Willen zu bekommen.

Wesensschaulustig. Wer sich so bedeutend fühlt, daß er mit seiner Bedeutungslosigkeit prahlen kann, will aber als humorvoll gelten.

Alles wirkt wirklich ganz unwirklich? Hegels *Begriff* verhält sich zur Realität wie die Idee zum Kunstwerk und wie der Vater zum Sohn.

Ein gutdotierter Vorstandsposten ist noch kein guter Beobachterposten für Schopenhauers "Weltauge".

Versteckt sich der „Deus absconditus" im „individuum ineffabile"?

Wer am Sternenhimmel versteht, warum er das Leben immer weniger versteht, ist in Jungbrunnen gefallen und kein Spott für junge Mägde.

Mancher starke Wille richtet sich auf Willensstärke,
und starker Neid kann schwacher Ehrgeiz sein.

Du sollst nicht lügen? Die Zehn Gebote erlauben Phantasie.

Wer sich seiner Schwächen rühmt, schämt sich seines Glücks u. u.

Blind vertraut man nur dem Blinden
oder dem man keinen Röntgenblick zutraut.

Ihr seid nicht in der Hölle, damit ihr um Hilfe schreit,
schreit der Teufel.

Fordert gerechte Verteilung von Verstand und Anstand,
Krankheiten und Bosheiten!

Die Geistreichen sind nicht reich und die Armen nicht klug.

Warum rauscht der Wald wie das Meer
und nicht die Woge wie der Wind?

Junge wissen, wieviel sie nicht wissen;
Alte wissen nicht, wieviel sie wissen.

Urin stinkt nach Ur-Instinkt. Schriftsteller unterscheiden sich auch wie tintenverdünnte Tränen von tränenverdünnter Tinte.

Viele Umweltschützer retten keine grüne Natur, sondern ihre eigene.
Aus Schütts Tierleben : Eulen sind aufgewachte Ameisen.

Haut ab oder zu, aber nicht zu Markte!

Um ein wenig selbstsicher zu wirken, muß man vieles fürchten.

Mancher erreicht sein höchstes Ideal, wo er auf Zehenspitzen geht.

Nichts wirksamer als das Unwirkliche. Fremde und Außerirdische lassen sich nur mit Fernrohren unter die Lupe nehmen.

Die menschliche Komödie besteht oft aus individuellen Trauerspielen, die göttliche Tragödie aus individuellen Possen.

„Aphorismen" : de-finitiv entgrenzende Ab-grenzungen.

Eros: Eris: Ares: M-ars. Ich bin dir sehr "zugetan", aber von wem nur?

"Seinlassen" ist Unterlassen und Geltenlassen zugleich.

Der Glückliche sieht *nie*, der Schwermütige *nur* Einzelheiten.

Wer nicht künstlerisch verrückt wird, ist nur normal verrückt.

Enge Grenzen, um sich zu verschließen oder um sie besser auszufüllen?

Der schöne Prinz sucht die Wetterfroschperspektive
aus der Wandervogelperspektive.

Bring erst dich in Form und dann das Erlebte.

Verscherzen Aphoristiker sich den Geist, der ihnen zuweilen erscheint?

Was nicht anders sein kann, könnte immer auch anders beschrieben werden, und der Bericht über das, was auch ganz anders sein könnte, kann gar nicht anders ausfallen.

Wer sich selber ein Bild von der Welt macht, muß sie selber nicht mehr anschauen, und wer schreiben kann, kann meist nicht reden.

Ein Autor sagt in zehn Büchern den Lesern, daß er talentierter ist als sie.

Vieles fällt unter seinen Allgemeinbegriff,
auf den uns aber nur *eines* bringt.

Wer Menschen gern zusammenbringt, will sie kämpfen sehen?

Wer nicht Kopf steht, muß noch nicht auf eigenen Füßen stehen.

Exklusive Schwächen und Laster
schlagen gängige Stärken und Tugenden.

Du sollst etwas sollen. Der erste Grundsatz lautet, sich an Grundsätzen zu messen, die am obersten Abgrundsatz zu messen sind.

Mancher schadet uns und leugnet das dadurch,
daß er davon ja keinen Nutzen habe.

Die meisten Menschen sehen im Spiegel mehr als im Kosmos.

Nicht jeder Gefangene - von Mauern, Genen oder Überzeugungen - hat nur freiwillig auf seine Freiheit verzichtet.

Wichtig ist den Wichtigtuern allein das Unrealisierbare, doch Mimen fahren im Zorn nur aus Maske und Kostüm.

Manche haben Komplexe, aber zu viele haben zu wenig Minderwertigkeitsgefühl und sind ihr eigenes Selbstbewußtsein nicht wert.

Wer innerhalb eines Zwangssystems frei wählt,
ist innerhalb seiner Freiheit oft gefesselt.

Mancher entscheidet sich nur so, wie ein Schlüssel beschließt,
kein Schloß zu sein.

Die Ewigkeit maskiert sich oft sterblich,
der Zeitgeist stets überzeitlich.

Wenn Philosophie keine logische Gestalt außerlogischer Gehalte ist,
ist sie eine prälogische Begründung logischer Strukturen.

Mancher Schriftsteller hat seine Feder von einer dummen Gans
oder vom Pleitegeier.

Philosophie kann sich ruhigen Gewissens geisteswissenschaftlich
geben, seit Naturwissenschaftler als Naturschänder geoutet sind.

Kunst heißt übermächtige Gewalten verwalten, veranstalten oder ver-
unstalten? Wenn man mir nur nicht sagte, ich sähe dem Verfasser
dieses Satzes täuschend ähnlich.

Eine Utopie ist eine Welt, in der jeder ungestraft faul und feige sein
müßte. Die Ersten werden die Verletzten sein, die Letzten, die lachen.

Et in Arcadia ego cogito. Löse dich auch davon, dich von der
Gesellschaft gelöst zu haben — ohne sie deshalb zu suchen.

Ein Mensch sieht einen Wald. Viele Menschen sehen viele Bäume.
Heute spinnt sinnliche Erfahrung ihr Netzwerk und sammelt der Verstand
seine Gedanken bei anderen ein. Der bienenfleißige Aktionist macht aus
dem Nektar der Sinne die honigsüßen Worte der Ideologen.

Der Schoß des Nichts wird alles, singt der Greis.
Alles wird ein Grab des Nichts, murmelt der Jüngling.

Wer in sich gehen soll, muß größer und kleiner sein als er selbst.
Da fährt man lieber in andere, die eher aus sich heraus als in sich gehen.

Grundsatz der transzendentalen Gnomologie : Die apriorische Bedingung der Möglichkeit von Erfahrung ist eine Unlösbarkeit des Konflikts von philosophischer und literarischer Wahrheit, ist die unaufhebbare Differenz von Gefühlen und Gedanken. Besteht ein Aphorismenband aus der Synthese vieler unvereinbarer Synthesen von lauter Unvereinbarkeiten?

Als er nicht mehr politisch scharf, realistisch düster und philosophisch rigoros schrieb, aber auch noch nicht seiner verschämten Neigung zu harmonistischer Idyllik nachgeben mochte, verfaßte er in der Übergangszeit bizarre Nonsens-Burlesken á la Woody Allen oder Robert Gernhardt, sprachverliebte Skurrilitäten, in denen von Jean Paul schon kauzig verwinkelte, idyllische Grotesken steckten.

Mancher schildert die Dinge nicht so, wie er sie sieht, sondern lieber seine Überwindung der persönlichen Schwierigkeiten, in ihre Nähe zu kommen. Und so bleibt der Konflikt zwischen den Bedürfnissen nach Konflikt und nach Harmonie harmonisch ungelöst : Ihr habt seltener Recht, als ihr glaubt, es ist alles ganz anders, als ihr euch denkt, doch wenn ihr mal Recht habt, dann mehr und anders, als ihr selber glaubt.

Das beste Leben hat von seinem Ende schon die Ruhe vor dem Leben.

Bürger sind Leute, die eher die Standpunkte als die Standorte wechseln.

Gälten Exilanträge von Dichtern und Denkern hier als Asylmißbrauch?

Bescheiden (stolz) heißen Könner, die des Normalverbrauchers Lob stolz (bescheiden) abwehren.

Fortschritt : Feuerwehr gegen Brauchtumspflegekostenexplosionen.

Als sensibel gilt schon, wer eine Geheimnummer beantragt, weil er sich belästigt fühlt von seiner Furcht vor telefonischen Belästigungen.

Sei nicht die Zielscheibe deiner Ziele!

Kierkegaard und Cohen waren sich einig, die individuelle Existenz vor der vernünftigen Allgemeinheit und sozialen Kollektivität ausschließlich im Namen Gottes zu retten und nicht im Namen der Atomisten und anderer Positivisten.

Reflektiere nur das Licht meines Sterns, der dir folgt, also auf gar nichts.

Sobald ich meinen Irrtum erkenne, denke ich mir eine Welt aus, in der er keiner mehr wäre. Sind Utopien Welten, in denen auch unsere Lügen keine mehr wären?

Schreib nicht zwischen den Zeilen, aber lies zwischen den Schriften!

Wer - außer Menschen - entzündet sich ausgerechnet bei Erkältungen?

Phänomenologen. Was Hegel als das Wesen des Geistes sah, die *rückverinnerlichte* Selbstentäußerung, ist laut H. Conrad-Martius umgekehrt das Wesen allein der Stoffnaturen - während der Mensch eine sich nie einholende Selbstüberschreitung sei. Jedes Ich *sei* die Selbstbegründung durch einen ob-jektiven „Gegen-wurf in einem Nichtich", das als Naturding, Idee oder alter ego zu wählen sei. Ich sei immer schon hinausversetzt in ein Nichtich, von dem her ich bin, was ich selber sein könne.

"Man hat immer die Aphorismen-Schreiber ein wenig unterschätzt - und immer die Systematiker für die Wahren gehalten." (*L. Marcuse*, 1949)

"Die Liebe zur Literatur, die sich einmal gleich dem Universum ausdehnte, um sich nun unendlich langsam wieder zurückzuziehen und womöglich beim Massekonzentrat der wenigen Sprüche des Heraklit zu enden." (*Botho Strauß* : "Paare Passanten", München 1981, S. 119 f.)

Aus meinem "Liber Sententiarum" (mit Sentenzenkommentar)

Die schwarzen Löcher der Aphorismen haben den literarisch-philosophischen Urknall nicht noch vor sich, sondern schon hinter sich. Reicht der Druck geistiger Massen aus, verdichten sie sich wieder zu fast unendlich gewichtigen Singularitäten, aus denen die Unzahl dicker Wälzer sich entwickelte.

Am leichtesten gehen immer die in sich, die schwer aus sich herausgehen.

Viele Leute haben mur eine Schwäche für das, was nicht ihre Stärke ist.

Am Anfang war nicht die Tat,
sondern das Dik-tat Seines Allmachtworts.

Metem-Psychotiker. Gibt es heute keine besseren Alternativen zu den Alternativen als die Etablierten selber?

Man weiß nicht, ob jemand wiedergeboren wird, nachdem er gestorben ist, aber heute wird er oft schon gestorben, bevor er geboren ist.

Empirismus ist so weit von der Erfahrung entfernt
wie das Experiment vom Essay.

"Sein Leben war glücklich wie das fast aller ernsten Gelehrten."
(Gilbert K. Chesterton)

Das Gewissen befiehlt Selbstopfer und verbietet Selbstmord.

Warum zeigt die moderne Kunst keine Menschen im Konflikt
mit sozialer Konfliktbesessenheit?

"Um den Adel deiner Seele zu bewahren, brauchst du nicht Länder und Meere zu beherrschen; auch mit mäßigen Mitteln kannst du dich der Anschauung des Ewigen widmen ... Und es ist wirklich so, daß ein mäßig begüterter Mensch, welcher der Betrachtung lebt, das glücklichste Wesen auf Erden ist."
(Aristoteles, Nikomachische Ethik)
"Wer dies heute liest,... hat nicht einmal "mäßige Mittel", um sich der Anschauung des Ewigen zu widmen; denn was heute reicht, ist morgen weggeschmolzen ... und deshalb kann er sich nicht leisten, in ein weltliches Kloster zu gehen ... In so vergangenen Ethiken finden wir nicht unsere Ideale, sondern unsere Vergangenheiten — und woran wir uns nicht mehr halten können." (*Ludwig Marcuse* : "Meine Geschichte der Philosophie - Aus den Papieren eines bejahrten Philosophiestudenten", München 1964 / Zürich 1981, Seite 52) Wer aber ist es, der hier nur "Kalender-Sprüchlein" klopft?

M(eth)oden. Die Realisten sind Leute, die nur Realitäten sehen, um deren Fassade nicht durchschauen und deren ewige Idee nicht sehen zu müssen, aber werden Dinge geändert, weil ihr Wesen nicht zu ändern ist oder um es nicht ändern zu müssen? Was ich unter mir habe, habe ich in mir, und was mich unter sich hat, hat mich in sich. Meine Aphorismen nehmen ihre Berechtigung aus der Notwendigkeit, heutige Verhältnisse als Pervertierung göttlicher Wahrheit zu erweisen und nicht umgekehrt die ewigen Ideen als Pervertierung verkehrter Verhält-nisse hienieden.

Nietzsche sah sich als der Wahlverteidiger des Menschen beim Jüngsten Gericht. Unser Gutes, das Gott belohnen wolle, habe ja seine unguten Motive, und unser Böses, das er bestrafe, seine nicht so bösen Wurzeln.

Freundschaft sollte etwas mehr sein als die Identität der Idiosynkrasien.

Nur Nullen haben keine Sorgen, aber erklärt das schon den Buddhismus?

Deine Platzangst fürchtet, daß auf der Welt für dich nirgendwo Platz ist.

Erkenne zuerst das, ohne welches nichts erkennbar ist.

Salomon Geßners Verbindung von erhabener Gesinnung und ländlicher Natürlichkeit wäre so weiter zu entwickeln, daß die Verfeinerung der Bildung und die Schlichtheit in der Armut sich immer noch idyllisch vertragen. Idyllen zeigen schließlich weniger die geistige Armut in der materiellen Fülle als umgekehrt die geistige Weite inmitten wirtschaftlicher Enge. *Lyrisch* besungenes Vollglück in beschränkter Gegenwart, ohne Träume zurück in die Kindheit oder vorwärts in die Utopie? *Epische* Breite einer idyllischen Kindheit am Busen der Natur als behagliches Ausmalen des glücklichen Genügens an engen Verhältnissen - mit Residualaktivitäten? *Dramatische* Hinspannung auf selige Armut statt auf teure Zielprojekte? Heute plane ich noch Verbesserungen, morgen werde mich bescheiden mit dem wenigen, was ich dann habe. Willst du besser leben in der gewohnten Welt - oder in einer besseren Welt wie gewohnt?

Hängen Aphorismen zusammen in einem möglichen Prinzip, das mehr ist als die Subjektivität ihres jeweiligen Autors oder als die Aspekte ihres jeweiligen Objekts? Lassen sich die inneren Widersprüche (oder unendlichfachen Unentschiedenheiten) eines Bezugssystems S(n) systematisieren in einem S(n+1)? Wäre Philosophie zu denken als ein Meta-System aus Systemerfüllung und Systemaufhebung durch jedes seiner möglichen individuellen Bestandteile? Aphorismen sind so etwas wie satirische Rätsel, welche lebensweltliche Selbstverständlichkeiten zersetzen, ohne sie deshalb einzelwissenschaftlich zu analysieren. System und Aphorismus sind nicht nur kompatibel, sondern gerade bei aller Gegensätzlichkeit notwendig einander zugeordnet. Kurt Gödels Gesetz ließe sich auch so formulieren, daß jedes vollständige geistige System potentiell unendlich viele Aphorismen impliziert und daß nachweislich aphorismenfreie Bezugssysteme niemals komplett und universell, also gar keine Systeme sind, sondern bestenfalls Regionaltheorien. Systematische Philosophien implizieren unsystematische Paradoxa, und nur unsystematische Theorien können die unsystematischen Aphorismen systematisch vermeiden. Systeme schließen aphoristisch ausbeutbare Selbstwidersprüche folglich notwendig ein und gleichzeitig aus. Widerspruchsfreie Philosophien sind keine (umfassenden) Systeme, und (universelle) Systeme enthalten notwendig unentscheidbare oder sogar selbstwidersprüchliche Paradoxe, die sich oft aphoristisch ausformulieren lassen. Vielleicht gibt es kein System von Aphorismen, aber doch Systeme, die Aphorismen implizieren, oder einzelne Aphorismen, die ganze Teilsysteme sind. Ein System enthält nach Gödel den antinomischen Aphorismus, der es sprengt, und der paradoxe Aphorismus transzendiert das philosophische System, das ihn impliziert. Der Aphorismus ist selber ein "kleinstmögliches Ganzes" (Musil), also ein autarkes Baby-System, das sich nicht selber begründet und deshalb nur von *Metaphorismen* begründet werden kann. Will sagen, der Aphorismus ist ein potentieller Metaphorismus in Bezug auf jedes andere gnomische Minisystem. Aphorismen sind Sätze, deren Wahrheit nicht entscheidbar ist durch die Mittel des Systems, in dem sie auftreten, ohne deshalb von ihm abgeleitet werden zu können. Entweder enthält eine Philosophie auch mögliche falsche, widersprüchliche, unentscheidbare Aussagen oder ist kein System. Entweder also denkt der Philosoph systematisch, oder er duldet keine Aphorismen, die von Widersprüchen, Falschaussagen, Fehlschlüssen und Paradoxen profitieren. Systematik und Widerspruchsfreiheit schließen einander aus. Läßt sich aus Aphorismen das System (re)konstruieren, das sie einschließt? Meine Aphorismen sind

Aussagen, die sich in meinem Weltbild nicht mehr entscheiden und ableiten, begründen und beweisen lassen – und dennoch oder gerade dadurch in dieses Weltbild konstitutiv hineingehören und darin formuliert sind. Auf welches kulturelle Meta-Bezugssystem sind die Paradoxa unseres *Lebensweltbildes* zurückführbar?

Philosophie ließe sich jenes Metasystem nennen, mit dessen begrifflichen Mitteln die innerhalb unserer „lebensweltlichen" Grundgewißheiten (bezüglich Wahrheit und Falschheit) unentscheidbaren Überzeugungen dann doch begründet oder widerlegt werden können. Die Aphorismen gehören zu unserer jeweiligen Lebenswelt, sind aber mit deren Mitteln nicht ableitbar oder zurückweisbar. Die muttersprachliche Lebenswelt ist deshalb so undistanzierbar umfassend und grundlegend, weil sie aphoristisch zuspitzbare Widersprüche birgt und weil widerspruchsfrei konstruierbare wissenschaftliche Kunstsprachen eben niemals diese Universalität der Lebensweltkunde erreichen, sondern nur beliebig unvollständige Teilwelten thematisieren. Aphorismen sind also möglich, weil die unthematisierte Lebenswelt so unerschöpflich umfassend ist. Kein philosophisches System kann seine eigene Widerspruchsfreiheit und Vollständigkeit, also seine Aphorismusresistenz beweisen. Die Paradoximmunität ist systemimmanent unbelegbar. Gibt es nun ein philosophisches Super-System von Metasystemen, das für diese Gefahr nicht anfällig ist? Der ideale Nährboden für gnomable Antinomien ist ein selbsttragend komplettes System komplett selbsttragender Systeme. – Nur Subsysteme können ja aphorismenfrei sein, und Gnome lassen sich selber als kleinstmögliche Teilsysteme gut verstehen. Jedes System, sofern es eines ist, birgt systemsprengend ausdifferenzierbare Subsysteme, und Aphorismen betten sich in aphorismenfremde Kontexte. Beurteilt Gesellschaften und Kulturen danach, ob sie Natur- oder Kunstidyllen wo nicht strikt fördern, so doch stillschweigend dulden.

Lebensgeschichtsklitterung? Wenn meine Kindheit zu Büchern führte, die ich später schrieb, war ihre Traurigkeit doch ganz schön. Meine Jugenderinnerungen werden nun sinnvoller mit jedem Buch, das ich schreibe, dazu muß ich sie gar nicht verfälschen, und nach der zwölften Veröffentlichung werde ich ein glückliches Kind gewesen sein.

Der Unfreie hat immer denselben Gegner, der Freie hat einander bekämpfende, und wenn die gesetzförmige Aufhebung der Naturwillkür selber als eine Willkürherrschaft erlitten wird, ist sie am Naturrecht aufzuheben.

Die Existenzphilosophie begann, was gern vergessen wird, mit Kierkegaards Protest(-antismus) gegen Hegels protestantische Religionsphilosophie. Schön und gut und heilig sind Stufen des einzig Wahren. Jaspers, Heidegger und Sartre waren fasziniert, übernahmen aber nur die individuelle Revolte gegen die „Allgemeinheit" und schnitten den Gottesbezug kurzerhand heraus, um den Weltbezug zu verabsolutieren. "Hegels Logik" schwankte seit der "Phänomenologie" unentschieden, ob die "dreiphasige Dialektik" von These, Antithese und Synthese sich abspielt zwischen zwei oder drei Polen (deren jeder das übergreifend Ganze selber sei). Die zwei Pole der "Wesensreflexion" sind zu denken als Mutter Natur und als Erdensohn, die drei Pole der schlußlogischen "Begriffsdialektik" aber sind Gottvater, Mutter Erde und Menschenkind. Hermann Schmitz zeigte 1992, was ich lange vorher skizzierte, daß Hegel - bei aller Einsicht in die Unumgänglichkeit einer entwickelten (patriarchalischen) Triangulierung - doch immer wieder zurückfiel in die monistische Philosophie der Dualunion einer dann auf alle Kulturebenen projizierten Mutter-Kind-Symbiose.

Urmodell der aristotelischen Metaphysik ist das menschliche Kunstwerk, poetische "Poiesis", und nicht Gottes schöne Natur. Die im Material unvollständig realisierten Ideen wären dann auch keine ewigen Urbilder der Dinge, sondern Artistenprojekte, die eine Wirklichkeit erst im geschaffenen Einzelwerk bekommen und nicht schon im Kopf des Künstlers haben. Wird Gott da nur poetisiert oder die Kunst vergöttert? Schön wirken Blumen und Bienen, weil wir ihr Leben nicht teilen müssen. Du hast keine Wurzeln, du hast die Beine, die man dir nicht macht.

Mein Glück dauert und dauert — dich?

Zwischen dem Leben von gezählten Welten und dem Leben in erzählten Welten etabliert sich als ihr Konfliktsymptom die Gnomologie. Die Theo-rie der Aphorismen begründet die Art ihrer Verknüpfung im Kopf des Rezipienten - und des Autors. Die Aphorismen sind nur so miteinander verbunden, wie die Theorie ihrer konstitutiv gemeinsamen Strukturmerkmale es ja angibt. Die Strukturtheorie dieser philosophisch-literarischen Einzelgänger bietet auch die Methode ihrer systematischen Verknüpfung. Was sie gattungstheoretisch überhaupt verbindet, das kann sie auch zu bestimmten Themenbereichen, Sprachmitteln und perspektivischen Blickwinkeln systematisch verbinden: Innovationspotential, Systemtranszendenz, Regelausnahmeregelungen, Konfliktkapazität zwischen Sein und Bewußtsein, Fakten und Normen, Verstand und Gegenstand, Emanzipation und Regression, Logik und Lyrik und anderen wesentlichen Gegensatzpaaren. Das Metasystem der Systemwidersprüche in kulturellen Themenfeldern ist bevorzugt gnomologisch konzipiert. Den Aphorismus zeichnet aus, die intrinsischen Paradoxien in allen kulturellen Subsystemen namhaft zu machen. *Wann* die Themenkreise eines Problembereichs gnomologisch erschöpft sind, läßt sich gar nicht antezipieren, sondern ist induktiv offen und abhängig vom Potential an Paradox-Implikationen. Ihre mögliche Vollständigkeit wäre selbst ein Objekt aphoristischer Erkundungen. Wenn alle Gründe und Gegengründe erst einmal verbraucht sind, wenn das Für und Wider ausgetauscht ist, faßt der Aphorismus auf- und abschließend die fortdauernde Ungelöstheit des anstehenden Problems auch dann kernparadox zusammen, wenn die Diskursteilnehmer von dessen Lösung fest überzeugt sind. Seine systematische Methode besteht einzig darin, die konstitutiven Widersprüche zwischen jeder übrigen Methode und deren Resultaten unumgänglich frappant aufzuspüren. So gehen Aphorismen nicht auseinander hervor, sondern aus ihrem gemeinsamen Prinzip, diesen konstitutiven Konflikt jedes anderen Prinzips mit dessen Ableitungen und mit anderen Prinzipien hervorzutun, potentiell in jedem Allgemeinbegriff als dem Inbegriff seiner Sonderfälle. So ist der Aphorismus die Regel, die eine anerkannte Regel und deren Ausnahmen verbindet. Er ist nicht nur Ausnahme von der Regel, sondern auch und vor allem die Regel der Ausnahmen von einer Regel. Alle Aphorismen eines Autors oder eines Themenkreises bilden einen offenen Regelkreis aus den regelrechten Ausnahmen von den funktionierenden Regeln. Und es ist unmöglich, die Unmöglichkeit eines weiteren treffenden Aphorismus zu einem Themenkomplex zu beweisen, weder aphoristisch noch systematisch. Er trifft sein

Objekt, wenn er sein rezipierendes Subjekt trifft u. u. Ein Aphorismus falsifiziert eingespielte Regeln, ohne von ihnen „holistisch" selber voll bestimmt zu sein. Diese Spielregeln selbst sind es, deren Generalisierung ihre aphoristischen Falsifikate selber provozieren und hervortreiben. Die Aphorismen sind weder Theorien noch Empirien, sondern deren nur zufällig aufgefundenen notwendigen Konfliktformen. Diese Konfliktarten zwischen Phänomen und Methode bilden ureigene Phänomene, deren Wesen durch freie Variationen vom gnomologischen Phänomenologen ermittelt werden können.

Um 1970 war Philosophie nur eine spezielle Umgangssprachanalyse oder allgemeine Naturwissenschaftstheorie. Die deutschsprachige entdeckte empirische Sozialwissenschaften gerade, als analytische Philosophien gar nicht mehr logisch positivistisch waren, sondern theoriebestimmte Erfahrungen holistisch wurden. Das biophysikalistische Methodenideal hat viel von seiner Attraktivität für Philosophen verloren, ohne deshalb dauerhaft phänomenologisch-existenzialistische oder gar sozialkritische Denkansätze zu rehabilitieren, aber sowohl der linguistischen Traditionshermeneutik als auch dem transzendentalen Interpretationskollektiv nachhaltig Auftrieb gegeben.

Terrible simplificateur. Gesellschaftliche *Komplexitätsreduktion* erreicht vor allem in ihrer Luhmannschen Theorie den systematischen Gipfel.

Um ein Held zu sein, genügt es zu sehen, was ist. Wozu leben wir? "Eis theorian (Zum Schauen)" (Anaxagoras). Schönes ist Ansehnliches.

Ein Aphorismus ist ein schneller Satz aus vielen Fenstern zugleich. Mein System der Philosophie sucht Antworten auf die Frage : Welche Aphorismen transzendieren das philosophische System, welches sie integriert, und welches Bezugssystem reintegriert die Aphorismen, die es sprengen? Wissenschaft treiben heißt Aphorismen deparadoxieren, bis neue Regeln als Ausnahmen von den Ausnahmen gelten. —

Die „Ipsoreflexivitätsregel", die "sich selbst enthaltende Mengen" ausschließt, um logische Paradoxien zu verhindern, untersagt im Grunde jede Selbstreferenzialität, die aber seit der Antike ein konstitutives Moment alles Seelischen bildet. Muß nun das Psychologische unterbunden werden, um logische Widerspruchsfreiheit zu gewährleisten, oder sind logische Antinomien zugelassen, um spezifisch seelische Selbstbezüglichkeiten nicht abzuwürgen? Die allermeisten Probleme werden nur gelöst, indem Paradoxe erzeugt oder umgangen werden.

Im Betrachten von Dingen liegt schon beträchtliches Trachten nach ihnen, das nur gemildert wird durch subjektives Trachten nach bloßer Betrachtung der objektiven Welt. Wonach trachtet jemand, der etwas bloß be-trachtet und beob-achtet? Nicht äußerlich nach Geld und Gut, sondern das Wesensinnere der Dinge zu sehen. Begriffliche Betrachtungsweise verbindet erwägendes Aussinnen mit sinnlicher Anschauung. Was in Betracht kommt, verdient Beachtung und kommt etymologisch von „trahere": ziehen. Wer etwas nur be-trachtet, der be-zieht es auf anderes und miß-handelt es traktierend?

Wenn nach Conrad-Martius die Elemente Feuer, Wasser, Luft und Erde bei Aristoteles keine inzwischen längst veralteten physikalischen Urstoffe, sondern metaphysische Urpotenzen sind, dann vielleicht auch in Hegels Naturphilosophie, die ebenso physikalisch überholt wie metapysisch unausgeschöpft sein könnte, wenn ihre Begriffe nicht mißverstanden werden als transzendental-imaginative Apriorität. Läßt sich der zweite Band von Hegels "Enzyklopädie" so lesen, wie H. Conrad-Martius in "Der Raum" (München 1958) die aristotelische Physik las? Das *Anderssein* des Be-griffs in der Natur verstehen bedeutet ja nicht Subjektivierung des Realen, sondern nachbuchstabierendes Begreifen des "Buches der Natur" (Augustinus) als göttliche Schöpfung.

Der eine gewinnt an Übersicht mehr, als er an Einsicht verliert, weil andere an Ausblick verlieren, was sie an Durchblick gewinnen.

Wie ließe sich entscheiden, ob formale Logik als objektivste Form menschlicher Subjektivität auch die subjektivste Art objektiver Wahrheit sei?

Euro-Religion: Säkularisierter Sozialismus von politischen Laizisten.
Gibt es keinen Gott gibt, verliert der gute Mensch immer noch viel weniger, als der böse verliert, falls es doch einen Gott gibt. Der Mensch entscheidet frei, weil er seinem Schicksal folgen muß und dann nichts als das Gegenteil davon tun kann…

Jean Paul schreibt in seiner "Vorschule der Ästhetik" (1804), "daß die Idylle als ein Vollglück in der Beschränkung [der Güter, bald der Einsichten, bald des Standes] die Menge der Mitspieler und die Gewalt der großen Staatsräder ausschließe." Dieses "Freudenspiel", das "zwar nicht hinreißt, aber schaukelt", sei z.B. eine "blühende Einsiedelei" oder ein epikuräisch "umzäuntes Gartenleben" "für frohe Lilleputer, denen ein Blumenbett ein Wald ist". — Aber Jean Paul "verwirft die unbestimmten duftenden Allgemeinheiten Geßners", wo "die Menschen verschwimmen".

Es ist schon böse, daß es für jeden gut sein soll, über Gut und Böse selbst entscheiden zu dürfen (und zu müssen).

Lieber Praxis als Galaxis? Wer ohne Macht und Geld ist, kann nur noch den Mikro- und Makroskosmos studieren, denn der gesellschaftliche Mesokosmos gehört anderen. Wer weder Zeitgeschichte noch Erdteile erkundet, der muß sich in Sterne und Atome versenken, die er nur erfassen und nicht anfassen kann. Entweder war Metaphysik schon immer ganz unsinnig oder ist auch heute noch sinnvoll. Polarisierend wirkte sie immer, aber was ist geschehen, daß eine Theorie, die einst fast alle Intellektuellen ihrer Zeit vereinte, inzwischen fast alle Intellektuelle unserer Zeit gegen sich vereint?

Das Allgemeingültige läßt sich als Waffe wenden gegen jene, die es nicht auf sich anwenden wollen, sondern sich störrisch einschließen ins Recht auf ihre je eigene Wahrheit. „Steigen und Schweben, Sinken und Starren ins Jahr. Der Wind weht im Kreis". (März-Haiku)

Sieht der Herrgott den Handelnden vielleicht nur zu und handelt mit den nur Betrachtenden?

Die Überzeugung, daß alle Überzeugungen letztlich nur Wunschdenken seien, stammt selber von Wunschdenkern. Das sind oft Denkwünscher, also jene, die unsere Gedanken als bloß verkleidete Wünsche abtun und sich wünschen, daß wir nur Wünsche nach ihren Gedanken haben.

Platon : Je echter etwas ist, desto trügerischer sieht es aus u. u.

Tugenden bedienen sich leiser Leidenschaften
und dienen lauten Leidenschaften.

Philosophie entsteht, weil die Logik nicht den Menschen
und der Mensch nicht den Logistikern genügt.

Mourir corrigé. Was man nicht erleiden muß, das darf man empfinden,
und was man hören und sehen kann, das soll man nicht fühlen.

Vor wem du auch in die Knie gehst, ein Panzer kniet mit, und vom
Übernatürlichen weiß man nicht viel mehr als vom Unterbewußten.

Aktionen verteidigt der eine, weil die Passionen zu stark sind, und
ein anderer, weil sie zu schwach sind. Ein scharfer Verstand soll die
Natur umspannen und durchdringen,

"Die Bedrohung der Maxime durch den Roman rührt für Montherlant
also wesentlich daher, daß die Gegenwart die *nackte gleißende Wahrheit* nicht ertragen kann." (Werner Helmich : "Der moderne französische Aphorismus", Tübingen 1991, S. 222) Ein System ist eine Milchstraße voller Sonnensysteme, die aber keine andere Galaxie neben sich
duldet, sondern ihre Sterne einfängt. Eine komprimierte Gnome ist ein
übergewichtiges "Schwarzes Loch", das kein anderes Material um sich
herum duldet, sondern verschlingt. Das eine verschließt sich zu
schnell, das andere verdichtet sich zu stark, um für ihre Systematiker
offen genug zu sein. Der Aphorismus flieht nicht generell vor Genera-
lisierungen, generalisiert deshalb aber nicht alle Singularisierungen.
Wenn Utopisten die "radikalsten Antimoralisten" (Hans P. Balmer)
sind, dann sind die Moralisten die wahren Idylliker : Spiel als Erkennt-
nismittel, Wissen als Spielmaterial? Nach Maurice Blanchot ist ein
Buch nur die rhetorische Amplifikation aphoristischer Rohlinge.

Ödipuskomplexe Bibliotheksinseln in einem Meer von Blut.

Wie klug mußt du sein, daß du meine Klugheit (an)erkennst und mich
unklug nennst, um mir Lobreden abzuschmeicheln. Niemand ist in-
telligenter als seine Gene, aber jeder macht sich selbst so intelligent,
wie er glaubt, es nötig zu haben.

Literatur, weil sie dürftige Plots nicht mit unwahrscheinlichen Zufällen zudecken darf, verfehlt gemeinhin die Wirklichkeit, die eben aus dem Einbruch unplanbarer Kontingenzen in die Pläne der Autoren wie deren Figuren besteht. Schlechte Literatur in ihren Klischees ist der Realität näher, weil Schundliteratur wenigstens mit dem im Deus ex machina verborgenen Zufall arbeitet, in dem sich die Vorsehung so gern versteckt und den der verfeinerte Leser so herzlich verachtet. Auch daß die Leser sich um erklärte Absichten der Künstler zu Recht nur wenig kümmern und die Werke ganz anders verstehen dürfen als vom Verfasser gemeint, ändert nichts am konstruktivistischen Irrealismus menschlicher Kunstübungen. Daß auch inspirierte Kunstwerke nur transpirierende Machwerke sind, macht sie schon zu bloßen Einbildungen. Die Realität liest sich als schlechte Trivialliteratur, und auch realistische Geschichten übersehen mit nachwandlerischer Sicherheit die Finger Gottes in der Geschichte. roße Kunst hat mit den berüchtigt krummen Wegen der Vorsehung nur die unerschöpfliche Undurchschaubarkeit der schöpferischen Machart tendenziell gemeinsam. Der Realismus der Entzauberer und Entzauberten ist nur hartnäckig weichste Einbildung. Gnädige Enthüllung nackter Realität geschieht nur in poetischem Licht.

Läßt Sartres "Kritik der dialektischen Vernunft" (1960) sich auch einmal lesen als eine existenzielle Phänomenologie mönchischer Ordensgemeinschaften mit feierlichen Gelübden, mit fraternité-terreur, dem Schrecken verschworener Bruderschaften vor Gottes Geschichtsgericht, auf dem "champ de pratico-inerte" der Herzensträgheit, als Organisationsmetaphysik der *vita contemplativa* mit nur metaphorischen Aktionen des *animal symbolicum*? Ein Jahrzehnt später schrieb Sartre, wie Flaubert, "Der Idiot der Familie", als ein asketisch einsamer Mönch im weltlichen Kloster seines Familiensitzes Folianten vollschrieb, und Sartre bekannte, er würde seine Summa philosophiae am liebsten in einer ungestört hesychastischen Klosterzelle endlich zu Ende schreiben.

Demokratie: Wenn das Volk einmal selber den Mund aufmacht, hieß es früher "vox populi, vox Dei" und heute "Stammtischpopulismus".

Verläßt du den Ort der Verwüstung,
wandert die Wüste an jeden Ort mit.

Erst hetzte die Schulzeit, dann der Brotberuf, dann die Ruhmsucht -
herrscht nun etwas Frieden, ohne gleich Friedhofsruhe zu sein? Die
Jugend ist tot, es lebe die Jugend - im Alterswerk. Aber wer sehnt sich
in eine Jugend zurück, die nichts als altersweise sein wollte? Wer den
stillen Jüngling einen Feigling schalt, lobt nun den bescheidenen Mann

Wer Anpassungsschwierigkeiten mit individualistischer Selbstverwirklichung verwechselt, hält auch Konformismus leicht für selbstlose Objektivität. Gesellschaft? "Jeder, sieht man ihn einzeln, ist leidlich klug
und verständig; Sind sie in corpore, gleich wird euch ein Dummkopf
daraus." *(Friedrich Schiller)*

Die einzigen Männer, die ihre Mütter mehr fürchteten als liebten oder
doch nur so lieben, wie jeder sich selbst liebt, sind jene, die nur ihresgleichen lieben?

"In der Urzeit wurden Krüppel Schmiede oder Lehrer."
Die Voraussetzungen für Schmiede haben sich seither geändert.

Der nur Fragmente schreibende *Wittgenstein* war wohl der bisher einzige Philosoph, der den Logiker (Bertrand Russell) und den Aphoristiker (Karl Kraus) zusammen mit dem Theologen (S. Kierkegaard) in sich
vereinte. Logik, Religion und Aphoristik haben mindestens eins gemeinsam : das Reich der Antinomien und Paradoxien. Der Literat kann so
viele "Paradigmenwechsel" einleiten, wie er Aphorismen schreibt, es
nützt nichts, wenn der Wissenschaftler diese bunten Bälle nicht auffängt
und in Aufsätzen zurückwirft, sondern als Seifenblasen zerplatzen läßt.

Vom "Berg des Lukrez" aus gleichen sich Unterdrücker und Untertanen, Wahrheit und Wahnsinn, auch Umweltschützer und Umweltvor-
schützer, Bürger und Diebe, scheiden sich Heloten und Zeloten, aber
auch Tiefe und Niedrigkeit, hochmütig und hochherzig. -

Wo der *genius loci* den *Zeitgeist* besiegt, blühen Idyllen, auch und gerade wenn der locus amoenus nur ein großer Bibliotheksraum ist.

"Wer in Ihm wohnt, der sündigt nicht." Weil er keine sündigen Neigungen mehr spürt oder weil die Sünde nicht als Sünde angerechnet wird?

Atheisten sind Leute, die das Leben vor dem Tode mehr fürchten als ein Leben nach dem Tode. Du sollst dir vom Schöpfer kein Bild machen, d.h.: Wer Seine Existenz abstreitet, wird Ihn besser beschreiben können?

Es ist ja bemerkenswert, daß so selten gesprochen wird über das doch so häufige Scheitern nicht nur der Tollkühnen, sondern auch der Mutigen. Daß Mut seltener siegt als Feigheit, wird verschwiegen, als wäre es Wehrkraftzersetzung.

Du rächst dein schlechtes Gewissen an dem,
der es dir guten Gewissens macht.

In der Wahrheit steckt ein selten gewürdigter Vorzug : von Notlügen abgesehen, ist sie eben meist einfacher und bequemer. Man spricht von komplizierten Lügengebäuden, aber ganz zu Recht von der befreienden Kraft der (r)einen Wahrheit. Aber die Wahrheit über jemanden sagen, heißt das, ihn beim Herrgott zu verpetzen?

"Schlagkräftige wie schlagfeste Kurzformel": "Länger als dreißig Jahre lebt kein Buch. Wehe dem, der dann nicht rechtzeitig zitiert worden ist. An solcher Furcht mag es liegen, daß einige ihre Prosa schon hart an der Reihung von Aphorismen erzeugt haben." (Hans *Blumenberg* : "Die Verführbarkeit des Philosophen", Frankfurt am Main 2000, S. 150)

Was immer der Tor gehört, es hat nur sein Ohr gestört : Daueraktivisten halten phänomenologische *Wesensschau* für so etwas wie eine kriminologische Leichenschau (oder theologische Horrorshow).

Man flieht die raue Realität, bis sie weniger schreckt als ihr Schwund.

Sieh meinen und deinen Gesichtskreis von außen, d.h. denk nach.

Klopfet Sprüche, und es wird euch aufgetan
Nachromantische Idyllenfragmente

Der Freiheitsindividualist legitimierte die Stalins, die Maos und Pol Pots. Bernard-Henri Lévy sieht den Wendepunkt im Weihnachtsspiel "Bariona oder der Sohn des Donners": Der 40-jährige Sartre konvertiert vom einsam stolzen Schulkind, das ganz draußen steht, zum warmen Kriegsgefangenenkollektiv, das ihn braucht, und will sich fortan dem Volk integrieren als geistiger Führer militanter Avantgardisten, die das Volk befreien sollen. Doch Sartres Happenings blieben diesem Volk immer so "dehors" wie sein imaginäres Bewußtsein dem realen Sein.

Wer sich in seinen Lebenslauf verrennt, ist kein guter Autobiograph. Sartre mußte seine der affektiven wie objektiven Realität "entfremdete Subjektivität" durch gußeisernste Despotenkollektive stabilisieren und aufwärmen. Anarchistische wie totalitäre Willkürakte sind nur Kehrseiten voneinander, eine einzige Flucht vor realer Freiheit durch Gesetze.

Der übliche Ironiker suggeriert, er stehe unendlich über seinem Werk, an dem die Leser ihn vergeblich zu greifen versuchen. Der Werkironiker umgekehrt gibt uns zu verstehen, er nehme sich selbst nicht wichtiger, als jedermann das tue, und läßt durchblicken, sein wahres Ich sei nur durch sein Werk hindurch verständlich.

In meiner Kindheit malte ein kleines Mädchen neben mir eine Kaffeekanne mit noch unten statt nach oben gerichtetem Ausgußhals. Auf das Ungereimte angesprochen, sagte sie erstaunt : "Sonst kann der Kaffee doch gar nicht rausfließen." Ich wußte es besser und hatte doch Verständnis für ihre Logik. Als man ihr eine Kaffeekanne zeigte, meinte sie: "Aber eigentlich müßt sie aussehen wie auf meiner Zeichnung." Ein Stutzen, gemischt mit Schrecken, daß das Herz noch längst nicht verstehen will, auch wenn das Hirn doch längst verstanden hat.

"Das Denken nennt man die Welt der Freiheit." (M. ben Esra) "Achtet auf die Kinder des einfachen Volkes, denn von ihm wird die Lehre kommen." (Babylon. Talmud BT, Ssanhedrin 36) "Für das Geschlechtsleben soll es keine Aufpasser geben." (BT, Ketubbot 13)

Georg Büchners berühmte Erzählung "Lenz" und ihr Erfolg : Fühlt der Leser wie der Autor sich selbst ein bißchen als dieser arme Irre oder distanziert er so seine Angst, auch einmal so unterzugehen oder genießt er so eher seine Überlegenheit, noch viel Schwächere unter sich selber zu wissen?

Brechts Verfremdungstheater ist ein billiger Trick. Gerade der *V-Effekt* hat den Zuschauer emotional konditioniert und durch Agitprop vom Denken abgehalten. Brechts "grobes Denken" aber, das den Wald vor lauter Bäumen der Erkenntnis noch sieht, ist proletaristisch konkret und übersichtlich genug. Nur einige Gedichte werden ihn wohl überleben. Der kapitalistische Egoismus dient auch altruistischen, der sozialistische Kollektivgeist aber egoistischen Zwecken.

"Wir wenden uns, wie auch die Welt entzücke, Der Enge zu, die uns allein beglücke." ("Campagne in Frankreich") "Selbst im Drang der Gesellschaft beschützt der Reichtum nicht vor Ekel ..., die Wissenschaften aber beglücken selbst der Einsamkeit goldne Stunden." (Platen) Lautreamont rühmte wie Novalis die "äußerste Kälte, vollkommene Vorsicht und unbeirrbare Logik" der "heiligen Mathematik", die uns dem "Schoß des Chaos" entreiße, während Luther den Mathematiker einen "gar traurigen Gesellen" nannte.

Logischer Konstruktivismus oder Platonismus, Operationalismus oder Idealismus. Das verstehende Nachkonstruieren macht sich (instru)-mentale Idealobjekte zu Eigen. Der idealistische Aufschwung ins Reich reiner Ideen ist nicht praktisch, sondern lediglich theoretisch ganz ideologie*un*verdächtig. Theoretische Objektivität geistiger Werke ist glaubwürdiger als praktische Selbstlosigkeit begeisterter Werte. Die systematischen Ideen von Gott und Welt und Seele steuern den Fortschritt der Erkenntnis, während praktische Ideale wie Frieden, Freiheit und Gerechtigkeit meist von handfesteren Handlungsmotiven geleitet werden. Eine formale Logik bloßer Aussageformen zeichnet die transzendentale Logik konkreter Gegenstandsformen vor, wie Kant gezeigt hatte, um das (paradoxerweise erkenntnisermöglichende) Erkenntnisparadox aufzulösen, daß ein jedes Subjekt, ohne seinen Bereich jemals verlassen zu können, doch etwas Nichtsubjektives so sicher erreicht, wie Achill die Schildkröte praktisch immer schon überholt hat, die er theoretisch niemals berühren zu können scheint. Warum können die transzendentalphilosophischen und traditionell ontologischen Erkenntnistheorien einander nicht ergänzen? Selbst wenn Kant die Möglichkeitsbedingungen der Erfahrung ganz zu Recht als die Möglichkeitsbedingungen der Erfahrungsgegenstände konstruiert hätte, könnte diese transzendental konstituierte Objektwelt das Subjekt empirisch so affizieren und beeindrucken, wie es von ontologischen Realisten beschrieben wird. Ist das der Sinn von Putnams "internem Realismus"? Andererseits ist die Natur bei Conrad-Martius wieder nur anthropologisiert, und sein "Körpergesicht" macht jedes Objekt nicht nur subjektiv konstituiert, sondern selber zu einem Subjekt, das ganz so zurückblickt, wie es angesehen und fixiert wird.

Eine "Metaparadoxie" liegt darin, daß Evidenzen Paradoxe implizieren können und paradox Anmutendes doch widerspruchsfrei sein kann. Daß aber alle Paradoxien sich "aufheben" ließen, wäre selber ganz paradox.

Er versteht von Kunst so viel wie jeder vom Leben, aber jeder mehr von Kunst als er vom Leben: Wer nur im Krieg gelebt hat, stirbt am Frieden.

Auch alle Zeilen, die du liest, *stehen zwischen den Zeilen* (die du gerade nicht liest).

Der eine Begriff verhält sich zu seinen vielen Objekten oft wie der mehrdeutige Text zu seinen möglichen Interpretationen, und umgekehrt verhält sich das eine literarische Objekt zu seinen alternativen Deutungen wie ein Allgemeinbegriff zu seinen vielfältig individuellen Realisierungen, die er abdeckt, freigibt und umschließt zugleich.

Ein Arzt mag sich seinen Schöpfer wie einen Megamedizinmann vorstellen, der die Krankheiten heilt, die er verbreitet, oder als "Heilspraktiker". So stellt der Advokat sich Ihn als obersten Richter aller Länder vor, der Musiker als einen Komponisten der Sphärenklänge, der Historiker als Herrn der Heerscharen und der Schriftsteller als Autor des Buches der Natur - in denen Gestalten wie der Literat nur auftreten, um alsbald in der Versenkung zu verschwinden samt seinen Erfindungen ...

Wenn es auf der Welt auch nur zwei Wahrheiten über dieselbe Sache gibt, dann gibt es auch unendlich viele, also gar keine einzige.

Ein Pluralismus vieler Wahrheiten macht aus der einen Wahrheit den Monismus der verlogenen Falschheit ohne Irrtümer.

Klatsch & Tratsch oder Hofberichterstattung. Wer das große Glück hat, große Zeitgenossen privat kennenzulernen, sollte in seinen gedruckten Erinnerungen den Leser daran teilhaben lassen und nicht aus Furcht, seine VIP-Freunde zu verstimmen, sich auf das beschränken, was ohnehin in jedem Lexikon wiederholt wird. Wer die Großen auch einmal in Unterhosen sah, sollte sie nicht nochmals in Gala zeigen. Es gibt nur Kammerdiener für den Helden? *Truman Capote* riskierte in seinen "Erhörten Gebeten" immerhin, seine bloßgestellten Upperclass-Freunde zu verlieren. *Misia Sert* riskierte in ihren "Pariser Erinnerungen" nur, ihre gelangweilten Leser zu verlieren.

Valery & Löwith. Ist die moderne Überschätzung des Soziohistorischen selber sozio-historisch oder die Unterschätzung der kosmischen Ordnung selber kosmisch bedingt? Es gibt ja simplizistische Verfeinerungen und komplexeste Formen der Vereinfachung.

Aphorismen, die diesen Namen verdienen, müssen so formuliert sein, daß sie auch im Garten Eden gut verständlich wären und zu ihrem Genuß nicht die gesamte seitherige Geschichte voraussetzen, denn die Fehler und Schwächen, die sie festhalten, triumphieren nicht erst und verschwinden nicht schon in unserem Jahrhundert. Die sogenannten "Mönchsregeln", welche das Leben sowohl der frühen apotaktischen "Wüstenväter" wie der späteren Ordens-"Koinobiten" bestimmten, waren Unterweisungen in apophthegmatischen Spruchsammlungen.

Früher machte man aus der Not, nichts tun zu können gegen Naturübermacht, die Tugend, sie nur anzustaunen. Aber das Handanlegen folgte dem bloß nomadischen Augenschmaus und wird ihm auch wieder weichen. Die welthistorische vita activa der Seßhaften in den letzten Jahrtausenden wird wohl einmal − wie der industrielle Hochleistungsfleiß der Maschinenmenschen - dialektisch nur eine vorübergehende Episode gewesen sein, um der älteren und überlegenen vita contemplativa am Ende lediglich ein besseres Wissen und Gewissen verschafft zu haben.

Nichts ist so scharfsichtig und scharfsinnig wie der Haß, der Neid, die Verachtung und der Ekel. Der Psychologe unterscheidet sich vom bloßen Menschenkenner nur dadurch, daß er diese Affekte hinter Verkleidungen nicht erst an anderen Menschen, sondern an sich selbst genau (an)erkennt und dann als Mittel der Menschenkenntnis und Selbsterkenntnis kontrolliert einsetzt. Der ressentimentlos kühle Blick "übersieht" alles - in doppelter Bedeutung; erst der heiße Blick nimmt "unter die Lupe". Und das ist „Vollglück in der Beschränkung" auf die Übermacht des unscheinbar Kleinen : Atomphysiker leben im mikrokosmischen Biedermeier der moderndn Postmoderne.

Wichtiger als die literaturwissenschaftliche Objektivität ist Schriftstellern die subjektive Indienstnahme fremder Kunstwerke für ihre eigenen literarischen Produktionszwecke. Solcher "Gebrauchswert" verzeichnet sein Material, aber doch oft auf eine schöpferisch bedeutsame Weise. Ein Kunstwerk ist die volle Synthese nicht nur all seiner Interpretationen, sondern auch all seiner Fruchtbarkeitsauswirkungen auf andere Künstler. Das Mörikebild von Hermann Lenz, das Stück Mörike in seinem Werk, ist in manchem interessanter und wichtiger als das "sachgemäßere" der Philologen und Linguisten.

Philosophen gehen gern von vermeintlichen Trivialbeispielen aus, die jeder zwanglos nachvollziehen könne, und kommen dann vom Elementaren doch niemals mehr zum Komplexeren. Aussichtsreicher scheint es, wie der common sense of common man vom alltäglich Überkomplexen ausgeht, das ganzheitlich mit einem Blick als selbstverständliche Einheit aufgefaßt ist, um es der problematisierenden Nachfrage dann zusätzlich noch als mögliche Resultante analytisch elementarerer Ereignisse arbeitshypothetisch zu erschließen. Die Grundelemente, aus deren geregeltem Zusammenspiel die (aus Gewohnheit als einfach erlebte) Komplexität hervorgeht, werden nie als elementar erlebt, sondern wie Atome (und das Unbewußte) nur in hochkomplexen Forschungsschritten postuliert. Die *Elementarteilchen* sind eben sachlich das Allererste und erkenntnistheoretisch das Allerletzte.

Moderne "transzendentale" Metaphern nehmen nicht mehr das anschaulich Physische als ein Symbol für geistig Abstraktes, sondern umkehrt anthropologisch Vertrautes als ein Symbol für das Verständnis des kosmisch Unbekannten.

"Die Welt ist voller Reisewut,/ Indes zu Haus der Weise ruht." (Eugen Roth) – "Ich reise selten, Globetrotterei schadet dem Künstler." (Frenssen)

Nur beim Arzt und beim Essen, beim Schlafen und Baden, Lieben und Sterben rückt uns etwas unmittelbar zu Leibe. Der viel größere Rest im Leben sind Reden und andere nur symbolische Berührungen.

Stieße dem Ehepartner etwas zu,
müßte so mancher erwachsen werden.

Entschuldigen muß man sich nur für das,
was nicht zu entschuldigen ist.

Erfasse, was sich gar nicht anfassen läßt : Versenkung in den Gegenstand, Aneignung und Inbesitznahme, Anschmiegen, Durchdringen, Durchschauen und Verdauen...

Der "Konstruktivist", selbst wenn er Recht hätte, vergißt allzu leicht, daß die Arten subjektiver Weltkonstruktion für uns genauso undurchdringliche und unverfügbare Fakten sind wie für den "Realisten" die ihm gegebenen Tatsachen. Wir stoßen auf unsere Art, Welten nach Interpretationsschemata zu konstruieren, ohne sie nur vorzufinden, wie der Realist auf Fakten stößt, ohne sie selbst konstruiert haben zu wollen.

Liebe ist das Schamgefühl, die Welt um einen Menschen zu bringen und diesen Menschen um seine Welt.

Wer sinkt, sieht alle Welt aufsteigen,
und wer sich erhebt, sieht sie fallen.

Im Ruh'n ist mehr Tun als in Tat-sachen.

Feiglinge glauben zu fest an den Mut der anderen.

Die meisten wollen lieber Länder sehen als Leute hören
und lieber Taten bereuen als Untätigkeit bedauern.

Hohlköpfe, die ins Schwimmen kommen, halten sich lange über Wasser.

Wie oft hat man Angst, um sie anderen auszureden.

Der Irre hat Gefühle wie jeder und Gedanken wie keiner o. u.

Daß du mal mehr und mal weniger schwankend bist, schwankt ja selber.

Mutter Natur gab mir Feder und Papier, sie zu rühmen,
und der Herr gebe mir Kraft, seine Werke nur zu bewundern.

Philosophie sucht die Wahrheit über die Grenzen der Wahrheitsfindung.

John Updike kennt "schwebende Bereiche zweckfreien Wissens, das dennoch auf eine bestimmte Weise Gewinn brachte".

"Bei allem Tappen, Stolpern und Suchen im Universum", folgte der späte Albert Einstein der "Spur einer Intelligenz weit jenseits der Reichweite meiner eigenen." – "All unser Denken ist von dieser Art eines freien Spiels der Begriffe; die Berechtigung dieses Spiels liegt in dem Maße der Übersicht über die Sinnenerlebnisse, die wir mit seiner Hilfe erreichen können." Auffällig ist die Analogie zu Stephan Fedlers Dissertation, die 1993 den Aphorismus als "freies Begriffsspiel" bestimmte. Ist das naturwissenschaftliche Begriffsspiel also eine Art von Forschungsaphoristik (wie bei Lichtenberg) oder der jeweilige Aphorismus eine literarisch-philosophische Hypothese über die menschliche Natur? Der metaphysische Kenner und der literarische Könner machen ihren puren Dauerkonflikt fruchtbar. Mein *gnomologisches System der Philosophie* ist ein philosophisches *System in Aphorismen*, wie Löwith über Nietzsche urteilte.

Lebensangst, die sich schämt,
desertiert in Schützengräben und Gummizellen.

Gegen Schönheit hilft nur Erschütterung.

Philosophie hieße: Schauen, was Gott schafft, und mit neuen Begriffen aus altem Kinderstaunen heil herauskommen.

Strategie oder Taktik? Was er ausarbeitete, sollten Publikum und Rivalen gerade noch soweit kapieren, daß sie es kompetent bewundern konnten, aber nicht gleich soweit verstehen, daß sie die Schwachstellen oder Injurien darin aufspüren konnten.

Aus der Not, nicht revolutionär werden zu dürfen, soll der Mensch die Tugend machen, mit Ersatzbefriedigungen vorlieb zu nehmen und sich besänftigen zu lassen. Die Knechte sollen nicht genießen, und die Herren müssen nicht kompensieren. Die Opfer erhalten keine Wiedergutmachung und genugtuende Erfüllung, sondern nur lindernde Prothesen, abgesegnet von einer skeptisch zustimmenden Palliativphilosophie und kompensatorischen Lebenskunst. Vielleicht sollte dann auch das moderne Funktionsdenken wieder kompensiert werden durch scholastisches Substanzdenken.

Odo Marquards Philosophie der Kompensation naturwissenschaftlicher Lebensweltneutralisierung durch geisteswissenschaftliche Lebensweltpflege leidet daran, daß sie den Zustand vor der Aufteilung der Kultur in Natur- und Geisteswissenschaften grundsätzlich nicht mehr restaurieren kann. Das naturwissenschaftlich nicht Objektivierbare wird als technischer Abfall in einen dafür konstruierten Seelencontainer geworfen, wo er geisteswissenschaftlich recycelt werden soll. Marquard ersetzt die Dialektik durch Kompensation oder definiert sie als Kompensation. Jede gewaltsame Einseitigkeit treibe die gegenläufige als ausgleichende Ungerechtigkeit hervor. Das postmoderne Kompensieren der Modernitätsfolgeschäden zeigt die Grenzen jeder kulturellen Verarbeitung zivilisatorischer Konsequenzen. Es gibt viele Innovationen, die im Grunde nur Kompensationen anderer Innovationsfolgen sind, und umgekehrt.

Bei Odo Marquard werden die lästigen Nebenwirkungen des industriellen Fortschritts nicht schon aufgewogen durch dessen Segnungen, sondern müssen überkompensiert werden durch mehr als diese Füllhorn-

segnungen, womit stillschweigend zugegeben wird, daß diese kompen-
sationsbedürftigen Folgelasten den unverzichtbaren Nutzen offenbar
erheblich überwiegen und nicht einfach als günstiger Preis für große
Wohltaten leicht aufzubringen sind. Wer die Industriegüter will, der
zahlt den Preis – und kompensiert zusätzlich die Folgeschäden. Ein
Bedarf wird nicht einfach gedeckt, sondern seine Undeckbarkeit nur
kompensiert, als wäre ein gar nicht zu behebender Hunger zum
Vergessen zu bringen durch Liebes- oder Lesefreuden bei knurren-
dem Magen. Freizeit und Kapital haben wir nicht für dich, aber nimm
vorlieb mit Menschenliebe. Und wozu die ganze Kompensation?
Diese "Skepsis und Zustimmung" will partout nicht verzichten auf
die komfortablen Annehmlichkeiten des beamteten Müßiggangs. Die
ostentative Skepsis kompensiert auch den Tod Gottes durch polythei-
stischen Pluralismus, statt im Monotheismus die einzige Grundlage des
demokratischen Pluralismus zu erkennen und anzuerkennen. Notwendig
gemachte Übel werden durch Gütergratifikationen nur erträglich
gemacht, durch Abschlagszahlungen, um die Ausgebeuteten bei der
Stange zu halten und der Revolution durch "Kompromisse" den
Wind aus den Segeln zu nehmen. Die Bedürfnisse der Unter-drückten
werden gar nicht befriedigt, sondern bloß mit schöngeredeten Sur-
rogaten abgefunden für kleingeredete Leiden. Nicht nur Gott in der
Theodizee, sondern auch der Ausbeuter in seiner Ideologie ist ent-
schuldigt, weil er die Leiden der Ausgebeuteten durch Konsumgüter
kompensiert - und dafür den Mehrwert der Arbeit einstreicht. Was
für den Unterdrückten Entschädigung ist, ist für seinen Ausbeuter
eben ein zu zahlender Preis. Der Ausgebeutete wird nicht vom Ausbeuter erlöst, sondern an dessen Erlös "moderat" beteiligt. Er wird
nicht befreit, sondern dafür, daß ihm der Mehrwert geraubt wird, mit
mehr oder weniger schlechtem Talmi entschädigt. Zwischen Kapital
und Arbeit laufen "Kompensationsgeschäfte", und Kapitalismus wird
zur Schadensersatzregelung für Arbeitssklaven, um der Revolution
vorzubeugen. Für die Übel, die nicht durch unsere Übeltaten in die
Welt kommen, werden wir nicht bestraft durch weitere Übel, sondern
durch kompensatorische Wohltaten entschädigt - entweder von Gott
oder von der Gesellschaft. Übel - als Übeltaten der Tyrannen - sollen gar nicht aufgehoben, sondern als unaufhebbare lediglich teilent-
schädigt werden.

Nebeneinander oder nacheinander - auseinander oder gegeneinander? Zeit erfährt der Autor als "reißende Zeit" und erträgt sie nur als Fortschritt geistiger Arbeit. Sonst sucht er das "Toben der Geschichte" schriftlich zu kalmieren zu ästhetischen Spielräumen oder gelehrten Freiräumen. "Zeiträume" empfindet er als inneren Widerspruch wie die physikalische "Raumzeit", nimmt jedoch erfreut zur Kenntnis, daß Physiker die Zeit auch nur für ein anthropomorphes Vorurteil halten. Spielräume müssen übrigens keine Kinderzimmer bleiben. Im "guten Raum" bleibt die Zeit stehen, und wem sie stillsteht, den stillt sie am Busen der Natur. Aber auch hier entstehen gewisse Ambivalenzen : a) Offene Räume geben sich gern als „freundliche Weiten" oder als ungeschützte Plätze. b) Geschlossene Räume geben sich als (ver)bergende Höhlen oder als klaustrophobe Enge von Fallen.

Genesis   und   GenEthik

Das sich moralisch gebende Zögern vor dem wissenschaftlich legitimierten Eingriff des Menschen in die eigene genetische Basis hat mit Moral so wenig zu tun, daß es nur kurze Schrecksekunden dauern wird, um einem umso beherzteren Fortschreiten in der vielversprechendsten biotechnischen Richtung zu weichen. Dieses Zaudern ist weniger von moralischen Bedenken diktiert als von der Risikoangst des Pioniers vor Neuland, vor der Justiz und der öffentlichen Meinung. Man hat weniger Angst vor himmlischem Donnerwetter als vor unbeherrschbaren Technikfolgen. Was an dieser Schamfrist mehr ist als die vorübergehende technische Schwierigkeit oder kurzlebige Furcht vor dem Schritt ins Unbekannte, das dürfte pure Heuchelei sein. Ein öffentlicher Diskurs wird angestoßen, wo die Würfel hinter verschlossenen Panzertüren längst gefallen sind. Die Hemmschwellen der gesellschaftlich einflußreichen Gruppen werden getestet und dann mit Zuckerbrot und Peitsche bearbeitet, bis der Fortschritt sich Bahn gebrochen hat.

Der Schritt in die vielleicht unumkehrbare technologische Manipulation der eigenen Genbasis auch des Forschers unterscheidet sich nur quantitativ geringfügig von Ackerbau und Viehzucht und anderen profitablen Veränderungen der vorgefundenen Naturverfassung, die früher einmal ehrfürchtiger Gottes Schöpfung hieß. Pflücken oder pflanzen? Wer sich zum ersten Mal entschloß, die Früchte des Feldes nicht nur einzusammeln, wie sie ihm von Natur aus fast in den Mund wuchsen, sondern sie anzubauen auf kultivierten Ackerböden, der hatte schon den entscheidend ersten Schritt getan, sich nicht mehr mit Gottes Schöpfung zu begnügen, sondern aus besserer Einsicht eine zweite, eine vermeintlich immer bessere zu erschaffen und damit in Konkurrenz zu treten zum Schöpfer, der alles fein aufeinander abgestimmt hatte, ohne Einzelnes monströs zu luxurieren auf Kosten anderer. Die genetischen Selbstverbesserungsversuche des Menschen sind nur eine etwas spektakulärere Etappe auf dem vor Jahrtausenden begonnenen konsequenten Weg, Gottes Paradies zum bloßen Rohmaterial technischer Veredelungsprojekte herabzusetzen. Die Bio-Gentechnologie ist von daher gar kein qualitativer Sprung in eine neue Dimension, sondern die atemberaubend folgerichtige Zwischenstation eines jahrtausendealten Experiments der Ebenbilder, mit dem himmlischen Urbild zu rivalisieren. Was die Kompossibilität aller Komponenten der Schöpfung betrifft, hatte schon ein Leibniz geahnt, daß die göttlichen Ideen himmlisch sind, weil sie in dem Kompatibilitätszusammenhang des großen Ganzen ganz einfach besser und weitsichtiger sind als alle humanen.

Autarkadien? Auch Sozialutopien haben ihr eigenes Utopia. Es liegt in der Diogenes-Tonne. (Oder heißt Utopie, daß nirgendwo auf der Welt noch leere Diogenes-Tonnen stehen?)

Das Gesetz (major) und der Einzelfall (minor) ergeben das juristische Urteil (konklusio). Schopenhauer beschrieb den Syllogismus, als meinte er den Aphorismus : Es "können, in einem Kopfe, zwei Prämissen lange Zeit ein isoliertes Dasein haben, bis endlich ein Anlaß sie zusammenführt, wo dann die Konklusion plötzlich hervorspringt, wie aus Stahl und Stein, erst wenn sie aneinanderschlagen, der Funke." ("Die Welt als Wille und Vorstellung", 2. Band, 1. Buch, Kap. 10) *Master of the better wor(l)d* : "Aphorismen sind die Einfälle der Philosophen." (Vauvenargues) Dann sind Aphoristiker keine Philosophen, und denen fällt nicht mehr viel ein. Manche Dinge sind so verschieden, daß ihre geheimen Gemeinsamkeiten, oder so identisch, daß ihre kleinen Unterschiede nur noch aphoristisch zu zeigen sind.

Um ewig zu leben, schlägt der Dummkopf die Zeit tot —
der Kronos den Chronos.

Pathos als Prophylaxe gegen Pathologie : Trauert man lieber, um
nicht zurückschlagen oder sich umbringen zu müssen? Kultiviert die
literasche Tragödie eine beruhigende Trauerautorität, um der Abfuhr
in Aggression und Depression vorzubeugen?

An dir verachte ich nicht meine eigenen Fehler und Schwächen, sondern daß du allen nur peinlich zu offenbaren scheinst, was ich von mir
und vor mir zu verbergen glaube. Wirst du, etwa als Liebender, eins mit
dem anderen, kannst du dich für ihn nicht aufopfern, ohne ihn - für
dich selbst − mitzuopfern. Nur Egoisten warnen uns vor dem Egoismus und tun sich wichtig damit, daß niemand sich so wichtig nehmen
sollte.

Deine Söhne besiegen dich noch,
doch rächen deine Enkel dich noch?

Das Interessanteste an manchen ist, daß sie kein Interesse heucheln,
unseres zu wecken, und wir nicht interessiert sind, ihres zu erregen.
Ein Mensch sieht seinem Schöpfer ähnlich(er als sich selbst), aber
dieser auch jenem?

Der augustinische Geist, der mit Plato ganz die Materie beherrscht,
wird selber vom Schicksal beherrscht, und der thomistische Geist, der
mit Aristoteles sich vom Leiblichen bestimmen läßt, darf sein eigenes
Schicksal mitbestimmen. Dieser läßt tätige Vorsicht walten, jenen
überwältigt die göttliche Vorsehung.

Wird Totalitäres totalitärer bekämpft? Trotziger Untertanengeist
triumphierte vor und nach 1945 in sozialistischen Geistesarbeitern.

Rede von globalistischer Provinzialität will das Sozialsystem nie ins
Sonnensystem hinaufgalaxieren, sondern sucht das Universelle heute
eher in Mikrologien als umgekehrt meinen Mikro- im Makrokosmos.
„Wer wagt die Schilderung einer Idylle, die doch auch zu unserer
Wirklichkeit gehört?" (L. Marcuse: "Nachruf auf Ludwig Marcuse")

Wer nicht weiterfragt, ob nun aus Angst oder aus Müdigkeit,
wird mit Wahrheit bestraft.

Wo Leidenschaft nur Leiden schafft, ist die Idee Gottes das Konstrukt
des schlechthin Unkonstruierbaren und unendlich Dekonstruierbaren.
Wenn der Geist aus Stoff besteht, dann auch jeder Gegenstand aus
Verstand. Deine Seele überdauert vielleicht deinen sterblichen Leib,
aber noch sicherer die ewige Materie deine Geistlosigkeit, und die
besten Nutznießer von Geist sind seine Genießer.

Seit Viehhirten keine Zugvögel mehr sind,
ackert der Bauer in seinem Bauer.

Kommt die Sprache schon zur Sache, wenn ihre Widersacher zur
Sprache kommen? Spricht der Mann objektiv über Subjektivität und
die Frau subjektiv über Objektivität, oder ist sie theoretisch selbstlos
und er praktisch objektiv?

Bist du eine Ausnahme von der Regel,
die durch Ausnahmen bestätigt wird?

Er fragt ungefragt nach Verantwortung, verantwortet Frag-würdiges
und antwortet nicht in Worten, sondern entgegnet als Gegner.

Güte der Handlungen oder Handel mit Gütern? Das 20. Jahrhundert
ist nicht an seinen Krankheiten dahingegangen, sondern an den starken Heilmitteln dagegen.

Rot- oder W(eißgl)ut. Wenn Totalitaristen Anhänger suchen, um
einen demokratischen Staat zu zerstören, erklären sie ihn gern einfach zu einem totalitären Staat und sich selbst zu Demokraten, die das
Land vom Totalitarismus befreien wollen.

Die Welt ist viel älter als die ältesten Menschen und wird auch die
jüngsten überleben. Den großen Unterschieden zwischen dem Alter
des Menschen, dem Alter der Menschheit und dem Alter des Alls
hat Blumenberg ein eigenes Buch gewidmet. Dein Lebensalter zählt
nur als Geschichte der Einsicht in diese getrenntesten Dimensionen.

Sokrates wandte sich der praktischen Philosophie zu und von der Ideenlehre ab, als er einzusehen glaubte, daß es auch eine recht paradoxe Idee von der realen Beziehung zwischen der Realität und jeder Idee geben müsse, wodurch die ohnehin schon unendliche Anzahl der Ideen eine noch höhere Mächtigkeit bekommen würde als die ihrer potentiellen Gegenstände. Diese Ideen-Inflation innerhalb der endlichen Welt war ihm nicht geheuer genug, um weiter ein theoretisches Leben führen zu wollen. Wenn es eine eigene Idee nicht nur von den Dingen, sondern auch von jeder Teilhabe ("methexis") der Dinge an ihren Ideen geben muß, dann ist jede Realität möglicherweise sogar eine reale Beziehung zwischen einer Idee und anderen Realitäten etc. Durch solchen regressus in infinitum gäbe es stets mehr Begriffe als deren Objekte.

Könnte es nun sein, daß der moderne Aphorismus genau diesen konstitutiven Chorismos zwischen Essenz und Existenz der endlichen Dinge eigens thematisiert, also eine solche platonische Idee von der gleichzeitigen Identität und Differenz zwischen allgemein(gültig)er Idee und den kontingenten Individuen ausdrückt? Wenn Plato in seiner Akademie nur Mathematiker dulden wollte, dann nicht nur, weil geometrische Körper die Idealmaße der realen Körper sind, sondern weil die Abstandsdifferenz von realen Dingen und ihren realen Bedingungen gut quantifizierbar ist. Objekte werden an ihren unvermischt reinen Wesenheiten "gemessen", wie weit sie ihnen schon entsprechen und wie fern sie der Gleichheit mit ihnen noch sind. Ich will mich idealisieren, indem ich meine statisch ewige Idee tätig realisiere, und so gehe ich (in)ständig über mich hinaus, um mich ihrem wertbeständigen Maßstab immer mehr anzugleichen.

Die Idee von der "Ähnlichkeitsanalogie" zwischen nur teilidentischer Idealität und Individualität, also die aphoristisch faßbare Idee von der partiellen Inkongruenz nicht nur zwischen einem Objekt und seinem subjektiven Begriff, sondern auch zwischen dem Objekt und seiner objektiven Wesensidee, ist dann auch eine philosophische Idee, weil die (platonische) Philosophie genau diese mehr oder weniger große "Teilhabe" der Individuen an ihren Ideen thematisiert, eine „Methexis", die gleich weit entfernt bleibt von kompletter Übereinstimmung und kompletter Unverträglichkeit. Reine Ideen und im Stoff realisierte

Individuen sind verschieden, aber nicht geschieden, sondern verbunden durch den "kleinen Unterschied" der Meta-Stufen. Der "gnomische" (zugleich zwergenhafte und scharfsichtige) Aphorismus mißt genau diesen Abstand zwischen dem ständig wechselnden Sinnesgegenstand und dem beständigen Verstandesbegriff, also die Entfernung der Realität von "ihrer" Idee und den realen Gehalt an idealer Gestalt in jedem Einzelstoff - samt der Geschwindigkeit, mit der ein jedes Sein sich unter Bewußtsein auf sein Wesen zubewegt oder von ihm wegbewegt. Dinge partizipieren an ihrem vollkommenen Wesen nur, ohne es je ganz adäquat zu spiegeln, und streben dahin, diese bloße Partizipation bis hin zur vollendeten Kongruenz zu erweitern.

Der Aphorismus ist es, der ganz wesentlich fragt, wie weit ich *noch* meinem Unwesen ähnele und was mich *schon* von ihm trennt, quantitativ wie qualitativ. Der subjektive Begriff von einem Objekt ist immer auch der Begriff von der Beziehung zwischen dem Objekt und seiner objektiven Idee. Der objektive Begriff als die Dreiecksbeziehung zwischen subjektivem Begriff, Idee und Einzelobjekt ist für heutige Logiker nur noch eine Zweier-Relation zwischen den platonisch unterschiedlichen Meta-Ebenen einer Klasse und ihren Elementen, zu denen sie - um essentiellen Antinomien zu entgehen - nach Lord Russell niemals gehören kann.

Je mehr Unterteilungen es gibt, desto kontinuierlicher ist der Eindruck des Ganzen? Eine Kontinuität spiegeln sowohl zu wenige als auch zu viele Teilstriche vor, und das Kontinuum hat entweder gar keine oder unendlich viele diskrete Teilstriche.

Als Hermann Schmitz 1994 die zählbar "instabile Mannigfaltigkeit" und "unstimmige Selbstverschiedenheit" jeder Lebensgeschichte als das wesentliche Anthropologikum vorführte, hatte er ganz unabsichtlich den aphoristischen "Witzverhalt" der europäischen Moralistik philosophisch neu begründet. Hans Peter Balmers "Philosophie der menschlichen Dinge" (1981) und die phänomenologische Anthropologie von Schmitz wären zusammenzudenken, um jeder Euro-Moralistik das populärwissenschaftlich Pejorative zu nehmen. Moralistisches Denken läßt sich nie referieren, ohne es auf Platitüden zu reduzieren. Aphoristik, die zu resümieren, ist schlechte, also gar keine.

Freud erkannte, daß wir oft nicht erkennen, *was* wir fühlen, wenn wir etwas fühlen. Sinn und Bedeutung selbst unserer Stimmungen entgehen uns leicht. Meistens fühlen wir anders und anderes, als wir zu fühlen glauben. Mit anderen Worten : Nicht nur die Welt der Objekte, sondern selbst meine ureigenste Subjektivität ist mir wieder nur subjektiv getönt gegeben und keineswegs unmittelbar eins mit mir. Dinge können "in Wirklichkeit" anders sein, als wir sie sehen, und wir können in Wahrheit auch fühlen, was wir gar nicht zu fühlen meinen. – Kann das die Theorie der Gefühle verändern? Wenn Gefühle "von außen" über uns kommen, um uns zu treffen, wie Schmitz sagt, wenn Freude uns überwältigt und Furcht uns packt, dann können wir uns über ihren Sinn täuschen wie über andere Gegenstände, die Abstände zu uns überwinden müssen. Ist es nun Analyse oder Satire : Jene Schadenfreude hast du vor meinem Unglück wirklich empfunden, doch allein dieses Mitleid gibst du nicht nur vor, sondern glaubst du tatsächlich dabei empfunden zu haben. Und Menschen, die extreme Belastungsproben suchen, weil sie sich nur in "Grenzsituationen" richtig leben fühlen, träumen oft eigentlich vom Krieg und sind auch in den Friedenszeiten kaum zu gebrauchen.

Laut Quine sollte die Empirie nur graduell aposteriorischer als die Logik verstanden werden. Vielleicht ließe sich sogar sagen, daß die je spezifische Verknüpfung von logischem und empirischem Gehalt einer Theorie solange fortschrittweise a posteriori korrigiert wird, bis sie eine regulativ a priorische Gestalt angenommen hat und reine Sprachanalyse geworden ist. Ist in Theorien das Ineinander von Logik und Empirie nur graduell a priorischer als die Vielfalt der empirischen Sinnesdaten selbst? Oder findet man nur a posteriori neue logische Apriorität ebenso, wie man umgekehrt schon transzendental die Struktur empirischer Aposteriorität anzipiert?

Wird Georg Büchners "Woyzeck" etwas überschätzt? Offenbar muß der Proletarier so melodramatisch geschunden werden, um das Mitgefühl des bürgerlichen Lesers zu erregen, damit er seine Sensibilität genießen kann und vor dem durchschnittlichen Schicksal seiner Arbeitssklaven dann umso ungerührter bleiben kann. Für den imaginären Woyzeck spart er seine Betroffenheit auf, damit er die realen Werktätigen umso kälter ausbeuten kann. Dein Leid ist nicht so plakativ wie das des Woyzeck? Dann hast du Pech gehabt, halte den Mund und freue dich, wenn noch Arbeit da ist, die dich ausbeuten will. Das Kunstwerk erregt und absorbiert die Bestürzung und Empörung, die für die Tagesordnung dann nicht mehr zur Verfügung steht. Auch die Kultur steht als Schalldämpfer und Puffer zwischen dem Bürger und der Schöpfung.

Materialismus : der Trost der Unvermögenden ist die geistige Arbeit.

Zehn Jahre nach "Die Wörter" gestand Sartre der Beauvoir, was seine Autobiographie verdrängt oder versteckt hatte : daß er als der kleine Ödipus "Poulu" weniger seinem Großvater Schweitzer hatte gefallen wollen als seiner Mutter Anne-Marie und daß er seinen Stiefvater widerlegen wollte, dem das gar nicht imponierte. Und seine Biographin Annie Cohen-Solal bemerkte ein weiteres Jahrzehnt später, daß den großen Schriftsteller weit eher seine Mutter in ihm bewundert und stimuliert hatte als der rational kühle Großvater, der - anders als seine verwitwete Tochter - die Posen seines Enkels abgestoßen und spöttisch durchschaute. Der bewunderte Groß-Vater reagierte auf seine Ruhmsucht ebenso skeptisch wie der verhaßte Stiefvater. 1974 räumte Sartre ein, daß es weniger sein Großvater gewesen war, von dem er hatte bewundert werden wollen, sondern eher seine eigene Mutter, bei der er seinen Nebenbuhler, den Ingenieur und Reedereibesitzer Joseph Mancy, durch seine literarischen Geniestreiche übertrumpfen und in ihrer Gunst ausstechen wollte. "Der Kleine" suchte seinen großen Nachfolger aus dem Bett seiner Mutter wieder zu vertreiben; sie sollte, von seinem Genie über-zeugt, reumütig zu ihrem *Poulu* zurückkehren. So etwa sehen die Parallelen aus, die ich als 17-Jähriger zu meiner eigenen Entwicklung gespürt haben mochte, zwei Jahrzehnte nach dem Erscheinen seines Erstlings "La nausée". Das läßt sich nachlesen in autobiographischen Aufzeichnungen von 1971.

Ein Spiel, das nicht stattfindet, steht wie remis, und unentschieden geht es aus, als wäre es ausgefallen.

Große Philosophien sind zeitbedingte Werke über zeitlose Dinge, große Literatur umgekehrt ist unsterbliches Sprechen über zeitbedingte Dinge. Wer zeitlos über Zeitloses reden will, macht meistens nur vergängliche Worte über vergängliche Dinge.

Etwas "merken" heißt ja ursprünglich, es erst mit einer Markierung versehen und dann das so merklich Gekennzeichnete und Kenntlichgemachte aufmerksam be(ob)achten. Darin steckt schon die vorgängige transzendentale Zurichtung eines dann empirisch Wahrgenommenen, das als merk-würdig vorweg Markierte danach auch zu bemerken und das Bemerkte in sprachlichen Bemerkungen und schriftlichen Vermerken gut wiederzugeben. Was den Objekten an Merkmalen anzumerken ist, wird in Anmerkungen festgehalten. Die "Markierung" dabei stammt vom germanisch "marka", das Kennzeichen, das über "Grenzzeichen" mit dem Grenzland der "Mark" verbunden ist.

Mancher ist viel zu eitel, um andere auch nur seines Hasses zu würdigen, und wirklich eitle Menschen besitzen keine Spiegel.

Warum bist du am stolzesten auf das in dir,
was du am wenigsten entbehren kannst?

Um dich leiden zu machen, genügt es, daß du mich nicht leiden siehst, lacht der Sadist. Tu mir erst Gutes, dann treffen deine Schläge besser.

Gottes trojanische Pferde sind meist die vielen Nebensächlichkeiten.

Daß alles ziemlich falsch ist, mag selber ganz falsch sein, doch ist in der Welt mehr Wahr(haftig)es wirklich nicht zu erkennen?

Er läßt sich beißen von der Giftschlange, die er untersucht: Der erfolgreiche Forscher macht sich zum Opfer seines Studienobjekts.

Dürres Leben wird prallen Büchern vorgezogen - in dürren Büchern. Literatur führt große Reden über die Unmöglichkeit eines Menschenkindes, groß zu werden : Kunst ist eine raffinierte Form von Wunscherfüllung durch Wunschverzicht.

Mancher markige Kritiker will dem Vorwurf des schrecklichen Vereinfachers dadurch begegnen, daß er wenigstens einen Schein von differenzierter Sensibilität erzeugt, indem er an seinem Gegenstand nicht nur einseitige Züge, sondern unvereinbare Einseitigkeiten entdeckt und diese Widersprüche einfach in der Brust des Künstlers vereinigt sieht. Das bewirkt einen täuschenden Anklang von Feinheit, der mit wirklicher Nuancierungskunst wenig genug zu tun hat, aber den unsensiblen Grobianismus des Kritikers kaschieren hilft - bevorzugt unter dem Vorwand der zuspitzenden Übertreibung im Dienste besserer Verständlichkeit.

"Der Mensch kann gar nicht zu viel Zeit für sich oder zu wenig zu tun haben ... Ich bin ganz und gar für ein beschauliches Leben. Will denn kein gütiges Erdbeben kommen und die verwünschten Fabriken verschlinggen?" (*Charles Lamb* : "Pensioniert", 1825)

"Mancher Patient antwortet auf die Deutungen seines Psychotherapeuten immer allzu schnell: "Ja, das sehe ich ein", und leistet dadurch Widerstand, daß er ihm allzu wenig Widerstand entgegensetzt, verstehen Sie?" – "Ja, das leuchtet mir ein."

"Mögen die reisen, die dumm genug dazu sind." (Alfred Döblin). "Die wahren Abenteuer sind im Kopf." (André Heller)

"Die Geste dieses Philosophierens ist nicht der Lehrsatz, sondern die Enthüllung : ihr Wesen besteht nicht in der "Wahrheit", die es nach Nietzsche gar nicht gibt, sondern im Akt. Der Akt heißt Aphorismus. Nietzsche denkt in dieser knappsten Form, seit er durch Rée mit den großen französischen Moralisten bekannt wurde. Montaigne, La Rochefoucauld, Vauvenargues, Labruyère waren Rées Götter. Aphorismen-Götter ... Jeder dieser Texte stellt einen Akt der Entblößung dar, auch der Entlarvung. Teils liebenswert, teils boshaft, teils ironisch angespitzt - aber immer über dem Gegenstand thronend, ihn beherrschend und oft genug abfertigend. Der Aphorismus reißt der Welt die Maske vom Gesicht, die Kleider vom Leib. Nackt steht dann etwas da, meist "menschlich, allzumenschlich" und fleht um Sympathie, da ihm die Rechtfertigung seiner Existenz soeben entzogen wurde : Alles, was der Mensch an ideologischer Schminke und moralischem Firlefanz um seinen "Willen zum Leben" hüllt, was er an Larven aufsetzt, um sein wahres Gesicht nicht zeigen zu müssen, fällt von ihm ab... Häufig ist der Aphorismus nicht nur Enthüllung, sondern lustvolle Vergewaltigung: das grausame Aufspießen mit der Feder, das Zerschlagen von tönernen Füßen, das Sezieren mit scharfem Skalpell, bei dem Blut fließt... Aber um Wahrheit geht es dem Aphorismus gar nicht. Nur die Gesellschaft braucht sie, als verabredetes Lügengebäude, das ihre Erhaltung sicherstellt... Die große Loslösung ist der Befreiungsschlag, der Aphorismus sein Instrument. Und Schlag folgt auf Schlag, ein Geistes-massaker, dem die gesellschaftlichen "Wahrheiten" zum Opfer fallen, ein Schlachtfest, das Vergnügen macht... und die Überwindung von Widerständen, sagt Nietzsche, schafft Lust... Es ist die Geburt der Philosophie aus dem Geiste der Umkehrung." *(Joachim Köhler:* "Zarathustras Geheimnis", Nördlingen 1989, S. 276 ff.)

Einer, der seine andersartige Liebe zum nicht-anderen Geschlecht so sehr vor Mitmenschen verbergen mußte, durchschaute deren eigene Masken besonders gut und fand gern die sentenziös nackte Wahrheit dieser Kaiser hinter immer neuen Kleidern. Auch Nietzsches Aphorismus "hat Gründe, seine Gründe nicht sehen zu lassen". Wer glaubt heute nicht, ungläubig zu sein, doch was wurde wichtiger für Nietzsches Nachruhm, die in Anspruch genommene Homosexualität der Leser oder der im Namen einer grausamen Mutter Natur gepredigte Aufstand gegen den vom leiblichen Vater gepredigten Vatergott der biblischen Schriften?

Ein Vorbild war für Nietzsche der Freundschaftskult der pythagoreischen Männerbünde, die "Gemeinschaft der *Vornehmen"* mit ihrem Sternenglauben, mit Vollkommenheitsideal und Wiederkunftsdogma. "Was ist unser Geschwätz von den Griechen! Was verstehen wir denn von ihrer Kunst, deren Seele − die Leidenschaft für die *männliche* nackte Schönheit ist!"

Durch Leben werden wir nicht Menschen und durch Denken nicht Philosophen, doch disqualifizieren die Eigenschaften, die es an Universitäten braucht, um Philosoph zu werden, nicht schon für diesen Beruf?

"Akkord ist Mord", hieß es immer. Auch das Bundesverfassungsgericht erkennt seit kurzem in der Gewalt gegen sozial *Niedrigerstehende niedrige* Beweggründe. Wäre also Lohnarbeit, die ja bekanntlich kaputt macht, an der Unternehmerfreiheit selbst zu ahnden?

Eine kulturelle Konstante des 20. Jhs. war das vielfältig artikulierte Gefühl, daß es Realitäten gibt, die bisher von keiner kulturellen Form je erfaßt werden konnten, ja, die sich allen Bildern und Begriffen sogar grundsätzlich entziehen könnten. Nicht nur Musil und ein Adorno, Hofmannsthal und Derrida sahen das wahre Einzelne stets jenseits der Allgemeinheit und im Bewußtsein eher ein Teil des Seins als umgekehrt.

Heinrich Heine und Adalbert Stifter, nicht Fontane, hatten wenigstens eins gemeinsam - Alpträume von kulturfeindlichen Proletarierhorden.

Die Alten schwätzen und schwatzen, als hätten sie wettzumachen, daß sie schon als Jugendliche nichts zu sagen hatten : Leben als Karriere vom guten Zuhörer zur bösen Quasselstrippe?

Utopia ist das Arkadien von (n)irgendwo und (n)irgendwann, die Natur- und Kulturidylle die hier und heute mögliche Utopie.

Seine Rivalen, die davon nichts ahnen mochten, schlug er nicht in Wirklichkeit, sondern nur in Gedanken − mit wirklich besseren Gedanken.

Unruhe ist das beste Beruhigungsmittel, Seelenruhe beunruhigt tief.

Hollywood verurteilt Katastrophen zu schlechten Remakes seiner besten Horrorfilme.

Wer demokratische Freiheiten einschränkt, kann sie verteidigen.

Praxis sollte nicht viel mehr sein als aktive Verbreitung guter Theorien.

Um bescheiden aufzutreten, bist du zu schüchtern.

Fühlen wir, was ein Gefühl ist? Mehr Helden sind Menschen, als Menschen Helden sind, und mehr Geister haben Körper, als Körper Geist haben.

Wenn Heidegger den Menschen als "Hirt des Seins" bestimmte, müßte "Sein" etwas Tierisches bedeuten, etwa dumme Gans, frommes Lamm, Schafskopf oder Rindvieh. Ist die "Ek-sistenz" nun wesentlich Kuh- oder Schweinehirt, Gänseliesl oder Schäfer? "Euch ist heute der Heiland geboren", meldete der Engel übrigens den nomadischen Hirten und nicht den seßhaften Bauern und Großstädtern.

Schreiben kann ich nicht, aber der Deutschlehrer gab mir die Note Fünf.

Kant. Das "Ich gedenke" muß alle meine Projekte begleiten können und das „Ich stelle mich vor" alle meine Gedanken begleiten dürfen.

Laut *Wittgenstein* beschreibt Philosophie nur faktische Sprachgebräuche, zu denen aber ja auch gehört, immer wieder durchbrochen zu werden, um lebendig zu bleiben und neuen Erkenntnisinteressen zu dienen. Die Besatzung baut ein Sprachschiff in voller Fahrt um, und ihre Philosophen beschreiben den Wechsel sprachlicher Konventionen mit Hilfe des zufällig gerade nicht zu modifizierenden Brauchs. Aphoristiker z. B., die naturwissenschaftlich bei Hippokrates und geisteswissenschaftlich zwei Jahrtausende später bei Larochefoucauld begannen, "lassen nicht immer alles, wie es ist", sie schaffen auch conventions by inventions.

Am Anfang war die Zutat, am Ende die Untat oder die Tatenlosigkeit. Die Wissenschaft, die sich Rechenschaft gibt über die Rechenschaft, welche die Rechenkünste ihr schulden, hieß seit Sokrates Philosophie, aber kaum eine Überzeugungskraft geht mehr aus von ihrer Über-Zeugungskraft. Meine Idyllenphilosophie monotheistischer, etymologischer, psychoanalytischer und auch aphoristischer "Interpretationskonstrukte" (Hans Lenk) will der hermeneutischen Deutung von fremden Philosophien dienen.

So vieles gibt es wahrscheinlich, was die Menschen gar nicht wissen. Zum Glück ist es wichtig für das Glück nur weniger.

Fragmentalität ist auch Argumentalität. Wer sich die Welt verbessern will, sehe die Utopie von gestern einfach als Arkadien von heute.

Erst der polnische Existenzialist Witold Gombrowicz spricht flagrant aus, was Sartres Existenzialismus insgeheim immer schon war, nämlich künstlerisch unsterblich gemachte Vorpubertät und philosophische Verewigung steriler Unreife, die sich für erwachsener als alle Erwachsenen hält. "Ferdydurke" (1937) ist die geheime Wahrheit über Roquentin (1938) oder Götz (1951). Es gibt noch anderes literarisches Lob der produktiven Unreife als das von Gombrowicz gesungene, weil es ganz andere Formen der Unreife gibt. Auch das idyllische "Vollglück in der Beschränkung" muß nicht Vollidioten der Beschränktheit besingen, aber doch auch infantile Regressionen, ob es sich nun um orale Künste zwischen Menschenkind und Mutter Natur handelt oder um narzißtische Objektängste oder die Trotzliteratur der Flegeljahre.

Wer die Welt nie durch Kunstwerke versteht, versteht sie durch Gewalt.

Epideixis. Gut erkennen lassen sich nur Dinge, die groß genug sind, daß mein Wahrnehmungsakt sie nicht stört, und die klein genug sind, daß sie meinen Wahrnehmungsapparat nicht stören.

Der Begriff integriert, was die Sinne differenzieren bei Hegel und bei Adorno, während bei Schmitz und bei Sartre der Gedanke entfaltet, was das Gefühl vereinigt (und vice versa). Bei Conrad-Martius zerstreut die "archonale Selbstenthebung", was die "hyletische Selbstversenkung" verschmilzt. Der Aphorismus verbindet, was die Aphorismen *nicht* verbindet. Wohl vereint er unvereinbare Bestimmungen, aber kein System unvereinbare Aphorismen. Heterogene Sachverhalte werden vom System schlechter verknüpft als von Aphorismen, aber jeder Aphorismus *ist* selber das System, in das er nicht paßt. Aphorismen sind weder platonische Ideen noch bloße Meinungen, sondern Ideen von der gleichzeitigen Identität und Verschiedenheit zwischen platonischer Idee und bloßer Doxa (oder realem Objekt).

Es geht ja spielend. Vorgänge gehen nicht im Ernst vor sich, sie spielen sich eben ab. Philosophen ohne Spielgefährten gehen allen Ernstes daran, mit Gedanken zu spielen. Es steht ernst um den Sprachspielraum. Nur wenn Köpfe rollen, spielt das Haupt noch die Hauptrolle und verspielt sie. Was auf dem Spiel steht, steht nur auf dem Spielplan. Streiche spielen die große Geige. Beim Theaterspielen steht alles auf der Spielwiese und nichts auf dem Spiel. Spielarten sind ernst gemeint und werden bierernst genommen. Der Zeitvertreib treibt sein Spiel mit dem Ernst des Lebens und setzt ihn aufs Spiel. Alles spielt dem in die Hand, der sie im Spiel hat, und jeder sucht einen Spielplatz an der Sonne. Daß es ernst wird, ist auch ein Sprachspiel, und Liebesspiele sind auch ohne Anspielungen nur noch Wortspiele. Frauenzimmer sind keine Kinderspielräume und Monatsregeln keine Kinderspielregeln mehr. Wer nicht mitspielt, dem wird übel mitgespielt. Der größte Spielverderber ist der Ernst der Lager. Es spielt sich ein, daß der Ernst nichts einspielt, sich gegen sich auszuspielen. Philosophien spielen als Beispieltheorien ihre Möglichkeiten durch. Kommt endlich zur Spielsache! Welches Spiel ist aus? Musikanten spielen uns auf und überspielen die Angst. Kranke spielen die Kränkenden oder die Gekränkten. Spielt der Unmensch nur dort, wo er Mensch ist und mit beiden Spielbeinen neben dem Ernst des Überlebens steht? Das Spielfeld ist alles, was der Ernstfall ist.

Wer deine Werke mag, weil er dich mag, ersetzt nicht jene, die umgekehrt dich überschätzen, weil sie deine Schriften unterschätzen.

Ich kann dir verzeihen, denn einer wie du kann mich gar nicht verletzen.

Falsifiziert ist, woraus Falsches oder alles folgt.

Die von Habermas geforderte "Übersetzung religiöser Sinnpotentiale" in die kommunikative Sprache säkularer Demokratiediskurse, gleich weit entfernt von dogmatischem Glauben und technokratischem Wissen:
Die biblische "Heilsgeschichte" ist, recht besehen, eine allzu menschliche Verfallsgeschichte der jüngeren Brudergestalten Isaak und später Jakob, die mit Hilfe ihrer Mütter, von denen sie vorgezogen wurden, die älteren Brudergestalten Ismael (den Ur-Araber) und später Esau um deren Vatersegen und göttliches Erstgeburtsrecht betrogen hatten.

Am schnellsten verweltlichen Religionen, die die Welt erobern wollen.

Ein Autor hat gewöhnlich etwas zu sagen und doch nichts zu bestimmen.
Erst Gewehr bei Fuß und dann die Flinte ins Korn? Lichtenberg führte das Genie nicht auf den Wahnsinn zurück, aber seinen Scharfsinn scharfsinnig auf den überkompensierten Buckel.
Nach Thales von Milet kommt alles aus dem Wasser und geht ins Wasser. Ist es das Wasser des Brunnens, in den der Sterngucker Thales unter dem Gelächter einer Dienstmagd hineinfiel?

Klinamen. Ist schon frei, wer beim freien Fall (oder Aufstieg) von ihm ein bißchen abweichen kann?

Mancher protestiert gegen Ungenehmes, indem er nur dessen nebensächliche Begleitumstände zu registrieren beschließt (oder vorgibt).

Manchem hatte die ganze "68-er-Generation" nur einen einzigen Vorteil gebracht, daß seit den Siebziger Jahren Männlein und Weiblein auch unverheiratet eine gemeinsame Wohnung mieten konnten.

Die Dinge sind leicht zu sehen und schwer zu seyn, schrieb Schopenhauer. Wer sie sogar schwer ansieht, kann sie mit Goethe vielleicht leichter erzählen als zählen.

Wieviel Mut gehört schon zum Bekenntnis, daß eine Religion, die Mut fordert, dich nur wenig interessieren kann, weil sie dich entmutigt, und geben lediglich die Feiglinge zu, vor allem getröstet, beruhigt und erbaut werden zu wollen?

Wie viele können die Wahrheit nur hören und sagen, wenn sie wenigstens die Hälfte davon für üblichen Lug und Trug halten?

Mancher verachtet uns nicht, weil wir ihn belügen, sondern ihn deshalb verachten. Kollege : ein Mensch, der nie zu bedeutend ist für deine Verachtung und nie zu unbedeutend für deinen Neid.

Optimisten : Leute, die sich, um nicht zu scheitern, durch pessimistische Äußerungen ständig wieder auf den Teppich holen müssen.

Anderen verdanken wir das Geständnis, wieviel wir ihnen verdanken. Intellektuelle sind Genießer, die uns damit quälen wollen, daß wir uns mit der weltweiten Menschenquälerei moralisch abquälen sollen.

Der Misanthrop kriegt schon bald nicht mehr die Luft,
die andere Leute für ihn sind.

Adeln durch Tadeln oder umgekehrt. Du willst mich vernichtend kritisieren? Dann feiere mich einfach als Verwirklichung meines Ideals (falls das nicht nur meine Anstrengung provoziert, meinem Ideal viel ähnlicher zu werden). Setze dein Lobreden solange fort, bis du dein Ziel erreicht hast und und ich sie nicht mehr verdiene.

Warum leben Künste noch von den Zehn Gebotsübertretungen?

Rede so, daß man an deinem Grab sagt:
Er gab - uns - seinen Geist auf.

Dichter arbeiten nicht. Ihre Arbeitslosigkeit arbeitet in ihnen.

Man muß kein Hamlet sein, um zu denken:
Wer noch Alternativen hat, tut gar nichts.

Aphoristiker suchen ein Homonym für immer neue Bedeutungen,
Literaten immer neue Synonyme für immer dieselbe Bedeutung.

Im Auftrag des Allmächtigen sprach Jesus von der Macht der Ohnmacht. Christen hörten früh nur : Alle Macht den Ohnmächtigen!

"... alles Handeln ist Sünde in den Augen des Geistes." (Tonio Kröger)
Für die Kunst entsagte Thomas Mann gerade nicht dem gutbürgerli-
chen, sondern dem invertierten Leben, also dem einen unbürgerlichen
für ein anderes unbürgerliches Nichtleben.

Auch wenn es Paul Feyerabend 1994 in "Zeitverschwendung" ironisch
meinte : "Wir alle, Männer und Frauen, waren *Naturwissenschaftler*
und standen somit weit über den Studenten, die sich mit Geschichte,
Soziologie, Literatur und ähnlichem Schwachsinn beschäftigen." Dem
erfahrbaren Kosmos kam Aristoteles näher als Galilei, aber nicht der
"Wahrheit" über ihn. Theorien gehen weit genug weg von der Empirie,
um der Wirklichkeit nah genug zu kommen, und man muß sich weiter
als der Realismus von der Realität entfernen, um sie zu erkennen.

Anti-Adorno : "Subsumiert" ein Gefühl die Dinge nicht stärker und
unwiderstehlicher als ein Gedanke - immer vorausgesetzt, eine Begrifflichkeit rationalisiere nicht einfach nur diese Ergriffenheit? "Die Philosophie der menschlichen Dinge" (1981) : Europäische Moralistik
verteidigte nicht, wie Hans Peter Balmer voraussetzt, das Empirische
einfach gegen das Rationale, sondern nur deren unauflöslichen Konflikt gegen ihre falsche Harmonisierung oder gegenseitige Hegemonia-
lisierung, verteidigte also das Ungenügen von einem ohne das jeweils

andere. Auch die "transzendentale Moralistik" nach Kant pointiert also ebenso sehr das Intellektuelle gegen das allein Emotionale — und damit deren Unauflöslichkeit ineinander. Erst bei Hegel wird schöpferische Kontemplation der Geist, der sich nur noch selber zusieht beim Sichselbsthervorbringen. Der unbeständige Verstand verläßt die Sinnlichkeit, auf die man sich verlassen kann. Vernunft ist eine kleine Insel im Ozean des Wahns, aber die Insulaner bestimmen, wie weit das Meer reicht. Hegel versöhnte das Vernünftige wohl mit dem Wirklichen, aber nie mit der "faulen Existenz".

Schrieb Walser erfolgreiche Romane nur über die Unfähigkeit eines (als Angestellten getarnten) Autors, erfolgreicher Künstler zu werden? Durchschnittsmenschen, also gewöhnliche Feiglinge, müssen demokratisch stets wählen, was Widerstandskämpfer unnötig machen wird.

"Dafür leben wir, daß wir so dasitzen und in die Gegend gucken, das ist der erstrebenswerteste Lebenszustand. Man nennt ihn *Muße.*" (Walter *Kempowski:* "Sirius", 20. 06. 1983) "Alles Schreiben ist Ertasten von Verlorenem." – "Tragisch ist, daß gerade jetzt die Deutschen ihre Bindung an Gott, diesen trigonometrischen Punkt, verlieren, der allein helfen könnte beim Bewältigen des nicht zu Bewältigenden. Sie haben die Leinen gekappt und treiben nun den Fluß hinunter auf die Fälle zu." (W. *Kempowski* am 6.11.1989 : "Alkor", München 2001)

Beliebte Autobiographien sind *Suifictions* verhinderter Romanciers.
Der Tod wirkt nicht deshalb so schrecklich, weil Einzelne sterben. Auf ein paar Einzelheiten mehr oder weniger kommt es nicht an in der reichhaltigen Welt, doch mit jedem Leichnam ist außerdem eine ganze unersetzliche Welt aus der Welt herausgestorben, eine ganze Unendlichkeit aus dieser Ganzheit von Ganzheiten.

Die Realität samt ihrer Veränderung ist oft kaum auszuhalten und der künstlerische Realismus ein probater Ersatz dafür. Heute möchte jeder Künstler und sein Kunde brillieren mit der Negativität, die er wenigstens in Kunstwerken verdauen und hautgoutieren kann auf Leidverarbeitungsolympiaden. Wer den schwärzesten Roman versteht und übersteht, hat gewonnen und genießt sich selbst als ausgebufften Trimmpfadfinder. Eingeübt wird dadurch keine Mitleidfähigkeit, sondern die

Bereitschaft, Leidensgeschichten fiktiver Gestalten mit Pokerface sich zuzumuten. Negativitätstoleranz ersetzt die Realitätsprüfung, und Goethes Idyllentoleranz wird gar nicht mehr toleriert. Für Martin Walser war ein Goethe "vielleicht voller Lösungen, für die er dann Konflikte suchte" und kein bloßer „Fürstenknecht". Diesen Schmerz, als Geistesadliger nicht vom Geburtsadel als seinesgleichen anerkannt zu sein, konnte er als "Tasso" noch ausdrücken, doch nicht mehr künstlerisch weganästhesieren. Aber Goethes "Wanderjahre" als Schicksalsmoderator führten laut M. Walser langsam zu "Glücksmaschinen" einer "Pazifierungsprosa" und zu einer "Friedensstifterkraft, der kein Konflikt mehr gewachsen ist".

Tu nicht so, als wolltest du uns nur helfen,
deinen Tod leichter zu verschmerzen.

Taube Beine unter Dauerstreß? Erst fühle ich nicht mehr, daß es noch *geht*, dann fühle ich, daß "es" nicht mehr so weiter geht mit mir.

Mit den heutigen demokratischen Möglichkeiten des Einzelnen wären die Hochkulturen schwerlich zu errichten gewesen. Demokratische Zwerge stehen auf den Schultern historischer Riesendespoten, wie Sozialisten auf den proletarischen Schultern.

Croix et choix originel. Laut Sartre bin ich für *begangene* Taten nicht mehr verantwortlich als für *geträumte* und für *meine* nicht mehr als für *deine* Taten. Will der Existenzialist für alles gerade stehen, um für gar nichts gerade stehen zu müssen, und bin ich verantwortlich für die Auswahl, für die ich verantwortlich zeichnen möchte? Wenn jeder Christus sein und die Schuld aller (auch an Träumen) auf sich nehmen müßte, dann gehörte jeder ans Kreuz, das er für die anderen Kreuzträger trägt.

Das 1. Stoßgesetz der menschlichen Natur : aktiv = reaktionär.

Spatzen pfeifen von allen Dächern, daß sie auf alle Dächer pfeifen. Wenn Hürden und Bürden wirklich die Motoren der Lebensläufe sind, dann steht das Gaspedal stets auf dem Bremspedal.

Schlechte Argumente taugen noch zu guten Komödien,
gute Argumente nur zu schlechten Tragödien.

Schäferspieltheorien. "Der Tod Abels" (1758) von Geßner motivierte den mythischen Ur-Brudermord durch einen Alptraum, in dem der ackernde Kain die Bauern als Arbeitssklaven von müßigen Hirten sah, während der aufgeklärte „Sturm und Drang" und der Geschichtsidealismus den historischen Sieg der Ackerbauern und Stadtbürger über die Aristokraten im Spielgewande nomadisierender Schäfer feierten. Geßners Tugendschäfer waren keine höfischen Rokokomasken mehr, sondern der naturrechtliche Einspruch des urzeitlich anarchistischen Naturnomaden gegen den seßhaften Landmann, Edelmann und Kaufmann zugleich, gegen die Aufteilung der Seßhaften in machtlose Produzenten und mächtige Konsumenten. Noch in St. Georges "Hirtengedichten" (1895) verhielt sich der Künstler zum Pfahlbürger wie der Nomade zum Seßhaften. Führt Mörikes l´art-pour-l´art-Idylle auch zu Mallarmé und Valéry?

Dieser Schwadroneur zwischen brüsk stehen lassendem Abfertigen (verletzend ohne die urbanen Höflichkeitsfloskeln) und weit ausholender, umständlich schwerfälliger Suada, die unter vielen Selbstwiederholungen langsam und sicher von jedem Thema abdriftet : Der Redner will entweder für den anspruchsvollen Sprachaufwand bewundert werden oder vermeintliche Anmaßungen durch schneidend abrupte Kürze zurückstoßen.

Schlachtfeld & Klosterzelle. Dir muß Grimmelshausens wüster "Simplicissimus" nicht gefallen, doch dein eigenes Werk beginnt dort, wo der große Barockroman endet - ohne nun dort zu schließen, wo er anhebt. Der Vogel steigt, wie er muß, und der Mensch fällt, wie er will.

Den richtigen Standort hat am Ende ja nur der Fachmann für falsche Standpunkte.

Um die nationale Wiedervereinigung seines Heimatlandes aus vernünftigen Gründen wünschen zu können, muß man ja nicht von frühkindlicher Wiedervereinigung mit seiner lieben Mama träumen, aber schon etwas bewußtseinsgespalten gewesen sein, um die nationale

Dauerspaltung als eine ewig gerechte Strafe zu begrüßen.

Hermann Schmitz nannte Wittgensteins Werk philosophische "Selbstdarstellung durch demonstrative Selbstaussparung". Kompensieren analytische Sprachdenker ihr Subjektivitätsdefizit durch diese sehr verschämte Existenzphilosophie in der unverdächtigen Maske einer mathematischen Logik? Wittgenstein erlaubt seinen Lesern, poetische Mystik zu treiben, wo sie prosaische Mathematik treiben, et vice versa, schillernd bis heute.

"Ein Parlament ist mal voller und mal leerer / aber immer voller Lehrer." 80 % der Germanistikstudenten und 90 % der Philosophiestudenten beenden immer noch die Hochschule ohne Abschluß?

Gab der Herrgott im "Hiob" selber zu, daß es nur gerecht sei, die Gerechtigkeit zu wählen, wenn zwischen ihr und Ihm einmal zu wählen wäre? "Erlösung" bedeutete ursprünglich, was der Erlös beim Sklavenfreikauf brachte. Und Nietzsche sah im Christentum den "Aufstand der Minderwertigen". Wo sind Aufstände, wo die Minderwertigen?

Ähnlich sind Dinge, die in mindestens einem Teil übereinstimmen und in mindestens einem Teil differieren. Können elementare Dinge sich also gar nicht ähneln?

Kann das Erkennen der Natur erkennen, wie es ihr selbst entwachsen ist? Hegel sah in der Gravitationsanziehung zwischen den Einzelmassen ein Naturbild für die Vereinigung vieler Objekte unter ihren Allgemeinbegriff. Am fernsten ihrer geistigen Zusammenfassung sei die raumzeitliche Ausbreitung aller Dinge. Bei Naturphilosophen ist oft der kosmologische "Gravitationskollaps" der Materie umgekehrt gleichsam das Geistfernste, während die "inflationäre" Selbstaufblähung des Alls eine Naturanalogie der permanenten Selbstüberschreitung des Geistes darstellt. Der "Urknall" des expandierenden Universums befreie die Materie von der "Singulariät des schwarzen Lochs". Für Hegel wäre ein singulär schwarzes Loch so etwas wie eine Naturmetapher für die geistige Konzentration von Objekten in ihren Oberbegriff gewesen, während das expandierende All eine geistlose Zerstreuung der Dinge in Raum und Zeit vorstelle. Hegels Geistbegriff gleicht dem schwarzen

Loch, in dem alle raumzeitlich gestreute Materie gut "aufgehoben" ist, und Hawkings "Singularität voller Vakuumenergie" bietet eine Naturmetapher von Hegels "objektiver Idee".

Ein gedankenspielerischer Entwurf möglicher, hermetisch abgeschotteter Wunschwelten unter selbstgesetzten Versuchsbedingungen. Fritz Sengle sah in Stifters "Nachsommer" noch die "utopische Funktion des Idyllischen selbst", Thomas Mann nannte Hesses "Glasperlenspiel" eine "träumerische Kultur-Utopie", und J. G. Schnabels "Insel Felsenburg" wurde auch eine "utopische Idylle" genannt, und es gibt nur idyllische Utopien. "Das Labyrinth der Welt und das Paradies des Herzens" (Comenius, 1631) erschien *nach* Andreaes "Christianopolis" (1619) und *vor* Klopstocks "Gelehrtenrepublik" von 1774. Götz Müller sagte über "Die Stadt hinter dem Strom" (1947) von Hermann Kasack : "Die Kultur wird bewußt separiert von jeder Indienstnahme, aber auch von jeder aktiven Bedeutung." Nach 1945 sei "wenigstens die Kultur als geronnener Geist von tröstlicher Dauerhaftigkeit." Unsterbliche Kulturwerke werden da in der Unterwelt archiviert, "Rettung aus einer absurden Geschichte durch den unvergänglichen Geist." (a.a.O, S. 273) "Ich habe die gelehrte Republik viel zu lieb, als daß ich ihr eine Art von Sklaverey auf den Hals wünschen wollte." (*J. H. von Justi :* "Die Dichterinsul", 1745)

Jeder ist viel mehr als alles, was ihm viel bedeutet, doch nicht weniger als das, was ihm wenig bedeutet. Gehandelt werden muß dort, wo zuvor zu viel gehandelt wurde, und nichts ist zu tun gegen den, der nichts tut. Wenig schrieb er bisher von seiner alten Jugendliebe zur Logik der Welt, die sich am Ende bescheidet mit einer Welt der Logik. Carnaps "Logischer Aufbau der Welt" von 1928 mag viele Mängel haben, die ihr vorgerechnet wurden, das vielleicht sogar am Ende undurchführbare Projekt selber bleibt so faszinierend wie die „characteristica universalis" bei Leibniz und wie Raimunds Lullische Erfindungskunst. Man dürfte sich sogar begnügen mit einer weltlosen Logik in unlogischer Welt, da ja auch eine Logik, die eine geringe Rolle in der Welt spielt, deren konstitutiver Bestandteil bleibt.

Gesellschaften verfallen, die immer mehr Amoral durch Unrecht ersetzen, also das schlechte Gewissen durch bessere Gesetze.

Künste und Wissenschaften sind heute genau jenes Paradies geworden, aus dem sie uns laut Rousseau vertrieben hatten. Dem ohnmächtigen Individuum dienen sie erst, sobald sie nicht mehr dem gesellschaftlichen Fortschritt dienen. Menschliche Kultur begann vermutlich mit ihrem Höhepunkt bei "vorzeitlichen" Nomaden, und der kulturelle Abstieg der "Bürger", die immer weiter seßhaft "ackern", hat seinen Tiefpunkt wohl noch gar nicht erreicht. Erst jagten Urmenschen das Vieh, dann züchteten sie es - bis hin zum modernen Stimmvieh. "Was der Mensch sei, sagt ihm nur die Geschichte." Aber was die Geschichte selbst sei, sagt ihm nur ein Mensch, und geschichtlich enthüllt sich doch bestenfalls nur, was von Natur angelegt ist. Was der Mensch bisher war, zeigen ihm allein die Historiker, und was er sein könne, wird vielleicht nicht einmal künftige Geschichte ganz enthüllt haben. Diltheys Diktum ist etwas aussageschwächer, als es gewöhnlich verstanden wird, und Karl Löwith hatte eine passende Antwort darauf. Wenn sich Gegenwart wenigstens vergangenheitsgerecht beurteilen ließe! Fr. Schlegel sprach vom "griechischen Geheimnis", "im Individuellen objektiv zu sein", doch im Allgemeinen subjektiv zu sein, machten Adorno und Schmitz wieder zum Rätsel.

Mancher denkt viel zu geben und gibt doch nur wenig zu denken.

Grüner Baum, blauer Himmel, weiße Wolken … Ein guter Roman beginnt mit dem Weltuntergang und steigert sich dann von Kapitel zu Kapitel.

Bitte den um Entschuldigung,
gegen den du nie zu Protest gegangen bist.

Wieviel Literatur ist wie ein Meta-Gespräch über Sprachen anderer? Gedichte über die Unmöglichkeit, nach Auschwitz noch Gedichte zu schreiben, haben unter der Hand überhandgenommen.

Das unverdächtigste Mittel, um etwas gar nicht durchschauen zu müssen, liegt in seiner ständigen Erforschung.

Geßners "Idyllen" erschienen zuerst 1756,
ein Jahr nach dem Erdbeben von Lissabon.

Der Dümmste weiß, daß er dem Schoß der Mutter Natur entstammt. Der Anteil des Vaters scheint auch dem Klügsten nicht mehr sicher.

Es muß ja keine Staatsbibliothek sein. "Das Paradies habe ich mir immer als eine Art Bibliothek vorgestellt." (Jorge Luis Borges) "Bücher... sind die Farben, mit denen wir unser Gefängnis ausmalen." (Hans Kudszus) Wo die Bäume der Erkenntnis, an denen kein unbeschriebenes Blatt hängt, in den Himmel wachsen, ist der Turm von Babel der Elfenbeinturm der Bücherstapel, und wer die Äpfel davon *nicht* essen will, wird aus dem Bücherparadies vertrieben.

Kehren wir zu einer Ewigkeit zurück, in der wir noch nicht waren?

Ich verlasse (mich auf) dich und verlasse mich (auf dich).
Verlass ich dich (auf mich)?

Jean Améry verteidigte Flauberts Landarzt Charles Bovary gegen dessen Emma. So wäre Nietzsches "Bildungsphilister" und "letzter Mensch", samt seinem Lüstchen für den Tag und seinem Lüstchen für die Nacht, zu rehabilitieren wie Fausts Famulus Wagner.

Jean Paul nannte Hegel, der ja mit Goethe das systematische Versöhnungsgenie teilte, den "dialektischen Vampir des inneren Menschen" und war selbst ein Blutspender, der wie ein Frühromantiker jeden Blutstropfen einzeln in aphoristischen Gefäßen für uns Leser sammelte. Ganz wie Sartes Existenzialismus eine philosophische Ästhetik dichterischer Freiheit ist, so überzeugt Hegels Dialektik noch am meisten nicht in seiner Geschichtsphilosophie - die mit historischen Fakten so frei umgeht, wie sonst kein Individuum bei Hegel ist, sondern in seinen zu Lebzeiten nicht herausgegebenen dreiteiligen "Vorlesungen zur Ästhetik", die gegen Jean Pauls ästhetische "Vorschule" (1804) die wilde Aphoristik Schlegels und die milde Idyllik Geßners zugleich aufheben will.

Entweder du frißt und wirst gefressen oder sprichst über die Art, wie andere über fiktive Fressalien reden.

"Itzt trat Robinson in einen der ruhigsten Stände, worinnen sich die Menschheit jemals befunden hat - in das Hirtenleben." (J. *K. Wezel:* "Robinson Krusoe", 1780) In Mary Wollstonecraft-Shelleys "The Last Man" (1826) verbringt der Erzähler nach einer Weltkatastrophe sein Leben in Bibliotheken. "Auch in den Bibliotheken konnte man noch leben, so wie noch ein Leben am Meeresstrande in der Betrachtung der Tiere möglich war." *(Ernst Jünger :* "Heliopolis", 1949)

"Für Arno Schmidt ist die Welt - wie für Nietzsche - allein ästhetisch gerechtfertigt." *(Götz Müller :* "Gegenwelten", Stuttgart 1989, S. 280 ff.) Wie in Benns "Artistenevangelium" wird ihm "die Literatur zum Asyl, zum ästhetischen Schutzraum ... Denn die Artefakte der Kunst sind der einzig verbleibende Sinn ... Die Utopie zieht sich zurück in die Sprache ... an die Stelle der Gegenwelten treten Wortwelten, die sich erinnernd der alten Gattungen bedienen." (Seite 297) Auch Schmidts postmoderne Meta-Utopie ist ein „Ludus remedium" und Lusus ingenii. "Die Sprache wird zum reinen, von jeder Körperlichkeit unbefleckten Kulturgehäuse, in dem zu existieren Glück ist." (S. 292) Das Schreiben über den hortus conclusus wird selbst zum schönsten hortus conclusus. Bücher sind ihm utopische Asyle vor der Gesellschaft in geschichtsfreien Räumen wie bei Mörike und Hesse. Den Konjunktivus irrealis verwandelt die Philosophie in den Konjunktivus potentialis und Literatur in den Indikativ Imperfekt. Utopisch ist das Erfinderglück auch der Anti-Utopien. Gute Utopien sind einerseits literarische Fiktionen, anderseits wissenschaftliche Hypothesen, also zugleich schöne und wahre heuristische Gedankenexperimente zur Verknüpfung der heterogensten Vorstellungen. Mögliche hermetische Kunstwelten werden spielerisch entworfen und aus Axiomen deduziert. *Hesses* "Glasperlenspiel" bot ihm zwölf Jahre lang "magische Zuflucht" vor dem zwölfjährigen Reich. Zweckfrei mathematisierbare Gedankenspiele mit den kulturellen Versatzstücken aller Traditionen schaffen eine defatalisierte Gelehrtenrepublik, eine verborgene oder geduldete Enklave in zweckrationalen Gesellschaften. "Wir müssen handeln, als ob das Ding sei", sagte Kant von der "ficta republica noumenon", die aber keine spartanische Kaserne war. *Stifters* "Nachsommer" mit dem "auffallenden Ordnungsüberschuß" (Hohendahl) "läßt sich als Idylle und als ästhetische Utopie lesen" (Götz Müller, S. 141), als eine nicht staatlich institutionalisierte Insel- und Privatutopie.

Geschichtlich führt kein Weg in und aus Utopien mit ihrer autarken Isolation, ihrer planwirtschaftlichen Statik und ihrer evolutionsfremden Konfliktarmut, ihrem vorindividuellen Zweiweltenschema, ihrer auch episch gelähmten Typen-Rhetorik, ihrer komplexitäts- und kontingenzreduzierten Rationalität von einfachen Bedürfnissen und gesellschaftlicher Bedarfsdeckung. Und zu Arno Schmidts "Schwarze Spiegel": "Die erwartete Warnutopie in elegischem Ton weicht einer Idylle des letzten Menschen, der sich als tüchtiger Homo faber im gesellschaftsfreien Raum bewährt." (a.a.O., S. 282)

Gutes muß nicht geschehen, doch wohl und wehe dem, durch den es nicht geschieht.

Bald gilt das „Grundgesetz" als ein letztes Tabu, das noch zu brechen wäre. Man kämpft gegen "infame Repressionen", d. h. für infantile Regressionen.

Keine Weltkarte ist eines Blickes wert,
die die Landschaft Arkadien ausläßt.

Du siehst eher in deine Zukunft als in die Vergangenheit deiner Enkel.

Komm viel herum und kaum voran. Erst verbünden sich Menschen zu Gemeinschaften, dann bekriegen sich die Gemeinschaften, damit niemand allein bleibt.

Auch heutige Heilkunde heilt Kunden, indem sie ihr Heil verkündet.

Raucher brauchen Zigaretten, um ärztliche Rauchverbote zu verkraften.

Die Materie ist in Raum und Zeit ausgebreitet und zugleich durch Licht und Gewicht aus der Zerstreuung wieder versammelt - alle Teile sind einmal in dieselbe Masse hineingezogen und andererseits in demselben Licht vereinigt. Da sieht man *eine* Sonne über vielen Erdendingen, und *eine* Nacht unter vielen Gestirnen. Ein Klang ist ein gefesselter Klagelaut *und* befreiter Jubelschrei der Seele aus dem Stoff.

Ein Buch schlägst du auf, um mal die ganze Welt zu vergessen, und liest, der Autor lebe nicht im Elfenbeinturm, sondern sei weltoffen engagiert.

Sein Werk war nun fertig, ohne aufzuhören, noch gar nicht begonnen zu sein, und war längst vergessen, ohne aufzuhören, noch sehnlichst erwartet und vermißt zu werden.

Benutz mich ruhig, um dich darzustellen, dann kann ich dich benutzen, um mich darzustellen. Den Egoisten bedroht der Tod mit Selbstlosigkeit.

Wie schnell vergeht das Leben? So schnell will ich spazieren gehen. Ich bin ein Niemand. Niemand stirbt, und niemand ist freundlich.

Nietzsche: "Mich drückte nie die Last eines Vaters" (vom Rockzipfel der Mutter weg).

Blüten zu Füßen. Aus dem Boden gewachsen? Oder vom Zweig gefallen? *(Brevis esse laboro)*

So viele Menschen, so viele Meinungen, so wenige Aphorismen.

Schriften ohne Thema sind so natürlich wie die unbeschriebene Welt. Aber hat einer gleich zu tief nachgedacht, wenn dir etwas zu hoch ist?

Dein Tuscul(an)um. Wenn Hobbes' "Krieg aller gegen alle" nur durch staatlich geschützte Produktionsschlachten vermieden werden kann, so ist der Teufel ja nur durch Beelzebub ausgetrieben und die lockerste Nomadensippe durch steilste Machthierarchien ersetzt. Mußten großstädtische Hochkulturen entstehen, um Menschen, die für ein kontemplatives Leben ungeeignet sind, "sinnvoll" zu beschäftigen?

Denkzettelkastendenken. Die wesentliche Aufgabe deiner Vorfahren war es gewesen, dich hervorzubringen, der ihrem Leben nachträglich Sinn und Bedeutung verleiht. So spricht das schwarze Schaf jeder Familie, der weit vom Stamm gefallene Künstler als verkrachte Existenz mit brot- und kinderloser Aussicht auf allfälligsten Nachruhm.

80 Jahre: Ich denke nicht ans Anfangen, also bin ich nicht am Ende.

Wer seinen Kopf nicht zu hoch tragen will,
muß ihn nicht gleich hängen lassen.

Dem Feigling hilft nicht mal Satan, sagen die Mutigen,
denen Gott auch mal nicht half.

Die Zeit ist immer dieselbe — ob nun einmal langweilig oder mehr-
mals kurzweilig.

Lutheraner 2000 : Hier sitze und verstehe ich, ich kann nichts anderes.

Eklogik. Die vielgelesene humanistisch-klassizistische Idylle "lucunde"
(1803) des norddeutschen Theologen und Historikers *Gotthard Kose-
garten* machte das Biedermeier zur philosophischen Lebensreflexion
ebenso wie sein süddeutsches Gegenstück, "Der Tag auf dem Lande"
(1800) von Hölderlins Freund *Ludwig Neuffer,* wo der "stillere
Kreis des Hauses" die "erhabere Pflege des Geistes" durch Naturkunde
und Poesie, Geschichte und Religion begünstigte. Das Publikum
waren Frauen.

Die formale Logik und deduktive Syllogistik dienten vielleicht schon
bei Aristoteles zur Verhinderung des materialen „Apeiron" und damit
unzählig unbeständiger Aphorismen. Ein Begriff verhält sich zu seinen
potentiell unendlichen Objekten oft wie Achill zur Schildkröte, die er
faktisch ja immer überholt, obwohl er unendlich viele unendlich kleine Schritte zurücklegen muß. Im *einen* Begriff ist die Unendlichkeit
seiner möglichen Gegenstände immer schon jeweils übersprungen von
einem endlichen Ganzen. "Alle Menschen sind sterblich" ist für Aristoteles viel zu extensional *indefinit* und wird ersetzt durch: "Sterblichsein
wird allgemein vom Menschsein ausgesagt". Fängt er instabile Individuen durch den festen Allgemeinbegriff auf, bevor sie sich wie bei Ibn
Sina chaotisch dynamisieren und empirisch erforschen lassen? (Das
sagt Ingo W. Rath im Aufsatz "Wie die Logik auf Vor-Urteilen beruht", *Conceptus* 72,1995)

Bibliophilie ist Liebe zu Büchern. Philosophie hieße dann nicht Weis-
heitsliebe, sondern Freundschafts- und Liebesweisheit. Die Weisheits-
liebe wäre so etwas wie Sopho-/Sophiaphilie.

Kann dir das Leben glücken durch gelungene Bücher
über dein mißlungenes Leben?

An die Jakob Böhmes: Schuster, greif zur Feder und nicht nur zum
Leder.

"Erzählte Wälder sterben nicht, / solange der Atem geht." (Krolow)

Horribile dictu? Terribile (f)actu. Wenn die heute großen Probleme
einmal gelöst sein werden, dann werden die heute kleinen Probleme
die übergroßen sein, oder bleiben wir sensibel für Feines nur, solange Grobes nicht weggearbeitet ist?

„Wille zur Macht"? Wissen ist Macht. Und wo bleibt der Wille zum
Wissen? Meist wissen wir ja mehr zu wollen, als wir wissen wollen.

Die Utopier des Thomas Morus froren ja technischen Fortschritt
und Produktion ein, um 1516 mehr Zeit für Kunst und Kultur zu
haben. Schnabels "Insel Felsenburg", freies Asyl statt Robinson-Exil,
war eine vorindustrielle Insel- und staatslose Familienidylle mit agrar-
sozialistischem Patriarchat, 1731 ein pietistisches Naturarkadien ohne
europäisches Kulturelysium aus Künsten und Wissenschaften. Das
höchste Dasein, viel theoretisches Leben, aber für alle, ist nur gerecht
durch wenig praktische Arbeit, aber für jeden. — *Kritik der politischen Ökonomie :* "Utopias Wirtschaftsverfassung hat in erster Linie das
Ziel vor Augen, allen Bürgern möglichst viel Zeit freizumachen für die
Pflege geistiger Bedürfnisse" um ihrer selbst willen, bei eingefrorenem
technisch-industriellen Fortschritt, der nur neue soziale Instabilität bräch-
te. *(Thomas Morus,* 1516)

Wer für dich der Himmel ist, für den bist du die Hölle?

Napoleon ist tot, es lebe der *Code Napoléon.*

Die Despotien können besser als Utopien den technologischen Fortschritt integrieren, ohne ihn fürchten zu müssen. Doch die meisten
Utopien sind ja Despotien.

Gebranntes Kind scheut sich nie, anderen die Kastanien ins Feuer zu werfen.

Der Herrgott muß dich jetzt für eine Sekunde allein lassen, um den Rest des Alls zu versorgen. Aber keine Angst, in einer Sekunde wird er dich im freien Fall wieder auffangen, bevor er dich für eine weitere Sekunde verlassen muß, und so weiter ...

Um sehr kleine Atomdimensionen zu untersuchen, braucht es heute sehr große Technikanlagen und Forschergruppen. Ein Schriftsteller ist einer der letzten Menschen, der so gut wie ohne Technik und Mitarbeiter seinen Mikrokosmos entwirft.

"Bis zum Ende des 18. Jahrhunderts war die Grundwissenschaft des Bürgertums Mathematik, nicht Geschichte; die Methode der Mathematik war formal, war "Erzeugung" des Gegenstands aus reinem Denken. Sie war nicht zuletzt das methodische Muster für die Ableitung des Naturrechts, dieses strengen Vetters der Utopien." *(E. Bloch :* "Das Prinzip Hoffnung", Band 2, FF/M 1967, S. 676) Aber wer in den feinen Strichen der Logik nur die Unruhelinien der Sehnsucht aufgezeichnet sieht, wer in dieser scharfen Seismographie nur das Beben unter der Rinde, die Spannungen des Umtreibenden hört (und nicht die kristalline Klarheit des friedlichen Idylls), verwechselt die Logik mit einem Bestiarium von Bürokratien oder auch nur, dialektisch, von Widersprüchen. Naturrecht : Utopie = Würde : Glück = Vater Staat : Mutter Natur = Logik : Lyrik ?

Kurgeschichte der geschichtsarmen Lebensformen : Von griechischen Philosophen über christliche Mönche zu modernen Privatgelehrten.

Die iroschottischen Mönche "zeichneten sich durch eine hohe klassische Bildung aus; die Bewahrung der Schätze der Antike im Abendland ist großenteils ihr Verdienst." (Fr. Heiler: "Die Religionen der Menschheit", Stuttgart 1991, 433) Die anachoretischen Wüstenväter und später dann die apostolischen Wandermönche wurden stetig verdrängt durch das benediktinische "ora et labora" und durch die dominikanischen Mönchsphilosophen unter koinobitischen Ordensregeln.

"Der Arme ist der Abgesandte Gottes." (Hesiod, 8. Jh. v. C.)

"Die nötigste Predigt, die man unserem Jahrhundert halten kann, ist die, zu Hause zu bleiben." (Jean Paul, Vorrede zu "Quintus Fixlein", 1796)

"Alles Wissen eines Menschen ist in der Spitze seiner Feder, all seine Klugheit liegt beschlossen in seinen Zeilen. Erst die Tinte ist es, die einen Mann in jenen Rang erhebt, den das Szepter sonst nur einem König zugesteht." *(Ihn Nagrila,* 11. Jh.)
"Versteck dein Leben wie die Katze ihren Dreck." (Sprichwort)
"Im Grunde sind Ruhe und Glück dasselbe." (Theodor Fontane)
"Handeln : sein Geld in Kleingeld umwechseln."
"Nur mit schönen Werken antworten!" (Henry de Montherlant, 1932)
"Alexander, Cäsar und Pompejus, was sind sie gegen einen Diogenes, Heraklit und Sokrates." *(Mark Aurel:* Selbstbetrachtungen 8,3)
"Und wer die Welt von hinten sah,/der sah ihr ins Gesicht." (E. Kästner)

Wahrheit ist Konformismus: Anpassung unserer Urteile an die Welt, wie sie ist. Irren und lügen denn Nonkonformisten?

Anima naturaliter monastica. Eigentlich kann man es niemandem recht machen : Wer den Unterleib vorzieht, heißt vertiert, wer den Überbau vorzieht, heißt verstiegen, und wer keines vorzieht, versteht beides nicht?

Als Kind gilt Kindern noch, wer nicht weiß,
daß es zu Ostern keine Hasen gibt.

Das *Licht der Vernunft* ist ausgefallen -
zu unserer vollen Zufriedenheit.

Wer sich und dem Leser die Gedanken aus dem Kopf schlägt, damit sie zu Buche schlagen, ist deshalb noch kein Philosoph.
Erdbewohner werden nur halb erwachsen, weil es oft wieder ins (Frucht) *Wasser* fällt, daß ein *gebranntes* Kind in die *Luft* geht, nach der´s schreit.

Wer Selbstverantwortung übernehmen soll, kann schlecht antworten, daß er sich nicht übernehmen will.

Was heißt "Inexistenz"? 1) *Nicht-sein* 2) In-sein in Größerem.
Was nicht existiert, ist im großen Ganzen auch gut "aufgehoben".

Fährt der Weltschöpfer binär zweigleisig, wofern er zwar manichäisch seine eine objektive Wahrheit über die vielen subjektiven Wahrheiten und objektiven Unwahrheiten siegen läßt, aber diese gleichwohl als didaktische Gedankenexperimente zuläßt und geradezu selber anregt, um das demokratische Recht jedes seiner Geschöpfe auf seinen je eigenen Irrweg und Blödsinn zu respektieren? Bedeutet Monotheismus die dualistische Koexistenz von objektiver Ein-Wahrheit und objektivem Recht auf viele subjektive Unwahrheiten samt deren Folgen?

So eisern sind auch logische Denkgesetze nicht, daß sie nicht novelliert werden können, und so flüchtig sind Naturerscheinungen nicht, daß sie kein law and order kennen. Der alltägliche "Mythos der physikalischen Objekte" ist auch nach Van Quine keine viel begründetere "kulturelle Setzung" als die "Homerischen Götter" und verschwindet weder in pythagoreischen Zahlen noch in Machschen Sinnesdaten. Referenzen mögen ja *unbestimmt* und Theorien *unterbestimmt* sein, doch ontologisch verpflichtend gesetzt ist noch nicht, worüber quantifiziert wird.

Vergebung statt Vergeltung? Auch Vergeltung *durch* Vergebung.

"Der Weltterror liefert die Motive, sich totzustellen in Gott, im Stein, in der letzten Formel." *(Peter Sloterdijk :* "Weltfremdheit", 1993, S. 370) "... zurückgezogen in ein unzerstörbares logisches Asyl" wohnt *P. Sloterdijk* ("Sphären II/Globen" (Frankfurt a. M. 1999, S. 512) "Alle logischen Operationen jedoch, auch wenn sie als gerade Schlüsse beginnen, beschreiben letztlich nur einen einzigen großen Kreis." (510) Logiker gehen im Kreis, Dialektiker im "Kreis von Kreisen", im geschlossenen Kugelkosmos der Ideen, den die "multifokale Moderne" in ein offen unbegrenztes Universum aufbrach, in eine endlose Expansion von divergenten Individualismen. Das offene Explosionsall bildet aber nun keinen klassischen Kugelkosmos mit dem Radius unendlich.

Unerklärliche Klarheit? Reinheit ist logisch, Erfahrung macht trübe.

Wissenschaften wollen die Wahrheit über die Wirklichkeit nicht nur in wechselnden Theorien, sondern auch in wechselnden Erkenntniskriterien, und mit jedem neuartigen Versuchsverfahren hebt eine ganz neue Reihe methodenspezifisch unvergleichlicher Theorie-Arten an, die eher neue

Forschungsgegenstände herstellen als alte besser darstellen. Wird Entdeckungskunst aber immer neu erfunden?

Wahrheit als geistiger Besitz der Seßhaften : Was stets feststeht, wird festgestellt auf dem Festland und nicht er-fahren zur See und im Raumschiff. Ein „offenes Leben" bedeutet die Fleißarbeit, im Eifer der Gefechte einen faulen Kompromiß zwischen Kompromissen und Kompromißlosigkeit zu schließen.

Wer den Mund zu voll nimmt, da er den Hals nie vollkriegt,
wirkt gebildet.

So mancher „Sozialist" erbte vom Edelmann bloß die Faulheit, vom Kaufmann die Wohlhabenheit und vom Blaumann die Unbelesenheit. Mancher schlägt - als ewiger Underdog - die Pfeffersäcke und meint - als ewiger Halbstarker - nur die Erwachsenen.

Mancher Freispruch ist übertriebene Antwort auf übertriebene Anklage.

Gute Deutsche verkehren nie mit Deutschen, die nur mit ihnen verkehren

Soma als Sema und Grab des Schoßes. Freud sah seinen Libidobegriff schon im platonischen Eroskonzept, doch der freudianische *Todestrieb* will im Körper erlöschen, der platonische aber sich vom Körper erlösen. Die eine Psyche will aus ihrem sterblichen Leib heraus, um ewige Lust zu erreichen, die andere ewig die Lust erreichen, um im eigenen Leib zu sterben. Christen sehen das große Ende als selige Vollendung, Freud jedoch jeden Höhepunkt als kleines Ende. Der eine will in *Abrahams Schoß* hinauf, der andere in Urmutters Schoß hinab.
Innerweltliche Weltflucht. Die Urmusik war für jeden Menschenfoetus im Bauch die Stimme der Mutter und das Rauschen ihres Blutes. Musik, die das nachahmt, muß auch später das Himmelschreiende jeder rohen Realität übertönen. Der "objektive Kosmos" wird überspielt von seelischer Gottunmittelbarkeit und später vom konstruktivistischen Subjektivismus technischer Naturbeherrschung.

„Kontakt mit der Umwelt" durch Festkörperberührung, Aneignung, Vermischung, Verwachsung, Vergewaltigung, Flächenüberlappung, Umarmung, Einschließung, Stromzusammenflüsse, Dunstkreisdurchdringung.

Zwischen "theorie-internen" und -externen Termen unterscheidet R. Carnap bekanntlich prinzipiell und sein Schüler Quine, dessen Selbstbehauptung sich von ihm abgrenzt, lediglich graduell. Ist nun der Unterschied zwischen diesen beiden Unterscheidungsarten wiederum prinzipieller Art, wie Quine wollte, oder selbst nur gradueller Art, wie sein Lehrer Carnap glaubte? Oder ist jede Präferenz pragmatisch wählbar, je nach Kontextdefinition? Oder sind beide Alternativen wiederum nur "intern" von theorie-relativer Bedeutung und in Adornos „Kritischer Theorie", sobald jemand nach Watzlawick das paradigmatische Referenzfeld als Ganzes von außen schlagartig umdeutet, primär aus Machtkontexten ableitbar?

Jedes Lebewesen, das auf fast allen Gebieten nur langsam schneller, aber auch schnell wieder langsamer wird, sieht einem Menschen ähnlich. Jedermann behält das Tier in sich, von dem er abstammt, und das muß nicht für jeden ein Affe sein. Es kann auch ein Fuchs oder Esel, ein stolzer Pfau oder armer Wurm sein, und mancher hat eine Meise oder Ameise in sich, die nur andere Leute sehen.

Der Mensch (und nicht nur der Maler) macht sich von der Welt ein Bild. Es ist gut oder schön oder wahr. Man macht sich gar keinen Begriff davon. Aber die Welt selbst stattet uns aus mit einem Sinn für sie - und mit mehr als einem Sinn.

Der nackte Existenz-Grobianismus heute kennt Psychisches nur noch als jähen Interruptus eines konturlosen Dahindämmerns und als panische Diskontinuität. Die Ideologen solch synkopischer Schrecksekundenseelen tun so, als gäbe es gar kein feinstufiges Changieren zwischen zarten Nuancen mehr und keine reiche Orchestrierung auf der Breitenskala zwischen Schock und Schlaf. "Der innere Schrecken gibt dem Dasein seine Größe", schrieb Heidegger 1929 und "Vom Ereignis" 1934 : "Das Seyn ist die Erzitterung des Götterns", also Weltkrieg zwischen zwei faulen Frieden und keine Bestandsruhe zwischen Vernichtungskatastrophen. Für Zwischentöne ist da kaum noch Platz und keine Zeit mehr, denn Provokationspsychologie macht schnell stumpfsinnig.

Qualen oder Zahlen? Realität ist wirklich die Wahrheit über Irreales, doch die Wahrheit über Wirkliches ist selber unwirklich.

2000 Jahre Christentum : Liebe deine Herren und deine Knechte wie dich selbst! Verbirgt der matriarchale "Gott Abrahams, Isaaks und Jakobs" den oft hintergangenen „patriarchalischen" Gott Kains, Ismaels und Esaus?

Verdummte dieser Erde! Früher war der Arme heilig und der Herr Ästhet, heute haben Reiche die Religionen und Werktätige das Wunderschöne.

Du rügst meine Mängel, die du liebst, lobst meine Gaben, die du haßt.

Jeder Mensch darf Egoist sein, damit er auf jugendlicher Suche nach den Quellen des Unrechts in der Welt irgendwann auch auf sich selber stößt.

Verrät man jemanden schon durch das, was man von ihm verrät?
Was fügt *glückswürdiges* Leben dem Bösen zu und dem Guten hinzu?

Du gehst mit dem Kopf durch die Wand : der Klügere gibt nach.
System oder Aphorismus? Immer weniger Formeln sollen ja immer mehr Sachverhalte erklären und am Ende ein einziger Grundbegriff (oder Hauptsatz) das All. Hegel veranschlagte den möglichen Wahrheitsgehalt eines Einzelsatzes als eigentümlich gering. Jede richtige Einzelaussage sei bestenfalls als bloßes Moment im Prozeß der Wahrheitsfindung gerechtfertigt, weniger im Hinblick auf ihre isolierte Sachgemäßheit. Sie überschreite sich in der Richtung auf das nächste relative Urteil von ähnlich partikularer Funktion für diese ganze Wahrheit des Ganzen. Der einzige Einzelausspruch, der den Anspruch erhebt, die synthetische Wahrheit wenigstens über ein ganzes Sachgebiet zu explizieren, das frühromantische Fragment, wurde von Hegel desavouiert als ein prätentiöser Wechselbalg von erfassendem Urteil und umfassender Wahrheit. Eine pointierte Hypothese als Schlußsynthese möglicher Behauptungen und Bestreitungen könnte den dialektisch geregelten Marsch durch alle Einzelmomente hindurch ja verüberflüssigen, ökonomisch raffen oder abschließend hinter sich zu lassen versprechen.

L. Wittgenstein nannte es schon unmoralisch, Unmoral auch nur zu nennen, denn moralisch handle es sich darum, moralisch zu handeln. Gutes *zeige* sich nur in guten, Schönes in gelungenen und Heiliges in frommen Werken.

Nicht die alte Metaphysik ist paradoxer Unsinn gewesen, sondern der analytische Denkfehler des metaphysikfeindlichen 20. Jahrhunderts, sie wie ein logisches Paradox sprachlicher Selbstbezüglichkeit durch *Metasprachen* zu eliminieren.

Wissenschaften passen wie Schlüssel in Schlösser, Weltanschauungen wie ein Arm in den Ärmel und Ideologien wie ein Häftling in die Zelle.

Leidenschaften verflüchtigen vor Wissenschaften und Wissenschaften vor Leidenschaften und Machenschaften, ohne einander zu widerlegen.

Für das überwältigende Geschenk, daß die Frau nur für den Mann da ist (u. u.), dankst du dem Schöpfer am besten durch Erkennen und Anerkennen, daß auf der ganzen Welt für jeden Mann bloß *eine* Frau da ist (und umgekehrt).

Daß jedes Männlein mit jedem Weiblein einst nackt vor aller Augen koitieren wird, weil sie fürchterlich dekadent sind, ist wahrscheinlicher, als daß sie das einst in grauer Vorzeit getan haben, weil sie so schön naiv waren.

Wenn nur ein Gekreuzigter alle übrigen Gekreuzigten dieser Welt retten kann, kann er nicht weniger als ein wirklicher Gott gewesen sein?

Heutige Menschen können nicht mehr glauben, denkt man. Ich glaube, daß sie umgekehrt nicht mehr denken können, weil sie nicht mehr an Aufstieg und Fortschritt glauben und trotzdem nicht an Erbsünde und Sündenfall glauben wollen.

Weil im Leibe nicht auch links eine Leber sitzt, sitzt nicht auch rechts ein zweites Herz auf dem rechten Fleck.

Wenn man Religiöses oft abstoßend und unsinnig findet, dann deshalb, weil Wahrheit oft umso abstoßender und unsinniger wirkt, je wahrer sie ist, ohne daß jeder empörende Blödsinn nun auf Wahrheit hindeutete.

Die Welt wirkt oft so gelungen, daß es verbrecherisch wäre, sie zu ändern, und zugleich oft so verbrecherisch, daß es verbrecherisch wäre, sie *nicht* zu ändern. Weil die heutige Welt zu kompliziert wurde, wirkt der eine Gott zu einfach, und was allen Menschen - außer den Reichen - längst über den Kopf wächst, hat ja deshalb noch nicht viel mit dem Himmel zu tun.

Aphoristiker leben von dem mehr oder weniger begründeten Gefühl, daß zu den meisten Fragen alle Argumente und Gegenargumente bereits bis zum Überdruß ausgetauscht sind und diese ganze Auseinandersetzung in einer einzigen Pointe zusammengefaßt werden könnte, die darauf hinausläuft, daß sich nur praktisch nichts geändert hat. In selteneren Fällen beendet ein aphoristisches Schlußwort Diskussionen, die in Wirklichkeit noch gar nicht stattgefunden haben, und nimmt sie abschließend vorweg, damit sie gar nicht erst beginnen. Viel häufiger aber werden dieselben Streitgespäche und hitzigen Palaver mit ewig demselben Für und Wider ewig wiederholt, ohne daß das irgend jemandem auffällt und ohne ihren paradoxen Schlußpunkt zu finden, in dem sie gut "aufgehoben" wären.
Der späte "Revisionsprozeß ums Naturschöne" in der "Ästhetischen Theorie" suchte das angstlose "Aufatmen im Freien". "Dabei das Wissen um die Genialität meiner Mutter, daß ich ihr alles an Natur zu verdanken habe, aber sie gar nicht als jene empfinde." (Adorno, 46 Jahre) Eigentlich wollte *Teddy* die wortlose Stimme der Natur in die Singstimme seiner Mutter Maria übersetzen, nicht ins Machtwort seines Vaters Wiesengrund oder in das Wort Gottes. *Kracauer* 1960 über Adorno: "... zuerst zertrampelt er alles, dann streicht er es wieder glatt ... Ach, er sieht die Utopie nicht ... Es bleibt alles beim Alten, und im Grunde fühlt er sich recht wohl dabei."

Wer sich keine Freiheit nimmt, dem wird sie genommen.

Strenge Naturgesetze? "Mehr, mehr!" ruft das Kind begeistert nach immer demselben Spiel. Jeden Morgen geht die Sonne auf, und sie bekommt nie genug davon.

Verkenne dich selbst, um wenigstens den Rest der Welt zu erkennen.
Rechte Systematiker rechnen in der Regel mit aphoristischer Ausnahme.

Nur Impotente können sich von der Monogamie eingeschränkt fühlen.

Demokratie heißt, die unwichtigsten Dinge im Leben nur von den wichtigsten Experten erledigen zu lassen.

Machiavelli : ein religiöser Fundamentalist, kein pragmatischer Realist,

Bei den Aktionskünsten und Happenings handelt es sich meist weniger um Handlungen als um Parasiten der von ihnen verachteten Kunstwerke.

Vorsicht vor gesellschaftlichen Änderungen! Genveränderte Menschen späterhin könnten das rückgängig wünschen.

Der Maler kleckst, der Denker sinnt, der Dichter spinnt niemals, um von seiner himmlischen Herzensfülle abzugeben, sondern seine Kopf- und Bauchschmerzen auf gesündere Leute abzuwälzen, um diese als Komplizen in sein rundes Wahnsystem, das er nie verlassen kann, mit einzukerkern und mit seinen Pathologien zu infizieren, auf daß er nicht ganz allein damit sei.

Zeitgemäß unzeitgemäß. Gib jedem freien autonomen Individuum einen Wunsch frei und sein Wunschwunsch wird einer Sozialnorm folgen, ohne das zu merken. Kurz : Wer neue Normen kollektiv normalisieren will, muß sie in freie Willensentscheidungen und individuellen Autonomiestolz verstecken.

Monenda et movenda. Auf seiner Gewinnseite standen bloß die Verlustposten anderer, auf seiner Verlustseite nur die Gewinnposten anderer.

Vielleicht liegt die Wahrheit meist offen zu Tage, nur gut versteckt in Unmengen von Geschichtsmüll, der die Aufmerksamkeit auf sich zieht und zerstreut. Es geht oft nur um die gut zu setzenden Akzente, die rechten Proportionen, den Blick, der das eine Merkmuster aus unzähligen anderen Mischordnungen herausguckt. Worauf es jeweils ankommt, ist ja da und doch nicht ganz da - gerade in seiner Offenkundigkeit versteckt und in seiner Verborgenheit offenbar. Wer zieht die Konturen verstärkend nach und rückt verrutschte Perspektiven gerade? Wer hat das Ohr, die eine Melodie aus dem wirren Stimmentumult herauszuhören, bevor das deutlich Herausgehobene wieder ins Hintergrundsrauschen zurückfällt oder von Nebengeräuschen verschluckt wird? Oder läuft das hinaus auf so etwas wie einen universellen Rohrschach-Test, wo der Proband weniger wiedergibt, was er aus der Welt herausliest, als was er zuvor in sie hineingelesen hat, was also mehr von ihm selbst als vom Rest des Wirrwarrs verrät - und beides in eins?

Kann man eine Theorie beschreiben, ohne die Beobachtungen zu verwenden, durch die sie bestätigt oder widerlegt werden soll, und lassen sich diese Beobachtungen beschreiben, ohne die Theorie zu benutzen, welche sie damit überprüfen sollen? Was sind Logiken wert, welche inhaltlich nicht interpretiert sind und den Status platonischer Ideen gar *nicht* beanspruchen dürfen? Die Riemannsche Geometrie, bevor Einstein sie benutzen konnte, war den Mathematikern wert, voll entwickelt zu werden, und sie entwickelten Topologien, welche ihre physikalische Brauchbarkeit noch suchen. Nicht eine einzige naturwissenschaftliche Theorie umgekehrt konnte bislang durch Carnaps Kunstsprachen axiomatisiert werden. Gibt es nachweislich *un*interpretierbare Logikkalküle, die sich als pragmatisch nutzlos und lebensweltlich irrelevant entpuppen, und doch ihren Sinn bewahren als reine evidente Denkmöglichkeiten und widerspruchsfreie Konstruktibilitäten ohne absehbares wissenschaftliches Anwendungspotential? Denken kann sehr gut sein, ohne für etwas anderes gut zu sein. Schließlich stellt bis heute die Naturwissenschaft einen bevorzugten Profiteur jeder mathematischen Logik dar, doch keineswegs deren Wertkriterium oder gar Geltungsmaßstab. Man kann ja die Kluft zwischen Analytizität und Synthetizität am Ende auch zu sehr einebnen und verwischen.
Bei Pascals "schrecklichem Schweigen der unendlichen Räume" handelte es sich um die Totenstille seiner schalldichten Zelle, denn draußen jubelten wie immer die himmlischen Chöre, doch lacht uns der Kosmos nicht tot.

Kaum jemand hat die Fähigkeit, Böses zu tun, das er nicht für Gutes hält, doch wer ist auch fähig, Gutes zu tun, das niemand schlecht findet?

Jede Biographie fungiert als besondere potentielle Antenne, um aus der Gesamtheit aller kosmischen und auch geschichtlichen Hintergrundsgeräusche gerade jenes besondere Klangmuster herauszufiltern und hörbar zu machen, auf das es ihr ankommt, für das nur sie geboren und sensibilisiert ist, das die Begleitmusik dieses Lebens bildet, der Ton, der ihm vieles zu sagen hat, der als Grundmotiv immer mitzuhören war, aber vom Stimmengewirr der Epochen fast immer verschluckt wurde.

Bei *freiem Denken* handelt es sich heute nicht um die geistige Freiheit von Zwingherren und für eine geregelte Bindung an die Wahrheit, sondern um Befreiung von zwingenden Schlüssen und Argumenten selbst.

Ein irrer Autor schreibt ein verrücktes Buch für irre Leser, und ich, der einzige normale Mensch, verdiene damit Geld, denkt der Verleger.

"Die gegenwärtige Philosophie treibt Mathematik, der Rest ist Schweigen ... die Menschheit stumm zu machen." *(Max Horkheimer,* Brief 1936) Die formale Logik sei destruktiv, weil sie "einfach alle Inhalte der Irrationalität und Kontingenz ausliefert und ihr Sekuritätsbedürfnis an Tautologien stillt." *(Theodor W. Adorno,* Brief 1936) – Na, und?

Idealistische Kritik am Idealismus? Adorno kritisierte an Husserl, der habe von Dingen abstrahierte *Begriffe als das Wesen* der Sache verdinglicht. Adornos Kritik läßt sich metakritisieren durch die Einsicht, daß ein ganzheitlich erfaßtes Wesen erst nachträglich zersetzt wird in begrifflich abstrahierbare Merkmalskomplexe, daß erst die Abstraktion jene Verdinglichung ermöglicht, die Adorno in Husserls "kategorialer Anschauung" witterte. Was er an der Phänomenologie monierte, die mißglückte Rettung des bürgerlichen Idealismus durch falschen Wesenspositivismus, die vermeintliche Verdinglichung begrifflicher Abstraktion von Merkmalen zur kategorialen Wesensanschauung, gilt aber nicht mehr für die "Neo-Phänomenologie" leibhaftiger Affekte und vielsagender Eindrücke.

Sprache, *Haus des Seins:* Bauernhaus oder Freudenhaus des „In-seins", Hochhaus oder Schneckenhaus, und sitzt das Sein in Küche oder Keller? Wenn Nietzsche zum antichristlichen Handeln ermutigt, als wäre noch Mut dazu nötig, laufen ihm die Leser in begeisterten Scharen hinterher, doch wer zum theoretischen Denken ermuntern möchte, wird links liegen gelassen, als wäre das eine sinnlos überanstrengende Spielerei. (Wer praktisch denkt, hat theoretisch gehandelt.)

Survival of fittest. Wahrheit von Urteilen bewährt sich als deren *Angepaßtheit* an die Welt, wie sie ist, aber nicht jede Anpassung ist das einzig Wahre.

Leben heißt, das Mühlrad um den Hals als Schwungrad der Geschichte zu sehen.

Durch Gefahren gut gefahren? Seit Frege die Mathematik auf die dadurch sehr präzisierte Logik angewendet hatte, wirkte es ja immer gewaltsamer, steriler und weiter hergeholt, wenn analytische Sprachphilosophen die vieldeutigen Finessen natürlicher Umgangssprachen in eine "kanonische Grundnotation" von Prädikaten, Klassen und Quantoren zwängten. Quine will Modalitäten aus der Wissenschaft verbannen, und sein Schüler Davidson "eliminiert" ein einfaches Adverb, das die Logik schon inflatorisch aufblähen würde, in dem Satz "x geht *schnell"* z. B. durch die "einfache Paraphrase": Es gibt mindestens ein *Ereignis,* welches ein *"Gehen von x"* ist, und dieses Prädikat "Gehen" hat das Prädikat "ist schnell".

Erfahrungen sind zu meiden. So nennt man seine Schwächen.

Die Waschmittel heiligen den Dreck, und Atheismus heißt heute : Der Himmel hält deinen Aufstieg auf, und deinen Fall ins Bodenlose bremst der Höllenrost.

Eklogisch ist nicht eklektisch. Er hatte genug Schwächen, um dahinter sein bißchen Talent zu verstecken, doch nicht so viele Fähigkeiten, um einen winzigen Schönheitsfehler zu verbergen.

Meine Vorfahren trennte die Trennungsangst ihrer Horden, wie uns dagegen die gemeinsame Bindungsschwäche der Einzelzellen verbindet.

Allgemeine Spezialmetaphysik zeichnet ein Dreieck aus dekalogischem Gott, analysierter Psyche und einer Hinterwelt von Idyllikern und Aphoristikern.

Der Aphorismus ist fromm, nicht weil er Kirchendogmen bestätigt, sondern die Ausnahmen menschlicher Spielregeln, das Unvorhersehbare der Vorsehung.

Fast jedes Animal rationale steht mit einem Bein im Grab (oder Graben), mit den drei übrigen aber im Halteverbot, in den Sternen oder nur in Frage. Wer nicht mit beiden Beinen auf der Erde steht, muß nicht auf Wolken schweben. Er kann auch auf allen Vieren kriechen oder gleich im Bett bleiben.

Wer Schinder nicht selber schindet, sondern wie sich selbst liebt, ist Christ?

Wenn mancher zu lügen hätte,
müßte er die Wahrheit sagen oder wahrsagen.

Sie lief nicht den Männern nach,
sondern dem Ziel, daß die ihr nachlaufen.

Du sollst dir kein Bildnis machen, von was auch immer. Auch wo es kein Selbstbildnis wird, verstellt es dir nur den Blick auf das Abgebildete. Zuweilen passiert wirklich alles, nur nicht das Mögliche.

Knie nie vor der Materie, in die du dich hineinkniest. Du stehst über den Dingen, in denen du drinsteckst, seltener als über den Leuten, die nicht drinstecken.

Mancher nimmt sich die Freiheit, sie zu leugnen, andere fühlen sich dazu bestimmt, ihre Freiheit von allen Be- und Gestimmtheiten zu beweisen.

Da irrte W. Van Quine : Wer wie Carnap auch über Prädikate quantifiziert, ist ja durchaus noch kein Platoniker, der damit bereits die ontologische Existenz solcher Prädikate postuliert hätte.

Was du brauchst, gib anderen, und nimm ihnen, was sie von dir wollen.

Wer läßt sich gern dabei belauschen, wie er andere zu belauschen liebt oder sich gern belauschen läßt (und dabei so tut, als merkte er das nicht)? Wissen ist Macht : Stell dich bewußt dumm, um deine Gewalttätigkeit zu kaschieren.

Darwin 2000. Wer noch da ist, hat seine Fitness bewiesen, und Unangepaßte, die überleben, widersprechen sich irgendwie ein bißchen.

Adam *erkannte* Eva : Wahre Erkenntnis als Liebesglück mit Mutter Natur? Wer ganz in der Sache drinsteckt wie in Mutter Erde, sieht sie und sein Drinnensein nicht von außen.

Versteinerten Verhältnissen ihre eigene Melodie vorspielen? Vielleicht wollte der Philosoph Adorno nichts als eine Gesellschaft verstehen und geändert wissen, die nichts vom Komponisten Adorno hören wollte.

Seine Häßlichkeit entdeckte Michel Leiris durch die Frauen, X. aber durch das vernichtende Urteil, das Frauen über ihn abgeben würden und das er vorwegnahm, indem er sich ihm gar nicht erst auszusetzen wagte. Cioran verachtete die Frauen zeitlebens, weil ihn in der Jugend eine Dirne ausgelacht hatte, aber X. entzog sich ihrem Urteil und erlaubte den Frauen erst gar nicht, ihr Urteil über ihn zu sprechen, indem er so tat, als sei es längst schon gefällt. Sein eigenes Urteil über sich selbst projizierte er in die Frauen, eine ewige Verdammnis, jenseits weiblicher Gunst vegetieren zu müssen. Sein Ressentiment gab vor, auf weibliche Urteile zu pfeifen, und verurteilte die Frauen dazu, ihn gar nicht verurteilen zu können.

Gedanken werden verwirklicht, indem sie zum Druck gegeben werden, und Gedrucktes hat nur verwirklicht, wer sich darüber neue Gedanken macht.

Du verachtest oder vernichtest jeden, der dich bessern will oder den du nicht bessern oder verderben kannst.

Deutsche Weltliteratur ereignete sich um 1800 wie um 1900 zwischen gedanklich überhöhten Gedichten und poetisch ermäßigter Philosophie.

In der mathematischen Logik gibt es laut Hegel "nur unwirkliches Wahres, d. h. fixierte, tote Sätze; bei jedem derselben kann aufgehört werden; der folgende fängt für sich von neuem an, ohne daß der erste sich selbst zum anderen fortbewegte und ohne daß auf diese Weise ein notwendiger Zusammenhang durch die Natur der Sache selbst entstünde." (*"Phäno-menologie des Geistes",* Vorrede) Widerspruchsfreie mathematische Formeln, die je einen Sachverhalt festschreiben, beschreibt Hegel hier wie zusammenhanglose aphoristische Urteile, die allerdings diese Widersprüche schon implizieren, ohne deshalb zu anderen Aphorismen zu führen oder aus anderen Aphorismen zu folgen. Die "dialektische Bewegung des Satzes selbst" durch seinen Gegen-Satz ist der aphoristische Satz selber und nicht erst das Ganze aller auseinander folgenden Sätze über Realität. Das Wahre ist nicht erst das Ganze, wie Hegel ergänzte, aber auch nicht schon jeder ganze Satz - es sei denn, dieser einzelne Satz enthielte seine Gegensätze in sich, wäre also ein Urteil, das sein Gegenteil an sich selbst habe und das Ganze aller Urteile ganz verurteile, wie Adorno voraussetzte.

Der Gnostiker Sartre lebte in Sprüngen und Brüchen, wurde aber deshalb eher ein weitschweifiger Verräter an sich selbst als ein Aphoristiker.

"Philister" hießen Feinde frommer Hebräer
und dann Feinde deutscher Studenten.

Nicht die Idee oder das Leben ist komisch oder tragisch; komisch wirkt nur, alle Wechselfälle des Daseins mit immer derselben Idealforderung zu beantworten.

Auch gesetzte Ruheständler mit Liegenschaften haben noch Lebensläufe.

Regelrechte Spiele mit Spielregeln setzen die nicht matt, sondern voraus.

Je fassadierter die Barbarei, desto höher die Kultur? Kulturpolitik kann die Zahl der Platoniker und Psychologen, aber nicht der Platos und Freuds erhöhen.

Wo es ersehnt wird, ist es verboten, und wo es vorhanden ist, wird es verachtet: Hohes wird verdrängt, in Diktaturen vom Zensor, in Demokratien vom Markt.

Fröhlich wechselten Abwechslung und Einförmigkeit miteinander ab.

"Die kurze Geschichte der deutschen Literatur" von Heinz Schlaffer hält die Religion für einen Irrtum, preist aber einzig jene Literatur um 1800 und um 1900, die ihre Welthöhepunkte nur dem produktiv gewordenen Nachhall und Nimbus des schwindenden Christentums verdanke. Die Kunstreligion als Parasiten eines theologischen Erbes zu erkennen, macht den Autor weder stutzig noch verlegen. Warum hat der Agnostizismus oder gar materialistische A(nti)theismus, wenn er denn eine radikale Befreiung gewesen sein soll, eigentlich bisher keinen Plato, Kant oder Hegel, keinen Bach, Beethoven oder Mozart, keinen Dante, Schiller oder Dostojewski hervorgebracht? Ist die reine Naturkraft Shakespeare so berühmt, weil ihr Sprachwunder allein fast transzendenzlos dazustehen scheint?

"Wenn du im Religiösen bleiben willst, mußt du kämpfen", sagte Wittgenstein. Was aber ist mit dem, der eine Gottesnähe braucht, die Mut nicht fordert, sondern gewährt, und die nicht Kraftwerke verlangt, sondern klare Ruhe schenkt?

Der Verstand versteht (sich auf) alles und jedes,
aber eben nichts anderes.

Bevor du auch nur Zeit hast, dich zu langweilen, ist der Tag schon rum.

Physiker messen (sich meistens an) Mutter Natur, Kulturwissenschaftler nur an ihresgleichen, die Bibel verurteilt Homoerotik *und* Inzucht.

R. Wagner "war immer Dramatiker, aus Kummer über die verlorene Idylle." (L. *Marcuse,* 1963) "Idylle wie aus dem Katalog", "immer derselbe öde Schock". "Noch am ehesten auszuhalten/ war es unter dem Birnbaum / zu Hause." (H. M. *Enzensberger:* "Die Geschichte der Wolken", 2003)

Erkläre mal einem wirklich klugen Menschen, wie klug er ist und du bist.

Hippokratischer Eid : Die Medizin nimmt keine.

Es ist weder die Regel noch die Regellosigkeit, nach gewissen Regeln zu leben, und zu dritt sind wir mehr als eintausend, sagt der gute Familienvater.

Exemplum docet, exempla obscurant : Aphorismen bestätigen, Belegbeispiele widerlegen die besten Spielregeln.

Manch ehrliche Haut spielt zuweilen auch einen Schauspieler.

Hatte er keine Zähne mehr im Mund, weil er sie niemandem zu zeigen wagte, oder konnte er sie keinem zeigen, weil sie alle gezogen waren?

Das Wichtigste an einem Lebenskreis sind oft die Tangenten, die ihn in *einem* Gesichtspunkt tief berühren und nicht schneiden, um ihn dann auf immer zu verlassen. Im Dreiecksverhältnis ist die Größe der Blickwinkel wichtiger als der Abstand.

Leidenschaft ohne Seilschaft? Der Gesellschaftsmensch läßt Leute nur soweit an sich heran, daß er sie nicht allzu schwer auch wieder wegschieben kann, und stößt sie nicht so weit von sich, daß er sie bedarfsweise nicht auch leicht wieder zu sich heranziehen kann, aber unentwegt ziehen und schieben muß er dürfen.

Freie Märkte verdrängen Bestes besser als jede Zensurbehörde.

Wahriationen. Ist ihr Inbegriff eine bloße Abstraktion aus ähnlichen Individuen, oder sind diese Individuen bloße Explikationen aus dem, was im Begriff an Möglichkeiten schon unentfaltet bereitliegt? Und ist eine Gattung, aus der noch gar keine Arten und Einzelheiten ausdifferenziert wurden, dieselbe wie jene, in die sie alle schon wieder zurückgefallen und integriert sind?

"Die Geschichte des Menschen ist ein Abenteuer der Natur", bei J.-P. Sartre das Abenteuer ihrer Vergewaltigung, und diese sah er in jedem Sexualakt am Werk. Nach dem Tod des verhaßten Stiefvaters nahm Sartre seine Mutter, nicht seine Lebensgefährtin, in seine Wohnung auf. Dort sorgte sie bis zu ihrem Tode für ihren "Poulu", der - anders als in seiner Autobiographie - von ihr früh stimuliert und bewundert, vom Großvater aber früh bezweifelt und belächelt worden war. Seine Kindheit habe er nie verstanden, sagte sie beim Erscheinen der "Wörter" von 1964, welche sein Leben nur bis zu ihrer nie verwundenen Wiederverheiratung schildern.

Selbst Spinozas inadäquate Ideen des empfindenden Körpers sind viel wahrscheinlicher als die mathematische Logik des reinen Verstandes, sagt man und will lieber eine fragwürdige Meinung als eine immer wahre Logik.

"Es gibt keinen Gott, Liebste." —
"Dann gibt es auch dich nicht, Liebster."

Klage über die Lage : Kunstwerke sind Komödien über Tragödien oder Tragödien über Komödien. Sie trösten Trauernde oder trauern über Vertröstete.

Ein Schriftsteller, der sich in Schreibklausur begibt, versäumt zwar das wirkliche Leben, hofft aber, dessen Wahrheit in Buchwährung einzukassieren. Alles, worüber er schreiben könnte, verbannt er aus seiner Klause und beschreibt am Ende nur sie.

Er brauchte gesellschaftliche Mißgeschicke, die ihn quälten, bewiesen sie ihm doch willig, daß es richtig wäre, der Welt den Rücken zu kehren.

Der Ur-Dialektiker *Heraklit,* welcher alle Dinge in ewigem Flusse sah, war ein sehr konservativer Adliger. Sein Widersacher *Parmenides* hielt Veränderungen für Illusionen, doch sein Meisterschüler *Zenon,* der die Unmöglichkeit aller Bewegungen bewies, rebellierte gegen Tyrannen.

Den Pulverkaffee auch nie erfunden. Man kann jemanden auch dadurch vereinnahmen, daß man ihn vor allen Vereinnahmungen bewahren will. Menschliche Willensfreiheit heißt, daß an gewissen Punkten der Entwicklung die göttliche Vorsehung vielleicht gar nichts vorhersehen will.

Sieh mal, wie wenig du siehst! Weltoffen heißt ein Mensch, in dem sich mindestens drei Charaktere um Vorrang oder Vormacht streiten und der an den Dingen weder ihre Beschaffenheit noch seine Bedürftigkeit sieht.

Ein junger Mann, der weder so tut, als würde er etwas tun, noch als würde er gar nichts tun, beneidet den, der er mal sein wird, schon heute.

Die Differenz von aktivem und passivem Wortschatz ist nicht nur bei Normalverbrauchern, sondern auch bei Schriftstellern erstaunlich groß.

Der späte Sartre rehegelianisierte Marx und Kierkegaard, Adorno und den früheren Sartre, einen Spätdandy des 20. Jhdts.: "Das Wissen dringt durch uns hindurch und situiert uns, bevor es uns auflöst; wir werden *lebendig integriert* in diese höchste Totalisierung... Auf diese Weise sind unsere Zerrissenheit und die Widersprüche, die unser Unglück ausmachen, nur Momente, die auftreten, um aufgehoben zu werden ... so wird das reine Erlebnis ... einer tragischen Erfahrung, eines zum Tode führenden Leidens vom System absorbiert ... Ohne Zweifel kann man Hegel auf die Seite des Existentialismus ziehen" oder noch besser umgekehrt *(Fragen der Methode, Kritik der dialektischen Vernunft)*. 1940 : "Wenn es irgend eine Einheit in meinem Leben gibt, dann die, daß ich nie ernst habe leben wollen ... niemals, niemals habe ich den Ernst kennen gelernt. Mein ganzes Leben ist nur ein Spiel gewesen..." (Sartre: *Tagebücher,* 1983, Seite 548) Der Vorpubertäre ist nur dort ganz Mensch, wo er spielt, sagt der Schillerianer. Als Sartre fünfzigjährig beschließt, aus seinen infantilen Spielchen aufzuwachen und erwachsen zu werden, wird er gleich Totalitarist, der jakobinischen "Tugendterror" durch "ultrabolschewistische" "Terrorbrüderlichkeit" überbietet und von sozialen Kernfusionen träumt, die auf prä-ödipale Politsymbiosen regredieren.

Von einer Selbstverwirklichung über den Selbsthaß zur Selbstvergesellschaftung: Der Selbstüberschreitungsfuror des jungen Sartre degenerierte im Alter zu einer Selbstaufhebung in die (kunst)werktätige Volksgemeinschaft. Otto Normalverbraucher ist von Natur aus ein Jedermann, Sartre macht sich erst feierlich dazu. Gegenüber jenen, die nie etwas Besonderes waren, bestätigt sich "Poulus" Einzigartigkeit im Alter darin, freiwillig auf sich selbst Verzicht zu tun und „nützlicher Idiot" weniger einer Familie als des Kollektivs zu werden. Ein Vierteljahrhundert später schrieb er aus Ekel vor dem glänzenden "Ekel" von 1938 "Die Wörter", die dort enden, wo der elfjährige Ödipus, der fast ein Jahrzehnt lang mit seiner schönen jungen Mutter allein(s) war, wie sein Intimfeind Baudelaire durch einen neuen Stiefvater von ihr abgedrängt wird, was der kleine "Poulu" verdrängt, wenn er den neuen Stiefvater Mancy hinter dem alten Großvater Schweitzer versteckt. Die verschwenderische Fruchtbarkeit der Mutter Natur erträgt und überbietet die Schreib-Maschine Sartre allein

169

durch seine Graphomanie, um Mutter Anne-Marie einst zurückzuerobern von diesem gehaßten Großbürger.

"Man müßte eines Tages die Geschichte der zwiespältigen Beziehung schreiben, die Sartre seit dreißig Jahren zur Psychoanalyse unterhält und die auf einem Sich-hingezogen-Fühlen und einem *gleichermaßen* tiefgründigen Davor-Zurück-schrecken basiert, und vielleicht müßte man sein Werk unter dieser Perspektive erneut lesen." (J.-B. Pontalis, 1969, in: Sartre, *Situations IX,* Gallimard 1972) Genau das versuchte ich im Essay *"Die Freiheit auf der Couch",* neu abgedruckt in: *"Künste und Wissenschaften als verlorene Paradiese",* Hamburg 2000, Seite 1-28)

Wenn ich doch so denken könnte, wie ich denke!

"Zensur ist die Mutter der Metapher"? Idylliker verteilen die Aphorismen, d. h. geistige Zuckerkrümel oder Pfeffer-Körnchen, als klare, kühle (Be- und Er-)Kenntnisse von Einfallspinseln. Rührt das halbe Elend der geistigen Welt daher, daß Idyllen und Aphorismen nicht ernst genommen werden? Der anderen Hälfte fehlt Heiliger Geist.

Ontologen als Onkologen im Elfenbeinschacht? Auf Gemälden ist gar nicht zu sehen, was ein Künstler sich ausmalt. Nur wer alles weiß, weiß auch, daß er gar nichts weiß, und hat nicht die Zeit, keine Zeit zu haben: Sie werden ihn nicht so schnell vergessen können, wie sie wollen; überleben wird er auf der Müllhalde.

Haben Urchristen den Manichäismus verworfen, weil er die Existenz Gottes aus der Existenz Satans in der Welt schloß? Wenn es Übles gibt, und das Böse existiert ja, muß es dann nicht auch das Gute „geben"?

Unser Wissen wird begrenzt, um unserem Willen Raum zu geben, und jedem Wollen - wie der Wollust - werden Schranken gesetzt, um dem Wissen Platz zu machen, aber gibt es auch Denken, das ein Wollen weder freisetzt noch voraussetzt?

"Ich habe kein Über-Ich", rief Sartre, aber zur Beauvoir : "Sie sind mein Über-Ich." "Es gibt keine andere Erkenntnis als eine intuitive." - "Meine Ideen sind Launen entsprungen." "Sartre oder die Sehnsucht nach der universellen Idylle" der roten Utopie, sagte Camus mit seiner Sehnsucht nach mediterranem Arkadien, die Bernard Lévy als "kosmische Orgie" abtat und den frühen Anarchisten gegen den späteren Totalitaristen Sartre ausspielte : "Eine solche Freiheit ... das Handeln ohne Machen ... als leerlaufende Praxis konzipiert ... ist dem ästhetischen Genuß bei Kant oder sogar der Kierkegaardschen Ironie näher", damit der frühromantischen Ironie einer von Objekten und Affekten "entfremdeten Subjektivität" (Hermann Schmitz). "Der Widerstand Sartres? Ein Scherz ohne Folgen! Eine Schar von verantwortungslosen Intellektuellen, von Phrasendreschern, die keine Ahnung von Untergrundarbeit hatten und sich damit begnügten, Hausaufsätze über das künftige Frankreich zu schreiben." *(Nathalie Sarraute)*

Wenn alles geschichtlich ist, dann auch die "Geschichtlichkeit des Daseins" selbst. Laut Löwith und Camus wird sie verschwinden in der kosmischen Ordnung, ob diese beachtet wird oder nicht. "Mit Hegel ist die Geschichte als Tragödie in die Philosophie eingebrochen, mit Kierkegaard die Biographie als Farce oder als Drama" (Sartre, 1959). "Wenn es eine Geschichte gibt, dann ist es die Hegels, es kann keine andere geben ... Hegel der Gipfel der Philosophie; Marx liefert nur, was er nicht vollständig ausgearbeitet hatte (die Entwicklung des Arbeitsbegriffs), doch es fehlen viele große Hegelsche Ideen. Unterlegen. Danach marxistischer Niedergang. Nach Hegel Niedergang in Deutschland. Heidegger und Husserl unbedeutende Philosophen. Französische Philosophie belanglos. Plumpe neorealistische Philosophie." *(Cahiers pour une morale,* Paris 1983)

Tot ist nicht der Mensch, tot sind Foucault und auch Althusser. Ist der Mensch tot, sind Menschenrechte nur Totenrechte gegen Lebende. Die Lampe glänzt so wenig wie die Sonne.

Julien Benda verwarf die Bergsonisten Sartre, Gide, Bachelard, Merleau-Ponty, Proust, Peguy, Shaw etc., die den Redefluß festhalten gegen das, was feststeht, schalt die "Lehre der modernen Metaphysik, die den Menschen dazu auffordert, den eigentlich denkenden Aspekt seines Wesens gering zu achten und statt dessen den handelnden und wollenden Teil seiner selbst kultisch zu verehren."

"Die Materie ist Notwendigkeit, das Bewußtsein Freiheit." (Henri Bergson) "Das Wesen der Mathematik ist Freiheit", sagte Cantor und meinte wohl die Logik des Konstruktivismus. Geht es nun entweder um die logische Notwendigkeit gegen empirische Zufälle und menschliche Freiheitsgrade oder um logische Spielräume gegen physikalische Gesetzesnotwendigkeiten und moralische Normenzwänge?

Wächst der Baum der Erkenntnis dieses Baums auch im Paradies?

Nur neu Entstehendes stellt fest, was stets feststeht.

Das Leid macht Herren unleidlich und Damen mitleidig? Nur Frauen, heißt es, haben die Idee, an unglücklicher Liebe zu sterben. Unglückliche Männer lassen nur Lieblingsideen sterben.

„Ich habe ein Menschenalter in Frieden aus dem Fenster geschaut ... Ich finde mich kraft Zusammenzuckens zurecht ... Was die Welt im Innersten zusammenhält, ist Raserei." *(Botho Strauss:* "Niemand anderes", 1987) Straussens "Skizze zu einem Schicksal", "Der arme Angeber" u.a. sind Varianten zu Elias Canettis "Ohrenzeugen". Nimmt man die Füllstoffe, die ohnehin keinen Plot stützen, aus Martin Walsers Romanen heraus, bleiben oft solche leuchtenden Stellen der Charakterisierungskunst übrig. Ahnherren dieser Romankondensate und dichten Porträtmalereien waren Theophrast, Gracian und Labruyère.

W. Benjamin : "Nichts langweilt den gewöhnlichen Menschen mehr als der Kosmos" — also das ungesellig Menschenleere. Mancher, der sich in mancher Gesellschaft zu langweilen vermag, hält sich gewöhnlich deshalb schon für außergewöhnlich.

Wieviel Gutes auf der Welt entstammt *keinem* schlechten Gewissen?

Ein Redner, der sich möglichst lang faßt, um auf 300 Papierseiten doch nicht zu sagen, wofür sein Hörer 300 Gesprächssekunden braucht, ist ein Schriftsteller? Ohne Abschweifungen kann niemand beim Thema bleiben, und der beste Weg, weit in der Welt herumzukommen, ist dieses Sitzenbleiben des Autors auf seinen 26 Buchstaben, mit denen auf 200 Seiten ein Top-Thema fruchtbar verfehlt werden kann.

Verstricken, einlassen, einhüllen. "Naturentitäten sind in das eo ipso dunkle Substrat ihrer irrationalen Selbstheit eingehüllt ... Sich mit ihnen einzulassen, heißt sich auch irgendwie mit ihnen subjektiv zu verstricken, sie aus ihrem eigenen dunklen Seinsgrund zu bewältigen suchen."
(*Hedwig Conrad-Martius*)

Hegel nahm geistige Standpunkte nicht so, wie sie sich in den elaborierten Theorien selbst darstellen, sondern wie der Zeitgeist sich erst einmal einen Popanz aus ihnen macht, der an seinen inneren Widersprüchen ganz "zum Grunde geht" und sich dann leichter "aufheben" läßt. Der jeweils wirkmächtige Zeitgeist, der korrigierbare, doch selbstwiderspruchsfreie Realtheorien zu oberflächlichen Weltanschauungen popularisiert, in denen meist unvereinbare Überzeugungen und Interessen koexistieren, kommt dialektischer "Gewaltsamkeit" sehr entgegen. Nicht Hegel, sondern der Zeitgeist tut den wissenschaftlichen Theorien gewaltsam an, was an Unverträglichkeiten dort angehäuft ist, und nicht die fallibel präzisierten Theorien der realen Welt, sondern nur diese Ideologien von Gesinnungen sterben an ihren inneren Widersprüchen. Ihn interessieren gar nicht die Wissenschaften der Natur, sondern die Leidenschaften der Gesellschaft, und dialektisch bewegen sich weder Natur noch Physik, sondern nur ideologisierende Zerrbilder, die sich historisch durchsetzten.

Konzentrische Idyllen lassen sich nur elliptisch erzählen, jedoch elliptisch gedehnte Geschichten nur aphoristisch konzentrieren, und allein Jean Paul war ein Bukoliker und Gnomiker zugleich. Der Roman braucht viel Zeit, um zeitlose Idyllen aufzubauen, und Lyrik kommt dem Idyllen-Ideal oft wohl am nächsten. Hegel hob das "Buch der Natur" durch naturbeherrschenden Menschenwitz hindurch in Staatsbürger-Enzyklopädien auf.

Die Arten sterben vor den Gattungen, und nur du kannst sagen,
daß es eigentlich gar kein Du gibt.

Künstlern scheint es aussichtsreicher, Wörter in den Büchern und Farben auf der Leinwand zu beherrschen als Menschen in der Gesellschaft.

Florieren Humanisten auf inhumanem Humus?

Wenn sein heißer Haß sich nicht seines kalten Herzens bedient, macht sich mancher zum wütenden Werkzeug in seiner kalkulierenden Faust.

"Der bekennt alle sieben Todsünden und verheimlicht, daß er an der linken Hand nur vier Finger hat." (*Gottfried Keller* : "Das Sinngedicht")

P. Eluard sah "le dur désir de durer". George Steiner sagt, "daß abstraktes Denken der wahre Motor bewußt empfindsamen Lebens ist"; er versteht "die Zerstörung aller familiären und sozialen Bindungen im Namen der Kunst und *nutzloser* gedanklicher Konstrukte". "Bisher haben es nur Bücher vermocht, dem Tod zu entgehen." Blumenberg beschwor die "Lesbarkeit der Welt", Borges die "Bibliothek, die das Universum ist".

Ein Mann, der keine Frau aufs Kreuz legen will, ist noch kein Christ, und vielleicht gelingt menschliche Paarliebe so selten, weil sie gewöhnlich versucht wird als Kreuzung zwischen Pflanze und Untier.

Die Tragödie, weiß Schopenhauer, zeigt auf der Bühne, was für ein Trauerspiel das Leben ist, von dem man sich mehr als nur das Zuschauen erhofft und nicht die Finger läßt. Komödien findet der Schopenhauerianer zweideutig : Machen Lustspiele uns nun Lust auf das Leben und Treiben oder sich darüber nur lustig? (Manche machen uns fröhlich lachen, andere eher lächerlich.)

Der *Affekt* ist immer schon beim *Subjekt* - mit dem *Effekt,* daß das *Subjekt* immer schon bei seinem *Objekt* ist. Doch das Subjekt kann sich Affekte ebenso wie Objekte vom Leibe halten und diese *coole* Distanzierung kompensieren wollen durch angedrehte Kollektivideologien.

Druckreif aus dem Stegreif: Manche Krankheit erreicht, was Gesundheit nie bei uns erreicht, doch schon lange nicht mehr, Sünder zu läutern

Mancher wird ein Autor, weil er flüssig schreiben kann, was er mündlich stammeln muß, doch werden Leser sich sagen lassen, was Zuhörer sich *nie* sagen lassen?

Die Idyllik bildet ein Rechteck aus Physik und Logistik, Gnomik und Lyrik, aus Naturpoesie, Aphoristik, Naturphilosophie, mathematischer Logik.

Manche Menschen heiraten, obwohl sie nicht allein bleiben wollen.

Frage dich nicht nur, welche Argumente nun für eine Behauptung sprechen, sondern auch, welche Motive du haben könntest, deren Wahrheit dir zu wünschen : Wird das objektive Beweismittel vom subjektiven Beweggrund gestützt oder verschlungen?

Bien. Wenn unser Bienenfleiß die Industrie überlebt, sind wir schon wertloser als unsere Werke.

Er schrieb keine Bände, aber am laufenden Band, und zerlegte die Meterware dann in handliche Portionen, die er in Buchdeckel einschloß. Bücher waren ihm solche fast beliebigen Portionen vom Bandwarenausstoß, der aus der Schreibmaschine quoll wie eine Endloswurst, die in Einzelwürste zerschnitten, an den Enden abgebunden und abgepackt werden muß, ein *livre fleuve,* ein unterbrechbarer Schriftstrom von Sätzen und Absätzen. Beurteilt ihn bitte nicht nach dem Einzelwerk, das nur ein drucktechnischer Einschnitt ist. Jedes Buch dokumentiert nur die Lebenszeit, die es den Autor gekostet hat, und ist die Fortsetzung des vorigen. Schlage kein Buch zu, ohne schon das nächste dieses Autors aufzuschlagen, statt zur Konkurrenz abzuwandern. Lies Fortsetzungsphilosophien über das Buchende hinaus; mancher hat immer nur an einem einzigen Oeuvre fortgeschrieben.

Mancher Autor kann aus konkreten Situationen allgemeinere Eindrücke und Einsichten abschöpfen, die sich von diesen aktuellen Anlässen aber leider nicht - oder nicht leicht genug - ablösen und auf andere Situationen über-tragen lassen, die in ihrem Wert also stehen und fallen mit dieser idiosynkratischen Quellsituation, welche der Leser jedoch nur durch diesen Autor kennen lernt. Der Leser zuckt dann gewöhnlich die Achseln und sagt sich: Mag ja alles zutreffen, was der gute Verfasser da trocken versichert, doch da ich selber nicht dabei war, kann ich es nicht überprüfen und muß es entweder auf sein Wort hin glauben oder das eben bleiben lassen. Er behauptet, es sei so und so gewesen, und ich kann es ihm abnehmen, wenn ich will oder ihm zu trauen beschließe. Unabhängig von dieser konkreten Situation, die der Autor und nicht sein Leser selber erlebt hat, verliert das Gelesene viel von seinem Wert. Ich kann gerade noch nachempfinden, ob es lebendig klingt, andere Zeugen hätten an Ort und Stelle vielleicht anderes erlebt und zu berichten gewußt, wer kann das schon entscheiden? Es wäre besser, wenn ich die verallgemeinerungsfähigeren Erkenntnisse des Autors situationsunabhängig mit meinen eigenen Erkenntnissen aus eigenen Erlebnissituationen vergleichen und auf Triftigkeit abtesten könnte.

Der *eine Typ* von Mann umwirbt eine Frau so lange, bis die Widerstrebende, fühlbar geschmeichelt von seinen Bemühungen und Opfern, ihn nach ausreichend langer Zeit endlich doch erhört. Es genügt nicht, daß er sich nur hinstellt und wartet, bis sie, betört vom Glanz seiner Persönlichkeit, ihm von selbst in die Arme sinkt. Er muß sie, die einem anderen vielleicht willenlos verfallen würde, erst erobern. Der *andere Typ* kann es sich ohne Anstrengung leisten abzuwarten, bis der vom ihm bevorzugte Frauentyp gleich völlig hingerissen ist. Die Gene oder Komplexe können gar nicht anders, als auf den Reizauslöser einzuschnappen und gerade in diesem Kerl den schicksalhaft zubestimmten Traummann fürs Leben zu wittern, ziemlich unabhängig von dessen eigentlichen Stärken und Verdiensten um sie. Der eine wartet, der andere kämpft, bis er geliebt wird. Die eine gibt sich der Biochemie, die andere dem Hahnenkampf des Verehrers hin.

Dunkle Untiefen der Analytiker, freundliche Weiten der Idylliker, lichte Höhen der Sentenzenschleifer — zufällige Einfälle auf einer unsichtbaren Perlenschnur? Durch die abgerissenen Notizen dieses Buches laufen verborgene rote Fäden, die ihnen nicht gleich anzusehen sind. Die ubiquitären Hegemonien des praktischen und des pragmatistischen Denkens heute, die Kehrseiten der Kontemplationsvermeidungsstrategien, werden da von unterschiedlichsten Seiten aus langsam eingekreist und ausgeleuchtet, um die Einfallsschneise der Sachbezugserfahrung nicht von vornherein zu verengen und solche Verkürzung dann zu systematisieren. Dieser Versuch einer Rehabilitierung des theoretischen Denkens um seiner selbst willen wird locker komponiert etwa nach dem Vorbild von Goethes Alterswerken oder der Aufzeichnungskonvolute von Canetti, Gomez Davila, Handke oder Botho Strauß. In sich geschlossen sind oft nur der Satz oder der Absatz, selten größere Texteinheiten. Die umkreiste Einheit der übergreifenden Themenzusammenhänge und der umgreifenden Stilsubjektivität gestaltet sich beinahe so etwas wie musikalisch oder romantisch. Work-in-progress : Rhythmisch variierte Leitmotive tauchen gesetzmäßig auf und wieder weg, sie spiegeln sich ineinander und vertiefen sich schrittweise aneinander und reichern sich langsam mit Bedeutungsfleisch an.

Sicherer Arbeitsplatz, riskantes Freizeitverhalten. Was Eliten unterhält, ist Kunst, bloße Unterhaltung aber, was Plebiszite für Kunst halten.

Ens et mens. Mensch ist (M)ens(ch). Man macht Geschichte, wo man sie schreibt, wie man Bewegungen *beschreibt* und sie dadurch macht.

Bürger : Die ihre Beschwerden haben und sie an Vater Staat richten.

Westbuddhismus, selbstvergessener Egoismus, narzißtische Selbstlosigkeit.

Brechts "grobes Denken" war auch nur abstraktes Denken, das mit Dogmen über notwendige Differenzierungen hinwegging, obwohl er doch zu Recht lehrte : "Die Wahrheit ist konkret." Wer liefert also, ohne Arbeiter und Bürger falsch zu verbandeln, Proben antikapitalistischen und antisozialistischen, d.h. eines proletarisch konkreten *und* groben Denken?

Gewohntes wirkt natürlich und Neues künstlich, doch Neues kommt immer als Natur, vor der das Alte künstlich wirkt.

Später werden Kinder wissen, was heute nur Gelehrte lehren, die aber nicht einmal mehr wissen, was früher jedes Kind wußte.

Affekte sind keine Erlebnisse, sondern eher noch Erlebnisverhinderungsmittel. Ihre hinreißende Macht erlaubt dir, gewisse Dinge nicht sehen zu müssen. Umgekehrt entlasten die Beobachtungen und Überlegungen davon, von überlegenen Gefühlen überwältigt und verwirrt zu werden.

Wer sich selbst besser kennen lernen will, nehme seinen erstbesten Gedanken, und wer die Welt besser kennen lernen will, nur seinen hundertsten Gedanken. Menschenkenner sind oft ohne Selbsterkenntnis u. u.

Allzu originell Gescheites und bereichernd Gewagtes wird nicht nur als "übertrieben" und "einseitig" abgetan, wie Adorno monierte, sondern auch als zu überspannt und verschroben. Romano Guardini widmete dem einen kleinen Aufsatz. Ich möchte ja wissen, wie vieles von dem, was das Bestehende transzendierend "übersteigt", als "verstiegen" disqualifiziert zu werden pflegt.

Widerspruch? Nichts kann zugleich sein und auch nicht sein, doch jeder zweite Mensch ist eine Frau und jeder zweite Mensch ist *keine* Frau.

Mit dem, was der Mensch noch gar nicht weiß, ließen sich ganze Welten schaffen, ob er selbst darin vorkäme oder nicht.

Gegenteil von unsichtbar ist undurchsichtig, wer will nicht beides sein?

Verstehen wir Realitäten, sobald wir ausdrücken können, weshalb unsere Erwartungen gar nicht anders konnten, als enttäuscht zu werden? Versteckt sich die Welt nur vor dem nicht, der sich vor ihr versteckt, und zeigt sie sich dem einsamen Lauscher oder der verifizierenden Trampelhorde? Weißt du, um zu urteilen, genau genug, wie ungenau ich urteile? Als Kind wußte und konnte ich vieles noch nicht, als Erwachsener kann und weiß ich vieles nicht mehr.

Der nötigste Lehrer gibt dem Schüler zu verstehen, er sei nicht nötig.

Ich kritisiere dich, aber nicht weil, sondern damit du Fehler machst, und lobe deine Schwächen, damit du besser wirst.

Herrsche über Bettler oder bettle beim Herrscher — sagt er.
Wer versteht, was er erklärt, ist klarer, als wer erklären kann,
warum er versteht.

Auch moderne Ehepartner werden sich einig - gegen Paartherapeuten.
Sie verstehen gar nicht, wie er sie beide so mißverstehen kann.

Geistig wachsen heißt immer unwissender werden,
d.h. immer mehr seiner eigenen Irrtümer durchschauen.

Ausnahmslos alle Menschen sind sterblich, und das ist noch eine vorsichtige Schätzung. Eine Ausnahme kann die Regel noch seltenerer Ausnahmen und manches Naturgesetz der Sonderfall noch universellerer Regeln sein.

Privat- und Intimsphäre wird immer häufiger ein Eingriff ins Familienleben. Auch der Charakter spielt eine Rolle, wie ein Dieb, der nicht stiehlt

Lerne inskünftig, ohne Zukunft zu leben. Man kann einer Sucht durchaus Herr werden, aber was die Sucht besiegt, wird oft selber dazu.

Ein Autor kann sich nur erschreiben und nicht beschreiben, doch kann ein Leben gelingen durch großartige Beschreibung seines Mißlingens?

Benjamin verstand "Kunst als Statthalter der Utopie", der Zukunftsidylle. Wer aber versteht sie als Statthalterin der Idylle, der verwirklichten Utopie von vorgestern?

"Tod des Subjekts" oder "Tod dem Subjekt"? Wollen diese Devisen nur eigene Subjektivitätsdefizite der Autoren normativ aufwerten, und fungiert diese Renormativierung der Desubjektivierungstendenz als Selbstlegitimationsprogramm der grassierenden Ichschwäche, die aber den subjektiven Selbstbehauptungswillen ja schon voraussetzt, den sie hartnäckig leugnet?

Wer andere opfert, macht weder sich noch sie zu Helden.

Tatkraft hält sich oft für Willensfreiheit
und Willensfreiheit für Gedankenfreiheit.

Köpfe fallen wie Zöpfe. Was erwartest du von einer Sache, der du nichts geopfert hast oder die dich zu nichts zwingt, und wer ist dem Tode näher, als wer seine Zeitgenossen überholt hat? Realismus ist die höchste Form der Selbstüberschätzung oder deren Synthese mit der Selbstverleugnung.

Es gibt soziohistorische Individualitätsformen, wie der Einzelne das Kollektiv immer neu in Einzelheiten zerlegt und die Geschichte anhält.

Wissenschaften haben feste Wahrheitsziele und sind doch immer nur unterwegs, Kunst ist Selbstzweck und erreicht doch fertige Werke.

Einer hat Charakter, d.h. sich vom breiten Trampelpfad nie weggetraut.

Kain erschlug Abel und nicht Adam. Gegen Freud spricht, daß es noch keinen Mord gab, als Menschheit erst aus drei Personen bestand.

Gott machte den Menschen nach seinem Bilde und befahl ihm dann, sich kein Bild zu machen.

"Mutter Natur schlägt im Menschen die Augen auf." Und wenn sie wieder einschläft? Ist der Alptraum nicht auch der Hüter des Schlafs?

Ent(b)ehrung. Ich mache Gebrauch von dir,
zur Strafe für die Demütigung, daß ich dich brauche?

Liebe: Kraftbrühe schöpfen daraus, daß Gewaltlosigkeit uns überwältigt.

Befürchte das Schönste. Romantik heißt auch, daß der Held die Unmoral seines Erzählers beklagt, der die Moralpredigten seines Helden liebt.

Männer unterscheiden sich auch darin, daß sie loslegen,
wenn die Frau oder der Frau danach ist.

Komm dahinter, was da vorgeht, versteh darunter, darüber zu stehen.

Theorie ist die beste Praxis. Mach dir ein richtiges Bild von der Welt und sie richtet sich nach deiner Einbildung, doch dein Bild von der Welt stimmt auch, sobald sie deinem Willen gehorcht.

Für Hegel war die Kunst seiner Zeit schon nicht mehr die gültige Gestalt der Wahrheit, weil weder die Idee in sinnlicher Verkleidung noch die Sinnesfülle als bloßes Geistesgefäß in ihrem Element sei. Die Romantik in ihrer Trennung und Vermischung von Sein und Bewußtsein spreche die

Wahrheit über die Kunst aus. Aber wie, wenn auf der Entwicklungsebene nicht nur der Kunst, sondern auch der Religion und Philosophie seit Hegels Tod diese Auflösung von Welt und Wert, ens und mens, von Gefühl und Gedanke, Individuum und Allgemeinheit längst geschehen ist und wenn deren Versöhnungen als giftige Idyllen und ideologische Zwangsharmonisierungen diskreditiert wurde?

Sozialismus war der Tumor, für dessen Heilung er sich hielt, und Marx war ein ebenso guter Diagnostiker wie schlechter Therapeut. Seine Schüler machten das Krankenhaus zum Zuchthaus oder den Patienten kalt. Der größte Bürgerschreck war im Übrigen seit alters her nie der Avantgardekünstler, Kaderkommunist und Salonsozialist, sondern der Hirtennomade.

Der systemtheoretischen Komplexitätsreduktion Luhmanns werden besonders viele Begriffssubtilitäten und terminologische Distinktionen nachgerühmt. Ist die Systemtheorie denn selbst jene schreckliche Vereinfachung, über die sie spricht? Erzeugt sie also nur sich selbst und spricht mehr über sich als über die Umwelt? Reduziert nicht schon ein jedes Begreifen die komplexe Hierarchie seiner Unterarten und Einzelexemplare auf einen einzelnen Oberbegriff, der sie abbreviiert, und enthält er alles aus ihm Ausdifferenzierte aktual oder potential in sich?

Unser Gedächtnis enthält mindestens ebenso viele unbewußte Phantasien wie umgekehrt unsere Einbildungskraft auch unbewußte Erinnerungen.

Theoria tou kosmou" (Aristoteles). Du preist die Götter, indem du sie um Hilfe rufst, und betest um ihre Gaben, indem du für sie dankst.

Geistesblitz schlägt in Elfenbeinturmspitze und heizt die Bestimmung an.

Meta-ldylliker Seneca und Schopenhauer? Studiere nicht die *Natur* - in ihr war einst zu viel und ist heute zu wenig zu *entdecken*. Studiere nicht die *Kultur* - in ihr war einst zu wenig und ist heute zu viel zu *erfinden*.

Politik ist die bloße Magd der Wirtschaft, heißt es. Aber trägt sie ihrer Herrin nun die Fahne und Lampe voran oder die Schleppe nach?

Jeder verdeckt andere auch durch die Blößen, die er sich gibt.

Mein Selbstbewußtsein hat deins und dein hat meines als "sein Anderes" an sich: Die einschließende Individualität vereinigt als "Drittes" die ausschließende Individualität und die einschließende Allgemeinheit. Doch H. Schmitz verschweigt, *warum* Hegel immer wieder zurückfiel in die gleichsam aphoristisch zweipolige Dialektik von übergreifender Allgemeinheit und abgesonderter Besonderheit, obwohl er seit der "Phänomenologie" doch eingesehen hatte, daß es um die "idyllische" Reintegration von aphoristischen Satiren und deren idyllischen Synthese geht?

Ein Thomas von Aquin schreibt, "daß das tätige Leben (vita activa) dem kontemplativen Leben (vita contemplativa) nicht unmittelbar Weisung gibt, vielmehr schreibt es einige Werke des tätigen Lebens vor, indem es für das kontemplative Leben vorbereitet; darin dient es eher dem kontemplativen Leben, als daß es darüber herrscht. Und das meint Gregor: "Das tätige Leben heißt Knechtschaft, das kontemplative aber Freiheit." "Das Wesen der Glückseligkeit besteht in intellektuellen Akten." ("Summa Theologiae")

Wer nicht zu seiner Privatsache kommt, kam noch nie zur Sache.

Seine Bücher waren von der Art, daß sie an Wert gewinnen, wenn sie ungelesen bleiben, und er hielt es für ausreichend, sich einer schöpferischen Verzweiflung hinzugeben.

Wir leben in der Gegenwart, wie die Zukunft ihre Vergangenheit noch vor sich hat. Früher erinnerte man sich noch an Früher, und Geistesgegenwart war Zukunftsmusik.

Hegels Philosophiegeschichte übertrifft die Bedeutung seiner Geschichtsphilosophie und seine Ästhetik auch seine Religionsphilosophie.

Kunstliebhaber sind heute Leute, die sich gern Dinge ansehen, die dabei unsichtbar bleiben : Das Schöne ist das Ganze in seinen Teilen, das Gute das kleine Teil im großen Ganzen, und die Bewährung jeder Einzelheit ist seine Ergänzungsfähigkeit. Was durchsichtig ist, ist deshalb ja noch nicht durchschaut.

Unentschiedenes wird durch Wiederholung weder wahrer noch falscher. Tragödien sehe ich ganz gern im Theater: Sie zeigen mir, wie nötig es ist, sie im Leben zusammen mit den Farcen zu meiden. Gute Trauerspiele begeistern für Resignation schon vor allen eigenen Erfahrungen.

Wer sich fallen läßt, drückt auch aufs Tempo.

Die einen arbeiten fast ehrenamtlich unentgeltlich, die anderen bereichert ihr Müßiggang, doch Reiche können sich ihre Gegner aussuchen, Arme nicht einmal ihre Freunde.

Sonnig (Gemüt), heiter (Beisammensein), freudig (Wiedersehen), froh (Fest), fröhlich (Gesang), ausgeglichen (Bilanz), beschwingt (Tanz), erhebend (Gefühl), gehoben (Stimmung), erhaben (Augenblick) ... gesund und munter.

Klassische Grunddisziplinen der Philosophie

| *Plato / Hegel:* | Logik | Natur | Geist |
| *S c h ü t t :* | Logistik | Naturpoesie | Moralistik |

(Hegels „Enzyklopädie" Teil III behandelt unter "Geist", Synthese von Logik und Natur, systematisch manche Themen der unsystematischen Moralistik. *Subjektiver Geist:* Gefühl, Empfindung, Phantasie, Seele, Sprache, Gedächtnis, Denken, Verstand, Vernunft, Bedürfnis, Willen, Erkennen, Wissen etc. *Objektiver Geist:* Recht und Moral, Sitten und Institutionen, Macht und Geld, Staat und Gesellschaft etc. *Absoluter Geist:* Kunst, Religion, Philosophie, Weltgeschichte...)

Im Schrebergarten Epikurs träumt niemand vom Garten Eden.

Das Licht offenbart uns in aller Klarheit nur die Dunkelheit und die Verborgenheit der Dinge, auf die es fällt, ohne daß deren wahres Wesen nun gleich durch schwarze Finsternis enthüllt würde.

Wer meine Untaten verurteilt, sagte der Täter, irrt und straft einen Irren.

Kulturbetrieb heißt, die nicht offenbare Wirkung einer Größe durch die Größe einer öffentlichen Wirkung zu ersetzen.

Hermeneutik. Gadamer legte den sklavenbedienten und demokratiefremden Aristokraten Platon aus, nicht das Wort Gottes.

Kunstwerke können zeigen, auf welche Gedanken ein Gefühl kommt und welche Gefühle ein Gedanke auslöst, in lebendigen Situationen.

Sein Biograph *Karl Corino* schrieb 2003 über R. Musil, "daß die späteren Lebensjahre Werk gewordene Neurose sind." Das gilt ebenso für Kafkas "Prozeß" oder für Prousts Suche nach der verlorenen Kindheit : Vom Lustmörder Moosbrugger zur verblödenden Inzucht mit der Zwillingsschwester. "Ist ein Gedankenroman schlecht, wenn seine Gedanken schlecht sind?" (Musil über Brochs "Schlafwandler" und den "Mann ohne Eigenschaften", der ehemals "Der Mann ohne Gefühl" hieß, aller affektiven Ergriffenheit reflexiv entfremdet - in der frühromantischen Tradition von Fichte, Stirner, Novalis, Nietzsche und Wittgenstein. (s. Hermann Schmitz: "Selbstdarstellung als Philosophie", Bonn 1995) Musils Held Ulrich, der Sohn einer Preußin und eines Österreichers, dem mit eigenen Gefühlen "die innere Identifikation fehlt", ist ein hysterischer Charakter, der ungerührt auf emotionalen Klaviaturen spielt, und ein *"Falschmünzer"* mit Gides "actes gratuits de l´homme disponible". Ulrichs Vorläufer *Anders* "begehrte nicht als Mann nach der Frau, sondern als Frau ... Liebe als Schwesterlichkeit." Das Kind Musil soll sich in der "Kittelzeit" gern als Mädchen gefühlt haben. Der fast transsexuelle Autor sah sich zwischen einem "klaren", weich timiden Vater, der in seinem Sohn reüssieren wollte, und einer "verwirrt" energischen Mutter, die seinen Willen brechen wollte. Musil schämte sich der Unterwürfigkeit seines Vaters vor geistig subalternen Vorgesetzten und war unleidlich eifersüchtig auf den vom Vater geduldeten Cicisbeo der Familie. Starr verschlossen teilte er ihnen nichts mit und wollte nichts mit ihnen teilen. Agathes Gatte Hagauer (= Pädagoge Kerschensteiner) in der austro-borussischen "Parallelaktion" des Romans denkt übrigens so genau, wie ihr Bruder Ulrich - gleich dem verwirrten Kadetten Törleß - nur für Genauigkeit schwärmt. Das „kakanische Generalsekretariat der Genauigkeit und Seele" ist ein Bastard. Ein Gedicht von 1923 sollte schon "in nucleo den Roman" enthalten und spricht von der ägyptischen Göttin Isis, die das Geschlecht ihres Sohnesgatten Osiris verschlingt und ihm dafür ihr eigenes Herz in die Wunde legt, bevor sie flieht. Musil verschweigt, daß im Mythos die Zwillinge Isis-Agathe und Osiris-Ulrich sich schon im Mutterleib begatten, daß Osiris von seinem "bösen" Bruder Seth (in der Bibel der "gute" Zweitbruder Kains, der Abel ersetzen und die Kain-Linie verdecken soll) aus eifersüchtiger Machtgier getötet wird und postum seinen falken-köpfigen Sohn Horus zeugt.

In Musils "Mann ohne Eigenschaften" fand Adorno "trotz eines gewissen Widerstandes sehr schöne und bedeutende Sachen", etwa die Satire auf Klages, aber "weniger sitzt die Agathe, und schade ist das Durchwachsensein mit einer unzulänglichen, amateurhaften philosophischen Theorie, die ungefähr so viel taugt wie die poetischen Ergüsse mancher Philosophen." (28. 11. 1933, Brief an Alban Berg) Der *Ingenieur der Seele* dilettierte positivistisch bei Mach, transzendental bei Emerson, vitalistisch bei Nietzsche etc. und suchte seinen analytischen Eifer durch ganzheitliche Gestaltpsychologien notdürftig zu korrigieren. "Die tiefsten Grundlagen der Mathematik sind logisch ungesichert" ("Törleß"), da die Axiome beliebig wählbar seien. Das Riesenromanfragment führt erst eine humanistische "Parallelaktion" aller Kulturkräfte zur Rettung der Habsburg-Monarchie satirisch ad absurdum und sucht dann die Keimzelle einer besseren Gesellschaft in keiner Familie mehr, sondern in der "ekstatischen Sozietät" eines Geschwisterpaars, das in einem neuen Garten Eden jenseits aller Konventionen, hart am Inzestvollzug vorbei, "andere Zustände" herbeimeditiert, die sich dann aber erst im 1. Weltkrieg "lebensfähig" realisieren. Oft mystifiziert Musil, statt aufzuklären.

Musils *experimentell motivierte, induktiv essayistische Lebensutopie voll offenem Möglichkeitssinn,* der nietzsche-epigonal sich auf nichts festlegen und schwebend für alles verfügbar bleiben möchte, mündet nur in Krieg und Inzucht, bei mildem Verständnis für Mord (Moosbrugger) und Wahnsinn (Clarisse alias Alice Charlemont). Die christliche Nächstenliebe heftete sich hier nicht an den nächstbesten, kontingent unbevorzugten Fremden, sondern an den nächsten Blutsverwandten. Die folie à deux exaltierter Geschwisterfreundschaft als Ausflucht vor natürlicher Geschlechterliebe: Eine Art "Vorstufe der Geschwisterliebe" zwischen Amateurphilosoph Ulrich und leiblicher Schwester Agatha war die seltsame Vorliebe für kleine Mädchen und unreife Kindfrauen. Verbirgt sich in der blassen Schwester Agathe die Mutter Hermine und/oder die Gattin Martha? "Martha... ist etwas, das ich geworden bin und das ich geworden ist ..." (Tagebuch, 1910). Verbirgt der *ganz andere Zustand* einer erotischen *unio mystica* zwischen Groß-Hansel und Klein-Gretel nur einen Inzesttraum zwischen Vater und Tochter?

Hier verbinden und verbünden sich jedenfalls nicht Mann und Frau oder Mann und Mann, sondern bloß Brüderlein und Schwesterlein. Je *ekstatischer* er nun phantasiert wird, desto weniger muß solcher Inzest noch leiblich vollzogen werden, der die Entfremdung eher verstärkt als aufhebt. Alle Menschen sollen Brüder werden, aber die Menschheitsverbrüderung bringt es nur noch zur lebensängstlich sterilen Blutsbrüderschaft, die sich noch viel schöpferischer und fruchtbarer dünkt als jede Ehe. Der gute Nietzscheaner Ulrich gründet keine eigene Familie, sondern bleibt gleich bequem in der Familie, der er entstammt, wie der wahnsinnige Nietzsche bei seiner Mutter und seiner Schwester Elisabeth unterkroch. Der regressiv „*andere Zustand*" der Liebe zum inzestuös Nicht-ganz-anderen bleibt in der Familie, von der er gar nicht genug kriegen kann, obwohl es ihm dort angeblich zu viel wird. Seine Mutter hatte den jungen eifersüchtigen Törleß-Robert in die Militärschule gesteckt, als er ihre Ehebrüche mit dem Hausfreund schlechter vertrug als sein eigener sanfter Vater. Valéry bestimmte Kunst als genaue Bestimmung dessen, was an den Dingen ungenau und unbestimmt ist, und dem hätte Musil wohl zugestimmt. Rationale Zergliederungen voller Ganzheiten sind durch mythoman abgekapselte Privatsprachen allzu guter Geschwisterbeziehungen aber nicht mehr heilbar.

Einerseits ist die eigene Ehefrau für passionierte Ehebrecher immer zuwenig, andererseits lieben die in jeder Freundin nur die kleine Schwester und in jeder Schwester eine Gattin. Die regressive Geschwistersymbiose zwischen Ulrich und Agathe, irgendwo zwischen der Einsamkeit des autistischen Ego cogito und der Zweisamkeit des Liebespaars, gleich weit entfernt von Onanismus und Homo-Erotismus, assoziiert sich nicht zufällig mit nekrophilen Phantasien einer *nature morte,* eines Stillebens aus mors et mare, mer et mère. - (Siehe "MoE", § 54: "Es ist nicht einfach zu lieben", vor Musils letzter Formulierung des euphorisch *anderen Zustands* in § 55: "Atemzüge eines Sommertags": Blütenschnee fällt vom

Baum der Erkenntnis im brutwarmen Kindergarten Eden). Psycho-Inzest ist zum ebenbürtig gleichberechtigten Gegenüber gerade nicht jene lebendige Beziehung, die sie weit über aller konventionellen Sozialität gern sein möchte, und die Zuständigkeit der Psychoanalyse für *andere Zustände* wird ängstlich forsch abgewehrt. (Der Analytiker J. Cremerius hatte dieser durch selbstgestrickte Gefühlspsychologie rationalisierten Abwehr einmal einen PSYCHE-Aufsatz gewidmet.) Ist es ein Zufall, daß die Geschwister erst nach der Beerdigung des Vaters ihre „*anderen Zustände*" zwischen Verbrechen und Psychose erleben und kultivieren? Ich und Welt : ein siamesisches Zwillingspaar ohne exogamische Perspektiven? Alle Menschen sind Brüder, das heißt hier : Geschwister allein sind Menschen. Als der Weltkrieg ausbricht, kommt Clarisse, die unglücklichere Agathe, endgültig ins Irrenhaus. Die "Mond-strahlen bei Tage" ("MoE" § 46) wollen, ähnlich wie auch Hofmannsthals Chandos-Brief, die "taghelle Mystik" eines *individuum ineffabile* gegen die christliche "Schleudermystik" ausspielen, obwohl eine Mystik ohne Gott ja nicht viel mehr als ein schwarzer Schimmel wäre. Nietzsches Grenzen sind auch Musils Grenzen, und wer sich so tief in Nietzsches Schatten stellt, übernimmt auch dessen postmoderne Züge, durch schwebende Reflexionen von objektiven Fakten und subjektiven Affekten lebenslang entfremdet zu bleiben und keine überwältigenden Gefühle wirklich folgenreich bindend auf sich wirken zu lassen. ("Atemzüge eines Sommertags" haben, wie viel-fach bemerkt, ihr Vorbild in Nietzsches "Der Wanderer und sein Schatten".)

Viele bestreiten den Unterhalt damit, daß sie Wahrheitsgehalte bestreiten

Ins Gottesreich kommt mancher (Geist-)Reiche und nicht jeder Arme.
Seit wann zeigt das Fernsehen gar keine Schauspieler mehr, die reale Menschen simulieren, sondern fast nur noch lebende Personen, die TV-Figuren imitieren?

Übl(ich)e Statik. Massen, die im Gleichschritt marschieren,
brechen Brücken vor und hinter sich ab.

Der Mensch soll wohl handeln, aber nicht Gottes Schöpfung verderben, sondern stets seine eigenen Werke verbessern, die ihn von der herrlichen Schöpfung trennen.

Not erfindet auch Notlagen.

Kultiviert wirkt, wer direkte Gesetzesverstöße als individuelle Ermessensspielräume zu verkaufen versteht, aber hast du es nötig, deine Widersacher zu verehren, um die Größe deines Herzens zu beweisen?

Hat der Existenzphilosoph Sartre seine eigene Existenz (und meine) nur erfunden?

Arno Schmidt wie Friedrich Hebbel verstanden in Stifters "Nachsommer" nur wörtlich, was dasteht, und die leidenschaftlich ausgesparten Leidenschaften nicht mitgelesen - und sich gelangweilt. Man muß aber, um ihn zu genießen, beide Lesarten Stereoskop zugleich im Blick behalten, weder nur die öde Aufzählung musealer Bildungsgüter noch allein die demonstrativ überpräsenten Absenzen der Affekte.
Wer eine Kultur hat, schließt jede andere aus, wer keine hat, jede andere ein - in sein uneigennütziges Interesse. Welche sozialpsychologischen Werke werden Kinder aus Patchwork-Familien mal schreiben?

Die große Grundeinheit zergliedert sich ja nicht immer breiter und weiter und feiner. Konkrete Gespräche bilden eher die Synthese von Widersprüchen, die sich analytisch zerlegen in Allgemeinbegriffe, die einander abstoßen, bis das geistige All einen Urknall hat.

Das Individuum verzerrt die Gesellschaft wie die Geschichte die Ideen

Gibt es auch eine Vergänglichkeit schlimmer
und eine Ewigkeit schöner Dinge?

Verstand hat, wer den eigenen Automatismus, Methodenschematismus und Prinzipienapparat nicht automatisch, jedoch prinzipiell durchbrechen kann. Du sollst die Wahrheit sagen : es ist sogar moralisch recht, logisch folgerichtig zu schließen.

Universalienstreit. Plato erinnert (und Kant erdichtet) die Idee, Spinoza erklärt die Substanz, Hegel erfaßt den Begriff, Husserl erblickt das Wesen, Marx erobert die Allgemeinheit, Heidegger erleidet den Gedanken, Sartre erschafft seine Quintessenz, das Leben erhält seinen Sinn, erhebt sich zum Abstrakten und erarbeitet ein Konzept.

Wissenschaft und Technik machen das Leben leichter und sich geistige Schwierigkeiten zu leicht. Tiefe haben nur die Niederungen, und das Dasein wird leichter als Luft.

Jeder weiß mehr vom Menschheitswissen als dieses vom All, steht aber vor der Gesellschaft oft hilfloser als diese vor dem Kosmos.

Taugt kulturlos freie Gesellschaft mehr
als auf Sklaverei gebaute Kultur?

Das Beste im Menschen war immer ein gutes Essen —
das durch ihn im Mitmenschen ist.

Vergängliches erheben wir zum Veränderlichen, und was uns stört, ersetzen wir durch neues Verbesserliches, damit uns keine unwandelbare Unverderblichkeit gefällt.

Der Stolz, sich allein der Wahrheit zu beugen oder seinen Herren, läuft nicht auf den gleichen Gehorsam hinaus.

Flieht man Nötigungen nur, um dann Notwendigkeiten zu huldigen?

Wenn es stimmt, daß Reiselust eigentlich etwas für Seßhafte ist, muß der Studierstubenhocker ein Nomade sein.
Muß Geist, der nicht von Lebenden lebt, auch sterben?

Alte bestaunen die Kräfte und Taten der Jungen, Junge bestaunen die Worte und Werke der Alten — neidvoll hämisch.

Not kettet an Alltägliches; leider nötigt sie uns nie zu *letzten Dingen*.

Frauen wollen inzwischen alles, was Männer auch können, nur nicht mehr, was Männer *gar nicht* können, welche ihrerseits nichts wollen, was Frauen können, außer dem einzigen, das Frauen aber *gar nicht* mehr wollen.

Der westliche Staat garantiert uns auch das Recht auf Gleichgültigkeit gegen ihn.

Christ und Aufklärer wollen uns beide von jeder Sündenlast befreien, der eine verteufelt sie und sagt, es gab sie immer, der andere leugnet sie und sagt, es gab sie niemals. Der eine erlöst von dem, was der andere auflöst. Problemlösungen sehen anders aus.

Wie viele Menschen muß ein Chirurg in seinem Leben aufschneiden, nur um sich die Gewißheit zu verschaffen, daß der Eingriff unnötig war?

Man kann noch denken, wenn man nicht handeln kann,
doch kaum handeln, wenn man nicht denken kann.

Nun war der Mann - trotz seiner Kinderlosigkeit - doch noch (wie) sein eigener Vater geworden, weil er sich eine Lebensgefährtin wählte, die so psychotisch war, wie es seine Mutter für diesen Vater gewesen war...

Formel Eins. Mit Lichtgeschwindigkeit auf der Stelle treten, auch wenn es die eigene Arbeitsstelle in HighTech-Fabriken ist? Seltsam, daß gerade die Mathematik, das Reich der zeitlos unumstößlichsten Gewißheiten, zum Motor wissenschaftlich-technischer Fortschrittsdynamik und damit der gesellschaftlichen Dauerverunsicherungen wurde. Umgekehrt bleibt alles sich umso mehr gleich, je mehr es sich ändert: Statik durch Hektik.

Ein Gefühl ist der Verstand für Erschütterungen,
der Verstand ist das Gefühl für Unerschütterlichkeit.

Wer seinen Erinnerungen lebt, hat weniger Gemeinsinn, denn eigene Erinnerungen teilt man selten mit seinem Nächsten, und wer alles von der Zukunft erhofft, setzt auf die Allgemeinheit, denn die vage Zukunft ist nicht sehr konkret.

Man müßte zwischen den *(aphoristischen Halb-)Zeilen* lesen lernen. Meine ganze Wahrheit ist nicht mehr als die Summe der leeren Lücken zwischen einigen Sentenzen. Zwischen der naturwissenschaftlichen Welt bizarrster Quantenkosmologien und der kulturwissenschaftlichen Welt gesellschaftlicher Gemeinplätze verschanzt sich mein gnomischer Mittelweg : bizarrer als Psychosozialbanalitäten, doch menschennäher als Atomarchitekturen. Der Aphorismus verbindet die Extravaganz teilchenphysikalischer Formeln mit der Alltagsnähe sozialphilosophischer Modellreflexionen. Wenn Aphorismen gut zusammenpassen, müssen sie noch nicht wahr sein, und wenn sie einander widersprechen, noch nicht falsch sein. Keiner beweist oder widerlegt den anderen, sondern bestenfalls nur sich selbst. *Das Ganze im Spotlight?* Ein System entwickeln heißt, einen einzigen Aspekt auf Kosten aller anderen Aspekte der Dinge systematisch überzubetonen. Wer alle Fugen zwischen seinen launischen Einfällen rhetorisch verputzt und durch passable Bindemittel überbrückt, gilt als ein folgerichtig systematischer Kopf.

Die Quintessenz der Dinge läßt sich ausdrücken - wie eine Zitrone, und auch Überflüssiges bleibt ständig im Fluß. Suche Substantielles, das du nicht in deiner Person hast, in den Dingen und anderen unpersönlichen Strukturen, wenn du nicht verurteilt sein willst, das Umgekehrte tun zu müssen, und gern Außermenschliches zu (unter-)suchen heißt noch lange nicht, den Unmenschen oder Übermenschen zu spielen.

Reine Formen sind *vor und nach* ihrem Eintauchen in verunreinigende Inkarnationen zu vergleichen. Ist der Sinn der Wahrheit ihr Nutzen fürs Leben oder der Sinn des Lebens sein Nutzen für die Wahrheit? Die Logik ist wie eine schlüssige Hypothese, die nur "in Wahrheit" und nicht "in Wirklichkeit" stimmt, doch von der Erfahrung selten widerlegt wird, weil jede wirkliche Erfahrung im Grunde unlogisch auftritt, ohne es zu sein.

Pragmatiker ächten Metaphysik, aber was nützt pragmatischer als sie?

Individuen suchen das verbindlich Allgemeingültige und Herdentiere ihren Eigennutz. Kollektives Einverständnis und allgemeingültige Verstandesprodukte haben kaum Gemeinsamkeiten.

Liegt die Einheit der Welt innerhalb oder außerhalb der Welt? Ist die Einheit ein Teil der vielfältigen Welt *und* diese vielgestaltige Welt ein Teil ihrer eigenen Einheit?

Eine junge Frau enthält nicht mehr von der reifen Dame in sich als das späte vom kleinen Mädchen, doch muß die eheliche Liebe deshalb keine abgestumpfte Leidenschaft sein, sondern für viele Menschen die einzige Verbindung von Sinnengenuß und Gemütsruhe.

Wird man nicht Dogmatiker nur mit den Mitteln der Skepsis und Skeptiker allein mit Hilfe von Dogmen?

Was Kant regulative Vernunftbegriffe taufte, nannte Maimon Vollkommenheitsvorstellungen der nur ästhetischen Imagination, und Kants *transzendentale Ideen* antezipierten in allen Phänomenen jene *systematische Einheit*, die Adornos Nichtidentisches dann aufsprengt.. Gibt es wahre Erkenntnis, *daß* sie unmöglich sei - oder einmal möglich werde? Keine physikalische Theorie ohne metaphysische Idee, aber diese ja nie *als* jene! Kant verbietet nicht erst rationale Erkenntnis über sinnliche Erfahrung hinaus, sondern schon sinnliche Erfahrung über physikalische Empirie hinaus : Sinneserfahrung jenseits ablesbarer Meßdaten war ihm bereits subjektive Metaphysik oder nur praktischer Wert. *Daß* es nicht mehr als physikalische Erscheinungen gibt, bleibt als ideologisches Scheinproblem ein logisch notwendig falsches Bewußtsein. Ist es schon Vernunft, sie selbst auf physikalische Erkenntnis einzuschränken, oder noch Vernunft, sie auf psychospirituelle Erfahrung auszuweiten? Wäre schon Anschauung *voller* Theorie und umgekehrt jede Theorie *nur* generalisierte Anschauung, könnten sie sich weder nützen noch korrigieren.

Früher lachten autonome über automatisierte Menschen.
Heute lachen Automaten lebendige Menschen aus.

"Die Verkürzung des Arbeitstages ist die Grundbedingung" für das *„Reich der Freiheit"* als Freizeitpark für Frührentner?
„Marx saß zeitleben in Bibliotheken." (L. Marcuse)

Ist das Wissen der Menschheit bedeutsamer als jeder Dummkopf?

Happy end often means, what never will end or never will happen.

Aus welchem Grund sollte die Welt denn abgründig grundlos sein?

"Kants Gleichnis fürs Land der Wahrheit, die Insel im Ozean, charakterisiert objektiv das intellektuelle Glück im Winkel als Robinsonade: so wie die Dynamik der Produktivkräfte rasch genug das Idyll zerstörte, in dem die Kleinbürger, mit Recht mißtrauisch gegen die Dynamik, gern verweilt hätten ... Der Ozean der Kantischen Metapher droht die Insel in jedem Augenblick zu verschlingen." (*Adorno:* "Meditationen zur Metaphysik", In: "Philosophie und Gesellschaft", Stuttgart 1984, S. 145) "Ehrwürdig bleibt an Kant, daß er wie sonst kein Philosoph die Konstellation des Humanen und Transzendenten, in der Lehre des Intelligiblen, verzeichnete." (a. a. O., S. 160)

Wer gegen den Strom schwimmt, will nur in den Mutterschoß zurück?

Der Egoist fordert primär nichts für sich, sondern gibt unserer Selbstlosigkeit die Chance, in den Himmel zu kommen — gegen ein kleines Entgelt.

Milder Westen 2000 : Abtreibung erlaubt, Todesstrafe verboten.

Jeu charmant — exercice elegant: Gnomisches Präsens und idyllische Präsenz chrestomathischer Florilegien. Nicht alles sagen ohne Worte und keine nichtssagende Redseligkeit, aber vielsagend wortkarg : Aphorismen, die ästhetischen Überkompensationen der Entlarvungstristesse, lassen mehr weißes Papier frei als Gedichte, räumen weniger Leere ein und erhärten doch den Kohärenzverdacht.

"Man schämt sich der Utopie, weil es keine mehr zu sein brauchte." Bürgerliche Revolutionen sind liberalistisch gelungen, proletarische aber totalitär abgefangen trotz *Verbürgerlichung* der Arbeiterklasse?

Lass dich vom Lärm der Welt nicht ablenken
durch den Klang deiner Stimme.

Verbindlichkeit. Wer etwas wirklich verallgemeinern kann, hat ja für die Allgemeinheit schon genug getan. Der Zeitgeist sozialisiert uns durch Integration und Individualisierung, und die Gesellschaft abstrahiert von den Individuen besser als jeder Geist. Die Ideologen verewigen die unmenschliche Prähistorie, damit die menschliche Geschichte gar nicht erst anfange : Geschichte bleibt selbstverständlich völlig unverständlich und eine Dampfwalze über die Umwälzer hinweg. Der Staat steht, die Gesellschaft geht, aber warum nicht auch umgekehrt? Ein Hegel schrieb, "die Geschichte ist nicht der Boden des Glücks." Also ist sie der Grund des Unglücks und die Ungeschicklichkeit das Fundament der Glücklichen?

"Alles pragmatische Verhalten verdirbt den Charakter ... Marx saß zeitlebens in Bibliotheken ... Die Intellektuellen, Nachfolger der Mönche, meditieren nur noch mit schlechtem Gewissen." *(Ludwig Marcuse,* 1967) "Um Politik schert sich nicht, wer ein Werk schaffen will, von dem er weiß, dass es unter allen Regierungen etwas taugen wird." *(Henry de Montherlant,* 1937) "Das Leben der Erkenntnis ist das Leben, welches glücklich ist, der Not der Welt zum Trotz." *(L. Wittgenstein:* "Tagebuch" vom 13.8.1916) "Der Zweck der Philosophie ist die logische Klärung der Gedanken." (Tractatus, § 4.112)

Reserviert Kultur den einzigen Weg "zurück zur Natur" oder wenigstens zur Einsicht, daß die Natur jede menschliche Geschichte immer schon überholt hat?

Man lobt andere, wie (und weil) man selbst gefeiert werden will, und rügt sie so, wie (und weil) man selber *nicht* getadelt werden möchte. Jeder beurteilt andere nach ihren Taterfolgen und will doch nach seiner bloßen Gesinnung beurteilt werden.

"Weiterdenken" doppeldeutig : weiter als bisher
oder so weiter wie bisher?

Freud sah im Witz den "ersparten Hemmungsaufwand", Marquard verfocht die Theorie, jede Theorie erspare sich den (aktionsbedingten) "Bornierungsaufwand". Die reine Wahrheit bildet mehr als eine Hypothese zur Überwindung bloßer Hypothesen.

Opfer der Mitwelt oder deines Herzens? Halluzination hat mit der Wahrnehmung doch gemeinsam, daß sie kein Werk unserer Willkür ist.

Ist es nicht ein Wunder, daß es in der Welt auch Dinge gibt,
die keines sind?

Die Macht ist nie ein Leibeigener des Geistes, und wenn das Jenseits dein Diesseits erreichen will, muß es dann stets durch das Tor deines Todes? Ist Freiheit der Spielraum eines Gesetzes oder zwischen konkurrierenden Gesetzen?

Ein Schicksal entsteht, wenn der Würfel schneller fällt
als der Groschen.

Ideen sind faule Säcke : sie wollen von Leuten realisiert werden.

Wer wagt schon mal das Gegenteil von Katastrophen zu prophezeien — oder auch einmal Zeiten, die überhaupt keine Propheten mehr nötig haben werden?

Manchem fällt nun nichts Besseres ein, als mehr Gutes zu tun, wo doch meist gar nichts Besseres zu tun wäre, als von allen guten Geistern nicht schlecht zu denken.

Man kriegt den Hals nicht voll vom Lachen, das dort stecken bleibt. Wer hat mehr Kommunisten beseitigt, lobt man, als der olle Stalin?

Entrüstungslobbyist: Er predigt Rotwein
und trinkt (oder schwitzt) Blut.

Man sieht ja noch Rennpferde im Fernseher, doch keine Ackergäule mehr im Freien.

Sinneshandel und -wandel. Wenn man denn schon unwissend bleiben muß, dann doch wenigstens geisteswissenschaftlich fundiert?

Bei Licht besehen bricht manche Dunkelheit erst eigentlich ein.

Selbstgefällig sieht jeder seine Selbstlosigkeit, und das Soll entspringt letztlich dann doch dem Sein selber : Du sollst nicht sündigen, denn *Ich bin, der Ich bin.*

Metabolismen? Die Herrschaft von Menschen über Menschen wird Herrschaft von natürlichen Menschen über die Natur und dann wieder über die menschliche Natur. Nur Individualisten sehen ja Individuelles, und frei vom Leibe ist der menschliche Geist nur, weil er mehr wechselnde Stoffe (ver)braucht als jeder Stoff selbst. Der Weg vom Menschen zum Elektron scheint kürzer als der vom Molekül zum Lebewesen. Es gibt mehr Atome als Bakterien, mehr Bakterien als Blumen und mehr Tiere als Menschen auf Erden. Atome sind kleine Sonnensysteme und ganze Milchstraßen nur winzige Punkte am Himmel für uns.

Durchschaubares ist meist unsichtbar, nur Undurchsichtiges ist erkannt. Vorsehung als Himmelreichweite? Die Zukunft liegt nicht immer in der Augenblickrichtung, und Zielscheiben verdecken oft den Endpunkt.

Der Aphoristiker, der uns fesselt, springt mit einem einzigen Satz ins Freie. *Hegels* Dialektik war der wirkmächtigste Versuch, wirkmächtige Aphorismen der Geistesgeschichte am Ende noch in einen systematischen Zusammenhang zu zwingen. *Adornos* Dialektik zerlegte jedes geistige Bezugssystem wieder in seine denkbaren Aphorismen, aus denen es nie selber entstanden wäre.

Was du überlebst, das überlebt in dir : deine Kindheit, deine Eltern - deine Opfer.

Helden sind so wenig die besseren „Killer"
wie gute Väter die besseren Liebhaber.

Es ist schon recht, daß die Welt so ungerecht ist : Wie sollen arme Sünder denn sonst zu etwas kommen? Wären weltliche Güter allein für gute Menschen da, hätten noch viel mehr von uns gar nichts und noch weniger von uns alles.

Dein offenes Auge leuchtet mir ein, doch nicht mein Gesichtsfeld aus.

Architektur, der geschichtliche Weg von Ruinen zu Trümmern.

Die Form braucht ihre Zeit, doch der Stoff nimmt keinen Raum ein:
Ein Ding schlägt einen Ton an, und man ist so frei zu gehorchen.

Verhält sich reine Mathematik zur Physik
wie formale Logik zur Metaphysik?

Präsentiere dich nie als Opfer.
Sonst mußt du dir noch dein Recht holen.

Die lebenswichtigsten Wahrheiten sind zum Glück für den gewöhnlichen Sterblichen ziemlich trivial und die nackten Realitäten bloße
Banalitäten. Wer einen Verstand mitbekommen hat, kann ihn eher
zeigen durch die Art seiner Denkfehler, Einseitigkeiten und Irrtümer auf lebensferneren Spielwiesen.

Romane, das sind zu oft Rezepte, die Geisteskranke sich und uns
ausschreiben, denn Künstler stehen bloß unter dem Eindruck ihres
eigenen Ausdruckswillens.

Der eine hat Sieg und Verlust, der andere Niederlage und Gewinn.

Ist es reell, in Idyllen die Illusion und Realität im Witz zu suchen?

Den Lebenspartner muß jeder erst finden
und dann lebenslang darin suchen.

Mach rasch einen Anfang mit dem, was der Herrgott glücklich zu
Ende bringen kann: Er **ist** selten, doch jedem unerreichbar nahe und
zugleich überholbar fern.

Skepsis heißt heute : über allen Glauben erhaben. "Ich" meint ein
Subjekt, das nur objektiv urteilt, und jeder andere gilt ihm als ein Objekt, das nur subjektiv sieht.

Deine Rolle spielt dich, beiß nicht dein Gewissen.

Der Haß rächt demütigende Furcht, die Angst maskiert die Feigheit einer Tollwut, und ein tollkühner Mut betäubt oft das rettende Zittern.

Bleib stehen, bis dein Ziel dich erreicht hat, und schäme dich deiner Unschuld. Steh stramm vor der vollendeten Tatsache deines Lebens:

Das Schcksal hat dir alle Arbeit abgenommen. Niemand sterblicher als der Unverwüstliche, doch jedes Leben verkleidet auch Risiken als Chancen und Lockrufe als Warnschreie.

Die Fehler des Geliebten sind uns Vorzüge,
die Stärken des Gehaßten für uns Schwächen.

Im Freien steht kein Tiger vor dir, sondern deine Zerreißbarkeit.

Zwangloses Muß, zwingende Zufälligkeit. Liebeserklärung ist noch keine Sexualaufklärung, Kriegserklärung erklärt keine Kriegsgründe

Firma unterm Firmament. Manche Frau verführt einen Mann schon dadurch, daß sie ihm weder Verführbarkeit noch Unverführbarkeit vorführt.

"Think more, act less". Wer nicht ganz verspießern will, muß inzwischen aus Drogenszenen aussteigen und zu den Eltern zurückkehren.

Das Volk muß für seinen überflüssigen Luxus arbeiten, damit es sich nicht auf das Lebensnotwendige beschränken darf, welches die meiste Arbeit ja überflüssig machen würde.

Man vergißt leicht, was man tut. Man vergaß nie, was man nie tat.

Viele Zensur hat vom Verbraucher ja wirklichen Schund ferngehalten.

Bin ich vom Menschheitswissen weiter entfernt
als dieses von der Wahrheit?

Gibt es wissenschaftliche Theorien, von denen nach dreieinhalb Jahrhunderten noch heute so vieles gültig geblieben ist wie von den fünf-
hundert kurzen Reflexionen Larochefoucaulds?

Welches Buch kann ich heute noch so lesen wie in meiner Jugend
„1001 Nacht"?

Lauf der Welt : Die Kraft, die du gegen deine Vorgänger brauchst,
fehlt dir meist gegen deine Nachfolger.

Wer das Wissen und die Unwissenden achtet,
ächtet oft die Unwissenheit und die Wissenschaftler zugleich.

Was man denken muß, muß nicht sein;
was sein muß, muß man nicht denken.

Dein Wille ist frei, aber nicht von deinem Charakter.

Will das Weltall nicht an inneren Selbstwidersprüchen ersticken, setzt
es gegensätzliche Individuen frei, deren Zustände ständig kausal auf-
und auseinander folgen, die aber zugleich als stufenlos gleitende Nuancen zusammenhängen und bewegen.

Beherrschen, verherrlichen? Anderes oder Höheres beginnt nie schon
am Ende der Welt, sondern erst mit ihrer (antizipierten) Vollendung.

Handelsbeschränkungen. — Zwei Jahrhunderte nach Kant müssen wir
wieder das Handeln begrenzen, um Platz für das Wissen zu gewinnen.

Menschenkinder wollen ihre Mutter Natur lieber beherrschen oder
von ihr beherrscht werden als sich (oder andere) von ihr zu lösen.

Götter gelten als anthropomorphistisch,
weil Menschen theomorph sind.

Während man Ideen begründet, könnte man besser neue haben.

Lass den Lichtkegel deiner Aufmerksamkeit ruhig auf die Welt fallen, aber auch ihr Licht auf dich fallen, damit du dich mit ihren Augen siehst.

Hegels Dialektik machte Aphorismen durch Reintegration witzlos.

Für Gläubige sind Jugendliche einfach solche, die noch ein ganzes Leben lang warten müssen, bis sie Gott sehen dürfen, oder warten dürfen, bis sie Gott sehen müssen. Sollte ein Greis sich zurücksehnen nach der größten Distanz von seinem eigenen Schöpfer? Auf der Flucht vor dem Alter und Verfall erreicht man keine Jugendkraft, sondern nur Todesangst.

Im Alter haben wir die Illusion, alle Illusionen zu verlieren, doch es ist nie Illusion, daß wir in Wirklichkeit nur unsere Jugend verlieren

Man hat noch keinen Begriff von einer Sache, wenn man verschiedene Dinge, ob sie wollen oder nicht, nur mit dem selben Namen anspricht.

Oft sind unsere Stärken und Vorzüge auch nur Ersatzbefriedigungen für Schwächen und Makel, die wir viel lieber gehabt hätten. Stehlen, Huren und Betrügen traue ich mich nicht, aber *wenigstens* bin ich nun doch kein schlechter Mensch.

Die Bücher, die einer wie ich versteht, können nicht sehr anspruchsvoll sein. Sinn und Wahrheit suche ich nur in schwierigeren Texten, die ich nicht verstehe.

Schafft mir nicht die Ausbeuter und die Verbrecher ab! Wie kann ich mich ohne sie als ein Opfer und anständiger Mensch fühlen? Ist Liebe Haß auf den Haß? Angst vor der Angst schafft noch keine Zuversicht. Rastlos schützt man seine Ruhe und kämpft maßlos für seine gemäßigte Politik.

Fichte und Sartre waren Philosophen einer „absoluten Freiheit". Der eine verteidigte den *geschlossenen Handelsstaat,* der andere einen Stalin.

Der Physiker sieht seine größten Erfolge schon allzu bald überholt, der Metaphysiker siegt nur in seinen großen Mißerfolgen.

Auch der nüchternste Realismus will kaum wahrhaben, daß er nur eine Entwicklungsphase sein kann — *nach* den Schwärmereien der Jugend und *vor* den guten Ideen des wirklichen Menschen.

Wer ein wahres Aperçu aus einem anderen ableiten oder aus beiden ein drittes schließen will, zerstört ihre aller Wahrheit gleich mit
.

Was soll man von jemandem halten, der sich selbst für furchtsam, feige, prahlerisch, verlogen und zugleich für bescheiden, hilfsbereit, klug und feinfühlig hält ... ?

Da fordern Wahrheitsheroen uns auf, den Tod und die Nachtseiten des Lebens nicht zu verdrängen und zu fliehen, als würde es sich jemand aussuchen können, wie weit er diese Negativa zur Kenntnis nehmen muß. Wer macht es sich denn im Ernst freiwillig schwerer, als er unbedingt muß? Wer Schmerzen aufsucht oder Genüssen ausweicht, wird das auch nur genießen und den billigeren Genuß einem raffinierteren bequem opfern — sagt, wer an edlen Schweiß nicht glaubt.

Gottesbeweis : Ein banales Untier wie der gewöhnliche Mensch kann doch nicht das Maß aller Dinge sein.

Deine Lage bestimmt deine Entschlüsse, die deine Lage aber erst mit-bestimmen — und das begünstigt deinen Erfolg.

Ehrlichkeit wird erleichtert durch die Aussicht, schwer drückende Ideale endlich wieder ehrenvoll abzuschütteln, ohne als Lump dazustehen. "Ich werde nie ein großer Mann, aber wenigstens bin ich so ehrlich, das zu sehen und zu sagen."

Selbsterkenntnis, philosophischer Spitzname
für gute alte Gewissensbisse

Handeln verbindet vieles, ohne es zu verallgemeinern,
Denken verallgemeinert vieles, ohne es zu verbinden.

Der Kern des Diesseits ist eher die Oberfläche des Jenseits als das Wesen des Jenseits die Fassade des Diesseits.

Gott ist ewig. Er wird auch ewig neu totgesagt und totgeschwiegen.

Wer seine Rettung wünscht, verwünscht oft seine Retter.

Die soziale Allgemeinheit abstrahiert besser als jeder geistige Begriff von konkreten Individuen.

Was eine Gesellschaft geschichtlich an edlen Zielen bestenfalls erreichen kann, muß in ihren Gründern schon mehr als verwirklicht sein.

Wenn ich langsam der werde, den ich lange genug liebe, wird mir jener wieder fremd, der ich vorher so lange gewesen war. Geht es einem Geliebten ebenso, haben wir unsere Plätze getauscht und sehen erstaunt auf zwei Leute zurück, die sich nie kannten und denen trotzdem so lange nichts zu fehlen schien.

David Hume hatte natürlich recht: Kausalgesetze sind tatsächlich bloße Gewohnheiten, aber nur unsere Gewöhnungen an hartnäckig wiederholte Aktionswunder Gottes. *Kant* hatte natürlich ebenso recht: Kausalität ist eine subjektive Kategorie, denn der ewige Grund der Welt hat uns die apriorische Erwartung implantiert, daß er in der Welt ewig nichts ohne diesen Grund tun wird — bis ans Ende der Zeiten.

Die Starrheit von Gesetzen ist kein toter Buchstabe, sondern ein überschwänglicher Starrsinn, der nicht nachlassen will, immer wieder dasselbe zu versuchen.

Wie erkennt man Wegweiser, die sicher durch alle Wegweiser führen?

In die liebe Sonne sehen kannst du ungestraft nur durch geschwärztes Glas, auf die ewig reinen Ideen nur durch trüb Vergängliches hindurch.

Das Fernsehen liefert Trugbilder der Realität und die Realität Trugbilder der platonischen Ideen. Also machen Gebildete sich kein "Bild" mehr vom sichtbar machenden Unsichtbaren. Freuds "Libido" meint den platonischen Eros, aber meint die "platonische Idee" auch das Ziel des „Todestriebes" nach statischen Ruhepunkten im erotisch spannungsreichen Lebenswandel?

Natur als göttliches Kunstwerk und Kunst als menschliche Naturanlage sehen? Woher sollen wir aber wissen, ob Gottes Werk jedem denkbaren Menschenwerk überlegen sein wird (und deshalb verbindlich sein sollte), *bevor* wir all unsere Pläne realisiert haben werden? Philosophie heißt ja plausibel machen, daß der gottgeschaffene Ausschnitt aus dem logisch Denkbaren immer viel besser ist als dessen menschliches Ausschöpfen bis zum Übermaß. Die Weltgeschichte schöpft nicht alle Möglichkeiten des Schöpfers und seiner Geschöpfe aus, aber soll sie nicht schrittweise enthüllen, daß und warum das Werk Gottes jedem Menschenwerk vorzuziehen sein wird und daß zu einem solchen Beweis erst alle wesentlichen Menschenwerke sukzessive erschöpft werden müssen? Eine überlange Menschheitsgeschichte scheint nötig, um auch jedem von uns endgültig klar zu machen, daß Gott von Anfang an mit seinen biblischen Tips und Prognosen Recht hatte. Wer nicht von Anfang an auf den Schöpfer hören will, muß die Schöpfung eben endlos fühlen, und wer immer wieder vergißt, was der Vorgänger schon herausgefunden hatte, muß immer wieder ganz von vorn anfangen mit schmerzlichen Erfahrungen.

Sieht der Kraftmensch den Wald vor lauter Bäumen,
die er ausreißen könnte?

Immer wieder erneuern sich die Ahnungen, unmittelbar Wand an Wand nicht nur mit "Parallelwelten", sondern auch mit "Metawelten" zu leben, wo Einflüsse von hüben sich dann drüben anders fortsetzen als hier begonnen und auch umgekehrt, vielleicht noch perspektivisch gebrochen an den Scheidewänden von einem Medium zum anderen.
Was ist gerechter als die Gerechtigkeit selber? Ihre Idee. Schönes hingegen glänzt schöner als seine Idee, und Kot ist nicht so geruchlos wie seine reine Idee.

203

Wirk für Ewiggestrige, sprich für heute und schreib für übermorgen. *Mens(ura)*. Die biographische Zufälligkeit von Einfällen und deren sachliche Objektivitätsintention, mal behindern, mal befördern sie einander; das existenzielle Ideal und das real Existierende arbeiten sich unharmonisch aneinander ab.

Man kann auch die Prüfung bestehen, durch jedes Examen zu fallen. Lebendiger Mix aus psychologischen Beobachtungen, Wort- und Sprachspielen, Wider- und Unsinnsprüchen, metaphysischen Versuchsmodellen, differentialdiagnostischen Zeitanalysen, ideologiekritischen Pointen, wissenschaftlichen Grundlagenreflexionen, eingestreuten Petitessen und faits divers, philosophischen Gedankenexperimenten und „Variationsreihen" : was alten Dingen neuen Dreh gibt.

Pointiertes macht produktiv, nicht Zugespitztes macht stumpfsinnig?

Auch ein Wolf hat seine Schäferstündchen
und ein Schafskopf seine *Stunde des Wolfs*.

Hat man Macht nur dann dislegitimiert, wenn man sich lieber opfert, als sie anzuerkennen, und hat der Gewalt schon Recht gegeben, wer ihr nachgibt, statt zu sterben?

Causa prima, causa proxima? Was aus dem Möglichkeitsspektrum einen entschiedenen Sinn herausgreift, akzentuiert ja etwas, das hervorgehoben wird, auf Kosten von etwas anderem, das dadurch zurückgestuft wird, und sieht eine bestimmte Figur vor einem diffusen Hintergrundsrauschen, wenn das Kontrastbild dieser Figur aus dem entdifferenzierten Hintergrund mitaktualisiert wird, weil jeder Sinn seinen Gegensinn provoziert, jedes Wort sein Widerwort mitmeint, um daraus sich zu konturieren und zu begrenzen - mehr oder weniger ausdrücklich und aufdringlich. Hintergrundsdiffusion ist das Gleichgewicht und der Ursprungspool aller möglichen Aufspreizungen von Propositionen und Oppositionen, von Urteil und Gegenteil, von den Notaten und Konnotationen. Entweder bringst du einen Grundsatz ins Spiel und die Welt dazu den Gegensatz oder das Schicksal fällt seinen Spruch, der deinen Widerspruch hervorrufen mag. Jeder Input hienieden bedeutet "irgendwo drüben" einen Output - und umgekehrt.

Läßt eine Kultur die Wahl zwischen formallogischer Friedhofsruhe und psychosozialer Überdrehtheit, mathematischer Leichenstarre und historischer Zappelhysterie?

Altfranzösisch: cifra, die "Null". Die Bedeutungsgeschichte von "Ziffer" läuft von "Null" ("Nichts" = keine einzige Zahl) zum "Zahlzeichen" und dann zum (dechiffrierbaren) "Geheimzeichen". Ist die Zahl insgeheim null und nichtig? Siehe auch Kants Begriff des Schönen als Moralchiffre und die "Chiffren der Transzendenz" bei Jaspers.

Friedrich der Große holte Voltaire an seinen Hof und die Hugenotten ins Land, aber Preußen und Franzosen vereinte hier in einer einzigen Person wohl nur Theodor Fontane.

"Dialog sagen die, die reden wollen." (Elias Canetti)

Welt(ab)gewandt. Erniedrigte und Beleidigte auffordern, ein moralisches Leben zu führen, heißt sie oft auffordern, auf Rebellionen zu verzichten. Aber die Unterdrücker und Ausbeuter zum moralisch(er)en Leben auffordern heißt noch lange nicht, sie zum Verzicht auf Ausbeutung und Unterdrückung aufzufordern, sondern *anständig* zu bleiben gerade *als* Ausbeuter und Unterdrücker.

Ein Tier war der Mensch ja nur vor der Geburt, ein Engel kann er nicht einmal werden um den Preis des Todes.

In Kriegen dürfen wir uns eigene Gedanken und den bürgerlichen Existenzkampf endlich einmal ganz aus dem Kopf schlagen.

Einst wird jeder in Frieden und Freiheit, Wohlstand und Gerechtigkeit leben und selbstverwirklicht. Aber das wird auch Vorteile haben.

Mußt du nach dem Tode erleiden,
was du vor dem Tode nicht erleiden wolltest?

Ohne Rücksicht auf Vorlustgewinn. Die Gesellschaft vergibt niemandem die Schwächen, Wunden und Defekte, die sie ihm zugefügt hat. Zuerst kommt die Strafe, die jeden so böse macht, daß er sie nachträglich sich verdienen wird.

Die Mutter, friedliebend und feinfühlig, gütig und tolerant, harmonie-
süchtig und nachgiebig, ursprünglich fröhlich und fleißig, dann wankel-
mütig und lebensängstlich. Der leibliche Vater soll eher lebenslustig
und gefühlvoll gewesen sein. Der spätere Stiefvater, lebensfroh und
lebenskräftig, offen und aufrichtig, beherzt und umgänglich, aber auch
leicht kränkbar und cholerisch, rechthaberisch und kleinpusselig. Bei
deiner Mutter war er gegenüber deren Jugendliebe ebenso der
ewig Zweite gewesen wie früher daheim bei seiner eigenen Mutter
gegenüber der älteren Schwester, die ihm - angeblich - lebenslang
vorgezogen worden war. Kam er immer zu spät, der ewige Verlierer,
auch dir gegenüber bei seiner Frau?

"Man muß einen Gott haben, um nur zu denken." *(Jean Paul)*

"Mein Selbstbewußtsein ist erfüllt, wenn es mir gelingt, lakonisch zu
sein." (Peter Handke) "In einzelnen Sätzen ahmt man am wenigsten
nach. Schon zwei Sätze zusammen sind wie von jemand anderem."
"Ein Satz allein ist sauber. Schon der nächste nimmt ihm etwas
weg." "Solange er keine Sätze aneinanderreiht, glaubt er, er schreibt
die Wahrheit." "So kurz wie du sein wolltest, bist du noch nie gewesen." "Nichts mehr zuspitzen. Gedanken in ihrer Nacktheit abbrechen."
"Zurück zu abgeschlossenen, ruhigen Sätzen, die sicher auf Füßen
stehen und nicht aus allen Poren triefen." "Erkläre nichts. Stell es hin.
Sag´s. Verschwinde." "Im kürzesten Satz entschlafen." "Müßte
nicht jedem ein Satz gelingen? Die Sätze derer sammeln, denen sonst
nichts gelingt." "In diesen Zerrissenheiten bin ich ganz. Ohne sie
wäre ich verstümmelt." - "Auf die Sprünge im Menschen kommt es
an, wie weit er es *in sich* hat vom einen zum anderen." "Es solle jeder
durch die Ritzen sehen können. Es hänge nichts zusammen." "Immer
unwahrer, was länger wird. Wieviel Sätze hintereinander kann man
denn wirklich meinen? Wieviel selber verstehen? Und ersticken sie
nicht am Versuch, sie selber zu begreifen?" "Durch Joubert ist er vor
den Pointen gerettet worden. Was soll Witz, wenn man etwas zu sagen hat?" - "Du bist ein einfacher Mann, du traust nur einzelnen,
aber ganzen Sätzen." "Die Sätze verwischen sich aneinander, das
macht ihn elend. So macht er aus jedem Satz einen eigenen Käfig."

"Jede vereinzelte Erkenntnis ist kostbar, solange sie sich abgesondert hält. Sie löst sich zu nichts auf, wenn sie in den Darm des Systems gerät." *(alle Zitate aus „Aufzeichnungen" von Elias Canetti)* – "Es bedeutet mehr Mühe, eine Maxime zu formulieren als das Richtige zu tun." *(Mark Twain)* "Der vertikale, wie Diamanten strahlende, makellose Stil!" (1887) "Jeden Tag fünfundzwanzig Aphorismen schreiben und nach jedem einzelnen feststellen: *Das besagt alles."* (1894) "Je weniger man schreibt, umso besser muß es sein." (1895) "Ein gutes Wort geht über ein schlechtes Buch." "Ich behaupte, eine Beschreibung, die länger ist als zehn Worte, sei nicht mehr deutlich." (1896) "Meinen Satz laden, gut zielen und ins Schwarze treffen." *(Jules Renard,* 1901 : „Ideen, in Tinte getaucht", Tagebuch, München 1990) "Feile an deinen Gedanken; vielleicht ist das eine Art zu entkommen." *(St. J. Lec)*

Staat und Gesellschaft haben die Natur-Unbilden, die sie mildern sollten, nur noch maßlos potenziert — wie der biblische Gott ja im Grunde prophezeit hatte.

"Ohne Sprache gäbe es alles und weiter nichts." (Elazar Benyoetz) Bedeutet die Logik für die Philosophie, was die Mathematik für die Physik darstellt? Carnap verstand Philosophie als (syntaktische, semantische und pragmatische) Metatheorie der (konventionalistischen) Sprachformen, die laut dem "Toleranzprinzip" alle zulässig sein sollten, sofern sie nur logische Regeln für ihren Gebrauch angeben. Gegen Wittgensteins "Tractatus" könne "mittels Gödels Methode sogar die Metalogik der Sprache in dieser Sprache selbst ... formuliert werden." ("Intellectual Autobiography", London 1963, dt.: "Mein Weg in die Philosophie", Stuttgart 1999, S. 83) "Da ja unserer Ansicht nach das Entscheidende an den philosophischen Problemen die Sprache, nicht die Welt betraf, sollte man diese Probleme auch nicht in der Objektsprache, sondern in der Metasprache formulieren." – "Der Aufbau einer geeigneten Metasprache" sollte zu "erheblich größerer Klarheit bei der Formulierung philosophischer Probleme und zu besseren Ergebnissen bei ihrer Diskussion beitragen". (S. 86) Liegt aber diese "Metatheorie" nicht bereits vor in jener traditionellen Metaphysik, die von Carnap und dem Wiener Kreis gerade mit dem generalisierten Sinnlosigkeitsverdacht belegt worden war? Und wurde die damals geforderte *logische Analyse* der sprachanalytischen, transzendentalen, dialektischen, phänomenologischen, existenzphilosophischen (oder auch aphoristischen) "Sprachformen" (und familienähnlichen Sprachspielformen) seither eigentlich schon wirklich in Angriff genommen? Sie bleibt ein Desiderat. "Denn die Philosophie behandelt Probleme zweiter Stufe: sie gibt keine Theorie der Welt, sondern eine *Metatheorie* unseres sprechenden, erkennenden, handelnden, moralisch oder ästhetisch urteilenden Verhaltens zur Welt ... *Sprachreflexion...* auf die Prinzipien vernünftigen Redens." *(Harald Fricke:* "Aphorismus", Stuttgart 1984, S. 40) Fricke wiederholt in seiner Aphoristikstudie die Philosophiedefinition Carnaps nur, um den Aphorismus, anders als Heinz Krüger, eben *nicht* zur philosophischen Sprachform zu rechnen. Stephan Fedlers "Interferenztheorie" vertritt dagegen die Kernthese: "Auf Grund seiner Begrifflichkeit nähert sich also der Aphorismus der Philosophie an, auf Grund der Verknüpfung seiner Begriffe der Poesie." ("Der Aphorismus", Stuttgart 1992, S. 97) Der praktizierende Aphoristiker *Gabriel Laub* sekundierte : "Poesie und Philosophie sind gleichberechtigte Eltern des Aphorismus. Von der Philosophie hat er das Gebot des präzisen Denkens, von der Poesie das Gebot der präzisen Form geerbt." ("Denken verdirbt den Charakter", München 1984, S. 200) Könnte man also sagen, der Aphorismus als "poetisch-philosophisches Begriffsspiel" sei die metaphorische Gestalt eines metalogischen Gehalts oder das objektsprachliche Bild für eine metasprachliche Begrifflichkeit oder auch das physische Symbol für eine metaphysischen Idee? Kann es eine metatheorische Begriffsanalyse mit metaphorischen Mitteln geben oder eine Sprachreflexion in Spruchreflexen? Adornos "Nichtidentität" des Objekts mit seinem Begriff entspricht beinahe Carnaps Theorie der Russellschen "Typendifferenz" von Objektsprache und Metasprache, aber nur fast.

Falls der Aphorismus ein *literarisches* Sprechen (über *philosophisches* Sprechen) über (mehr oder weniger) *wissenschaftliches* Sprechen über die *Welt* darstellen sollte, würde er zum dritten bzw. vierten Russell-Typ der Sprachstufen gehören. Die Idee der Breviloquenz impliziert: Metasprachen der Metaphysik dulden gnomische Metaphorik und analogische Abbildungen metalogischer Sprachformen.

Ergiebiger als eine "Unbestimmtheit der Referenz" *(Van Quine)* im bloß "theorie-internen Realismus" *(Putnam)* logischer Positivisten wären "Gefühlsergriffenheiten", die Tatsachen durch "Abschälen der Subjektivität" *(Hermann Schmitz)* gewinnen. Andererseits blieb diese wünschenswerte Konstruktion passgenauer Kunstmetasprachen für besondere Zwecke der Physik und Metaphysik, Ethik und Ästhetik bisher in bloßen Ansätzen stecken. Carnaps "Einführung in die symbolische Logik" (1954/1960) hatte einige gute Beispiele für Anwendungen auf nicht-logische Themen skizziert und damit leider nur wenige Nachfolger gefunden. Auch die "Erlanger Schule" um Lorenzen und Kamlah scheint über vielversprechende Projektphasen einer konstruktivistischen "Protophysik" auf elementaren Naturwissenschaftsebenen kaum je hinausgekommen zu sein. Kurzum: Überall fehlt es an technisch detaillierten Durchführungen und nicht an großzügigen Forschungsprogrammen.

Nachtrag zur Philosophie als Metatheorie. Die *Syntax* der Zeichen genießt in der Forschung das Gewicht, das ihr gebührt, aber die *Gebrauchspragmatik* hat die *Referenzsemantik* leider inzwischen fast völlig überwuchert und aufgezehrt.

Habermas oder Buber? "Diskurs sagt er und meint Monolog."

Dyadische Prädikatoren: f(x,y) bedeute z.B. xJy:
(x ist verschieden von y) Es gilt:
$(\exists x) (y) f(x,y) \supset (y) (\exists x) f(x,y)$
Aber es gilt deshalb nicht die Umkehrung dieser Implikation:
$(y) (\exists x) f(x,y) \supset (\exists x) (y) f(x,y)$
Wenn es mindestens ein x gibt, das von allen y verschieden ist, dann gibt es auch zu jedem einzelnen y mindestens ein x, das ihm nicht gleicht. Wenn es aber umgekehrt zu jedem einzelnen y mindestens ein von ihm verschiedenes x gibt, dann muß es deshalb nicht auch ein x geben, das anders ist als jedes mögliche y.

Die wesentlich sprachkritische und sprachskeptische Aphoristik nimmt - syntaktisch und semantisch und pragmatisch - eine spezifische "Metalogik" in Anspruch; sie reflektiert kritisch die Art, in der wissenschaftliche Fachsprachen, philosophische Metasprachen und auch vorwissenschaftliche Umgangssprachen ihre Objekte behandeln. Die gnomische Metametasprache über natur- und geisteswissenschaftliche, philosophische und ästhetische Sprachformen gerät seit Gödels Untersuchungen ja nicht notwendig vollständig und zugleich widerspruchsfrei; sie bildet eine Umgangssprache über Umgangssprachen oder Fachkunstsprachen. Carnap unterschied ästhetisch zwischen *erhaben und trivial,* Max Benses Informationsästhetik ganz ähnlich zwischen *innovativ und konventionell.* Gilbert Chestertons theologische Ästhetik würde eher trennen zwischen *paradox und tautologisch.* Solche Oppositionen sind, um Max Bense zu zitieren, aber selbst eher *redundant und überbekannt* als sehr *originell und nichtentropisch.*

Manche halten sich für umso besser, je schlechter sie es haben, doch wer sich für schlechter hält, weil er es schlechter hat, fällt schon herein auf jene, die sich besser finden, nur weil sie es besser haben.

Goethe, 1829: "Junge und Weiber wollen die Ausnahme, Alte die Regel." Und Aphoristiker das Verhältnis von beidem.

Catena aurea. "Ein Aphorismus ist für eine lange Gedankenkette der kürzeste und schönste Faden." *(C. A. Emge)* "Ein Aphorismus ist der letzte Ring einer langen Gedankenkette." *(Ebner-Eschenbach)* "Alles wahre Apercu kommt aus einer Folge und bringt Folge. Er ist ein Mittelglied einer großen, produktiv aufsteigenden Kette." *(Goethe)* Ketten sind fadenaufgereihte Perlen oder Schmucksteine, aber im Maschinenwesen auch Kraftübertragungsmittel aus beweglich ineinandergreifenden bzw. gelenkig verbundenen starren Einzelgliedern, aus einzeln ineinandergehängten Metallgliedern zusammengesetzte Bänder für Zug, Antrieb oder Halterung. Verbinden, fesseln oder schmücken die Kettenglieder? Und wohin steigt im Goethe-Zitat die Kette auf, wie und wo ist sie oben befestigt? Hängt sie dort herab, hängen wir von ihr ab? Verbindet uns die Gedankenkette mit Gott oder der Mitwelt? Kann sie reißen, und was passiert dann mit den Gliedern? Der Aphorismus in diesen Zitaten ist Schlußglied, Mittelglied oder ein roter Faden, aber niemals das Anfangsglied einer Gedankenkette. Meint Goethe, wo er von "Folge" spricht, mit David Hume eine raumzeitliche Aufeinanderfolge in einer Reihung oder mit Kant eher eine kausale Auseinanderfolge in einem System der "ideas", oder ist der Aphorismus etwas dazwischen und von beidem? Daß die Kette "aufsteigt", deutet auf kausale Abhängigkeit des Begründeten vom Grund. Wenigstens gibt es wohl kein aphoristisches Schlußglied aller aphoristisch abgeschlossenen Gedankenketten, obwohl ein jeder Aphorismus das *Schlußglied* einer (nicht genannten) Gedankenkette und zugleich ein *Mittelglied* unter anderen gnomischen Schlußgliedern von ungenannt bleibenden Gedankenketten bildet. *Perlenschnur:* Jeder der Aphorismen wirkt wie ein roter Faden, der sich durch - verschwiegene - Gedankenketten hindurchzieht, doch in keiner Aphorismensammlung zieht ein langer roter Faden sich durch all diese kurzen roten Fäden.

Menschengeschlecht.   Schlag dich selbst, aber auf die Seite Gottes, und nicht Ihn — auf deine Seite (auf Seinem ureigenen Feld).

Natura est paucis contenta, et dicere docet philosophia, non facere.

Um die "breite Bevölkerung" kulturell zu berücksichtigen, aber gar nicht erst fragen zu müssen, verherrlicht der Mittelstand seine Pop-Kultur.

Können wir uns nicht einmal darauf einigen, daß wir uns einigen sollten, ob es denn anerkannte Normen dafür gibt, welche Normen tunlichst anzuerkennen wären?

Gestern warst du noch ein Mann der Zukunft, übermorgen wirst du nur noch von Vorgestern sein : Nichts ist veränderungsbedürftiger als das jeweils Neueste, denn Utopien sind Visionen von einer anderen und besseren Welt, die gar nicht mehr zu ändern wäre. Wieviel Fortschritt zerstört die überlieferten Bedingungen für künftige Fortschritte, und gibt es einen Wettstreit zwischen Traditionsvernichtungstraditionen und Fortschritten in Traditionsstiftungen? Neueste Senioren erheben ihre ausrangierten Leibeshüllen und Lebensläufe schon zu versteigerungswürdigen Antiquitäten.

Daß wir uns ständig täuschen, liefert unser bestes Alibi : Verdiente nicht die Todesstrafe, wer die Wahrheit wüßte, ohne danach zu leben?

Zwischen Literatur und (entmoralisierter Natur-)Wissenschaft sah (der brillante Sainte-Beuve-Biograph) *Wolf Lepenies* die Soziologie und ich die Moralistik gedeihen, aber sind Aphoristiker, die virtuosen Nachfahren ungeselliger Geselligkeitsbeobachter, nicht die besseren Gesellschaftswissenschaftler avant la lettre?

Wie Jean Améry einst den Charles Bovary gegen seine Emma und gegen Flaubert verteidigte, so wären Famulus Wagner in Goethes "Faust" und der Autodidakt in Sartres "Ekel" gegen ihre Verfasser - und anderen Verächter - zu rehabilitieren. Was Marx für den "Naturforscher" Wagner schon getan hat, will ich für Sartres humanistischen „Autodidakten" tun, der sich in Bibliotheken alphabetisch bildete.

Gottvater riet zu den Nomaden: Eine Million Jahre Jäger, Sammler und Viehtreiber gegen nur zehntausend Jahre Ackerbauern, Viehzüchter und Städtebauer. – Nie vergessen : Die Seßhaften waren ja ursprünglich die Paradiesvertriebenen.

Moderne Gewissheit: Ich denke, daß ich gar nicht denke - also bin ich. Ich denke, daß du gar nicht denken kannst, also bin ich - mehr als du. (Wahrscheinlich denkt wieder kein Schwein).

Barbara Belford: "Oscar Wilde. Eine Biographie": "In Augenblicken emotionaler Erschütterung retten sich Wildes Figuren in Aphorismen, ganz wie heutige Musicalstars in Songs." - Aber wer flüchtet sonst vor Gefühlen in Gedanken, vor Sein in Bewußtsein, vor Bekenntnissen zu Erkenntnissen, vor Leidenschaft in Wissenschaft? Kann man umgekehrt auch aus der Not, gar keinen Geist zu haben, die Tugend machen, von tugendfreieren Erregungserregern angesteckt zu werden? (Genußsucht wie Gefallsucht sucht gelegentlich Sehnsucht nach Magersucht.)

Platos Ideenmonotheismus, nur befangen in einem antidemokratischen Feudalismus, Aristoteles´ Theorienkontemplation, jedoch befangen in Sklavenwirtschaft, Kants alttestamentarische Vernunftpraxis, aber befangen in Newtons Infinitesimalkosmologie, Hegels liberale Widerspruchsdialektik, befangen in preußischer Staatsfrömmigkeit, Schopenhauers Kontemplationsästhetik, befangen im Junggesellenbuddhismus,

Nietzsches Psychomoralistik und Heideggers Stimmungsanthropologie, beide befangen in neuheidnischem Antitheismus, Adornos soziale Differentialkritik, nur befangen in antiproletarischem Atheismus, Wittgensteins antimetaphysische Sprachspielmystik, befangen in positivistischem Reduktionismus ...

Sartre lernte vom Husserlschüler Lévinas, daß es den Mitmenschen gibt, um den Menschen in Frage zu stellen u. u., aber in meiner Freiheit, den anderen so zu sehen, wie ich es will, sah er keine monotheistische Versuchsanordnung, sondern nur das (immerhin vergebliche) humanistische Selbstvergottungsprojekt. Entweder also bin ich dein Objekt oder mache dich zu meinem Objekt. "Der Mensch ist zur Freiheit verdammt" oder begnadigt - von seinem Schöpfer, der ihn nicht objektiviert. Sartre kennt den jeweils anderen, aber nicht den *ganz Anderen,* der sie beide anerkennt. Am Anfang lernt er von Lévinas, was der andere für ihn ist, und am Ende seines Lebens von Lévy, was der *ganz andere* für ihn wie für jeden anderen immer schon ist. Dazwischen gab ihm in der deutschen Kriegsgefangenschaft ein Priester Heideggers "Sein und Zeit" zu lesen.

Wahre Propheten können nur vorausschauen in die grauste Vorzeit.

Es gibt *gewissensbissige* Menschen, die ihr eigenes Gewissen beißen — und auch alle selbstgewissen Leute.

Noch jedermann ist bisher geboren, bevor seine Tierentwicklung abgeschlossen war, und gestorben, bevor seine Geburt abgeschlossen war, und jeder wird neu geboren durch Gedanken an seinen Tod, diesen Endzweck aller Zweckvorstellungen.

Können Elektronen gegen den Strom schwimmen?

Erwachsene : Kindsköpfe, ihrem Zell(en)wachstum entwachsen.

Las Freud "sexuelle Triebabfuhr" ab von städtischer Müllabfuhr?

Die "Systemtheorie" der Gesellschaft machte aus der Not, die Fülle der Welt auf wenige griffige Merkmale zu verkürzen, die Tugend, die das Individuum heillos überfordernde Überkomplexität der Umwelt auf ein handliches Maß zu bringen. Dieser vermeintliche Grundfehler eines Systems, nur schreckliche Vereinfachungen zu bewirken und zu legitimieren, sei aber in Wahrheit sein einziger Hauptnutzen, nämlich die große weite Welt auf ein praktikables Menschenmaß zu bringen.

Wer nicht verliert, hat mehr gewonnen, als wer *nichts* verliert.

Bist du anderen zu klein, da dir selber zu groß, oder umgekehrt?

Wo der Mond erscheint, scheint er.

Freiheit : Entweder eine der letzten Funktionslücken allgemeiner Tyrannei oder ein Obdachlosenasyl jenseits goldener Käfige.

Oft ist es besser, von Schlechten regiert als zum Besten mobilisiert zu werden, doch wieviel Schlechtes muß man tun, um endlich die Macht zu bekommen, daß man Gutes dann — doch nicht tut?

Liegt die Zukunft des Menschen in der Humanität der Futurologen?

Viele Fragen beantworten sich, indem man sich fragt, warum und wozu sie gerade hier und jetzt gestellt werden.

Wie soll man ein Wort halten, das man gegeben hat oder fallen läßt? Ich kann nicht dein Wort halten und brechen oder mir mein Wort abschneiden.

Ein Christ wird erlöst, aber nicht von verbindlichen Geboten, und wer an Gott zweifelt, glaubt leichter an seinen Glauben.

Wer an Gewicht verlieren will, muß in die Masse eintauchen oder vor Großen stehen.

Die Wunden und die Siege haben gemeinsam, daß sie davongetragen werden — vom Schlachtfeld weg, aber wohin denn bloß damit?

Wahrheit wird gewahrt und gewährt,
wo Gott sein Wunschdenken wahr macht.

Die Stadtplaner lesen ihre Stadtpläne zwischen den Häuserzeilen,
die sie schinden.

Kultur & Gesellschaft: Vom absoluten Gehör für Marschmusik zum
absoluten Gehorsam gegen Marschbefehle.

Maximen der Minimenschen. Manches Individuum umfaßt eine größere Gesellschaft als die Gesellschaft ihre vielen Individuen.

Der Intellektuelle sitzt oft zwischen allen Stühlen —
in seinem Ohrensessel.

Wem Gott will rechte Kunst erweisen,
den schickt er in die enge Bücherwelt.

Nichts kritisiert Kritiker besser, als daß sie besser schreiben denn lesen.

Tabus gibt es fast nur noch unter den Arten, sie zu verteidigen.

Physiker und Biologen interpretieren das Buch der Natur "werkimma-
nent", ohne nach der psychosozialen Biographie seines Autors zu fragen.

Was passieren *müßte,* muß nicht passieren,
und was sein *muß,* müßte nicht sein.

Es heißt "Gott ist tot" —
es lebe Unnatur, Widersinn und Untervernunft?

Ideologen sagen, daß Ideale logisch versagen — und umgekehrt.

Der Knecht ist voll getroffen, der Herr ist tief betroffen.

Welche Gesellschaft (und Company) klassifiziert sich nie als klassenlos?

Der Verstand kam auf Gentechnik, die Gentechnik nie zu Verstand.

Neuer Arbeitsstellenbedarf : Mousepad- und Joystick-Graphologen.

Zwei liebende Herzen heute fassen sich an den (Fort-)Schritt:
Sie kriegen sich und bekriegen sich.

Ah & Oh: Lust und Leid lieben Vokalmusik, der Geist ist konsonanter.

Aphoristik macht Menschenkunde als Quintessenz von Weltgeschichte ästhetisch erst halbwegs erträglich: "Die Anthropologie ist eine solche chronique scandaleuse, daß ich jedem Melancholiker raten will, sich lieber in Mathematik und Physik zu vertiefen." *(Karl J. Weber:* "Demokritos", 1805-1832, München 1966)

Um sozial anerkannt zu werden, werden Geisteskranke gern Herzkranke.

Wer philosophische Werke studiert, kann noch nicht Gedanken lesen.

Wer nicht hören will, muß fühlen ... War Gottes biblische Offenbarung nötig, weil die Lebensgeschichte eines jedes Menschen im Vergleich zur Naturgeschichte der Erde allzu kurz ist, um mit den kosmischen Einflüssen alle lebenswichtigen Urerfahrungen am eigenen Leibe selber zu machen und praktisch auszuwerten? Abermillionen Werke in Bibliotheken enthalten vor allem die "Errata" zum *Buch der Natur,* Eden o. J., historisch-kritische Erstausgabe letzter Hand. Der Mensch verändert ja eher seine Natur als seine Werke, aber seine Produkte müßte er solange verbessern, bis er die Vollkommenheit der Rohstoffe wiederentdeckt.

Nimmst du ehrlichen Anteil an armen Menschen, um nicht (ihre Not oder dein Geld) mit ihnen teilen zu müssen?

Früher blickte man Mutter Natur solange an, bis sie zurückschlug; heute schreit und schlägt der Physiker auf sie ein, bis sie endlich zurückblickt.

Klugheit liegt nicht schon in der Fähigkeit, viele kluge Argumente vorzubringen, sondern Dummköpfe von ihnen zu überzeugen.

Idyllen fingieren Utopien als verwirklicht und erinnern gegenwärtige Realität als längst wirkungslos vergangen.

Selbst modernste Computer haben ja keine Phantasie und können nicht wirklich denken, sondern führen nur prompt mechanisch aus, was ihnen ausdrücklich befohlen werden muß. Ganz so wie echte Menschen.

Wer wie Sartre seine eigene Wesensart selbst erfindet, fiktionalisiert sich ästhetisch und macht sein Lebenswerk zum Kunstwerk und die menschliche zur dichterischen Freiheit.

Zum Aussterben der Unangepaßten verurteilt Darwins Evolutionstheorie heute nur noch ihre Gegner.

So *ist man innerlich und äußerlich immer fein raus:* Gesetze darf und muß keiner befolgen, wo es gegen sein Gewissen geht, und seinem Gewissen darf und muß keiner folgen, wo es gegen das Gesetz ist.

Die elementaren Grunddualismen einer jeden Philosophie sind selber spezifische Stufen der Abstraktion aus diversem Heterogenmaterial und eher synthetische als nur analytische Konstitutionsleistungen. Erst die innovative Wahl der Schnittlinien und Schnittflächen, der Projektionsebenen und Durchstichniveaus durch diffuse Stoffsubstrate macht den originellen Denker aus. Die antagonistischen Grundelemente und Basispotenzen sind gar keine solchen, sondern hochartifizielle Komplexe, die schrecklich vereinfacht mit einzelnen Namen belegt werden, als deckten sie nicht weiterhin analysierbare oder analysierwürdige Atomaritäten ab. Kurzum : Welche anschlußfähigen Bipäroppositionen, welche Konfigurationen geordneter Potentialpaare sind nun noch immer nicht hinreichend durchgespielt und abgeprüft? Anders gesagt : Philosophen ernennen hochabstrakte Komplexe zu kombinierbaren Elemente, Wissenschaftler umgekehrt das philosophisch Grundlegende zu analysierbaren Komplexen.

Idealismus? "Die theoretische Arbeit, überzeuge ich mich täglich mehr, bringt mehr zustande in der Welt als die praktische; ist erst das Reich der Vorstellung revolutioniert, so hält die Wirklichkeit nicht aus." *(Hegel* als Bamberger Redakteur)

Modernisierung der Philosophie? — "Die Stichworte lauten: nachmeta-physisches Denken, linguistische Wende, Situierung der Vernunft und Umkehrung des Vorrangs der Theorie vor der Praxis — oder Überwindung des Logozentrismus." (J. Habermas, 1988) Wirkliche Überwindung nun würde argumentative Widerlegung bedeuten und nicht nur zeitgeistbedingte Akzentverschiebung, die auch wieder jederzeit widerrufen werden könnte. Das Kind wurde inzwischen soweit mit dem Bad ausgeschüttet, daß es angezeigt scheint, reine Theoretiker zu schützen vor aktionistischen Geschäftlhubern, überzeitliche Vernunftkriterien vor Situationskontingenzen, den Logos samt monotheistischer Metaphysik vor den Materialisten und die *"semantische Referenz"* vor Präferenzen für Semiotik und Pragmatik. "Die Relativität ... ist das letzte Wort der historischen Weltanschauung, alles im Prozeß fließend, nichts bleibend. Und dagegen erhebt sich das Bedürfnis des Denkens und das Streben der Philosophie nach allgemeingültiger Erkenntnis." *(Dilthey in einer Rede zum 70. Geburtstag über seine "Kritik der historischen Vernunft")*

Etsi Deus daretur. Nie aufgehört hat das Nachdenken darüber, ob die Weltgeschichte sich besser als Abfall von einer ursprünglichen *Vollkommenheit* oder von einer anfänglichen *Verkommenheit* verständlich machen ließe. Wer keine Erfolgsgeschichte durch alle retardierenden Rückfälle hindurch erkennen kann, postuliert wenigstens eine Aufstiegsgeschichte der Erkenntnis von universeller Verfallsgeschichte - seit der gewollten und selbstverschuldeten Vertreibung aus einem alten Nomadenparadies. Die Geschichte als ebenso unentwegter wie unentschiedener Kampf um Macht und Reichtum, Verteilung und Übervorteilung, Einfluß und Überfluß, wäre noch Vorgeschichte, wie Marx erkannte, oder ein bloßes Epiphänomen, das nur die Oberfläche des Unwandelbaren kräuselt. – Man kann es kaum glauben, daß das höchste Gut der Menschen allein darin bestehen soll, einander materielle Güter abzujagen, aber so ist es und ist es immer gewesen und wird es wohl immer bleiben, solange nicht der eher unwahrscheinliche Fall eintritt, daß das ganze Treiben sich selbst in den Arm fällt und energisch Einhalt gebietet.

Letzte Außenseiter-Sinekuren können innerhalb oder außerhalb des gesellschaftlichen Tobens und Schlachtens nur unbeabsichtigte Abfallprodukte der fortschrittlichsten Verfallsgeschichte abgeben, fast paradoxe Nebenfolgen der technologischen Erfolgsgeschichten, also ungeplant herausspringende und jederzeit von Widerruf bedrohte windstille Strömungsnischen, die in den allgemeinen Turbulenzwirbeln immer einmal wieder entstehen und auch wieder aufgehoben werden können, Höhlen, in die sich drücken kann, wer nicht mitspielen und doch überleben will. In solchen Abseitsfallen verfangen sich bloße Unikate ohne gängigen Marktwert, nachfrageneutrale und nachfrageresistente Monolithe in der Kulturlandschaft, erratische Blöcke, die nicht mitgerissen oder zerrieben werden vom Sog der Zeit, Findlinge ohne Aussicht auf Finderlohn, Meteoriten aus den kosmischen Weiten ohne Einschlagslöcher, eher kosmische Partikelschauer, die das soziale Schwerefeld ohne Ablenkung und Kollisionen durchqueren, ohne wachsame Detektoren zu alarmieren. Der einflußreiche Literaturkritiker Reich-Ranicki bezweifelte die subversive Kapazität einer eskapistischen Selbstverweigerung des Einzelnen, wie sie *H. E. Nossack* in seinem Leben und Romanwerk empfehlend praktizierte. Es geht nicht um zeitloses Jenseits, sondern um ein lebensfähig anarchistisches Abseits zu manipulierbaren Tendenzen und Kampagnen. Wer weder dafür noch dagegen ist - was auch immer propagiert wird - ruft Wut und Häme auf den Plan.

Lassen sich übermächtige geschichtliche Trends so wenigstens in dafür günstigen Episoden gelegentlich lange genug unterlaufen, um darin noch eine geistige Existenz zu ermöglichen? Begünstigt oder duldet die Geschichte selber geschichtslose Enklaven, was ja auch eine List der historischen Vernunft bedeuten könnte? Was wäre, wenn geschichtslose Abfallprodukte der Geschichtsprozesse sich zum klandestinen Sinn geschichtsträchtiger Fassadenphänomene aufwürfen? Die offiziösen Haupt- und Staatsaktionen ließen sich wohl auch lesen als Arsenal möglicher Mittel zu immer wieder vergessenen oder verleugneten Zwecken, um deren willen das grause Schauspiel der Staatspolitik zwar nicht veranstaltet wird, die ihm aber hier und da eigensinnig unterlegt werden könnten, wenn zwar nicht der Stier bei den Hörnern, aber doch die Gelegenheit schöpferisch beim Schopf gepackt würde: Intelligente "Zweckentfremdung" der Erfolge allen verbissenen Hauens und Stechens um Pfründe und Privilegien. Die schlimmste Geschichte kennt, auch ohne historischen Materialismus, dialektische Beispiele. Die stillsten Mönche der mittelalterlichen Klöster übersetzten, kommentierten und retteten dadurch antike Quellentexte vor völligem Verschollensein. Ohne es zu wissen, wurden sie dadurch zu Begründern der abendländischen Kultur - sogar samt der Renaissance gegen sich. Die gar nicht geschichtsmächtig gewordenen Kulturleistungen fallen heraus aus allen Diskursinstitutionen der *machtgeschützten Innerlichkeit*, doch der naheliegenden Versuchung, aus den geschichtsmüden Affekten frische eigene Geschichte machen zu wollen, wäre allerdings zu widerstehen. — Die (meistens rechtslastige) Repolitisierung der „Politikverdrossenenheit" im Namen von Natur und Anstand geriert sich als besonders verführerische Querköpfigkeit derer, die sich von herrschenden Tendenzen an Rand und Wand gedrängt fühlen und ressentimentgeladene Rachefeldzüge ausbrüten. Das Ausnutzen von geschichtlichen Lücken und Chancen für geschichtsfremde Belange verlangt umsichtige Aufmerksamkeit, damit keine Schlupflöcher vor dieser Geschichtswalze übersehen werden und der Zweckentfremdungskairos von Geschichte nicht folgenlos verstreicht.

Wer weiß schon, ob Sinn und Ziel der Welthistorie wirklich in ihren deklarierten Zwecken liegt und nicht in diesen klug beherzten Zweckentfremdungen der von ihr für ganz andere Finalisierungen bereitgestellten Ressourcen und Instrumente.

Solche meist hochindividuellen *Zweckentfremder* eignen sich als Gegenmittel gegen prominente "Entfremdung und Selbstentfremdung" von Menschen, die "ihre eigene Geschichte machen" wollen. Sie etablieren durch die realpolitische und soziokulturelle Geschichte hindurch die Möglichkeiten einer fast degagierten Gegengeschichtlichkeit, ja, gelassenen Geschichtslosigkeit und der dem jeweiligen Zeitgeist geistreich abgelisteten *Zeitlosigkeiten*. Dieses Wandern an objektiven Wänden entlang, um einer überlegenen kosmischen Intelligenz nachzuspüren, wählt einmal alles ganz Andere statt das Herumändern am All und kräftigt sich im überflüssigen Zeiten- und Redefluß an kulturellen Kristallizitäten auch und gerade dort, wo die für unmöglich oder unerheblich abgetan werden.

Klar scheint allein, daß keine Gesellschaft für diese stillschweigenden Zweckentfremdungen von sich aus ihre Werkzeuge und Dienstleistungen entwickelt und zur Verfügung gestellt hätte. Der "Zweckentfremder" tut ja nicht gerade etwas Unrechtes und verdankt es dem akkumulierten gesellschaftlichen Reichtum, daß er seine eigenen Zwecke verfolgen kann, die von der Gesellschaft nicht gerade als Mißbrauch mit dem Bann belegt, aber auch nicht geradezu ermutigt und gefördert werden. Vorgesehen waren die Potentiale dafür nicht.

Suppositio termini pro rebus et terminorum pro re. Formale Logik ist die Kunst, mit immer anderen Worten immer dasselbe zu sagen, metaphysische Metalogik aber umgekehrt die Kunst, in immer denselben Worten immer etwas anderes zu sagen. Ist also Logik die Kunst der Synonyme (Mehrfaches als Eines) und die Philosophie eine Kunst metaphorischer Homonyme (Dasselbe als Vielfältiges)?

HErr, bitte gib mir das Gute, das ich nicht will,
und nicht das Böse, das ich will - möchte der Christ wollen.

Quaestio iuris. Adorno sieht noch die *Nichtidentität* von Sein und Bewußtsein, aber nicht mehr die von Gott und der Welt und der Seele, von göttlichem und menschlichem Geist in Bezug auf die Dinge dieser Welt, bei Hegel aufgehoben. Bei Plato gilt das, was ist, als bloßes Abbild seiner eigenen Idee. Aber auch der Begriff von der Idee, weil das Wesen der Erscheinung das Urbild seines Begriffs ist, gilt als bloßes Ebenbild der Idee *und* der Erscheinung zugleich. Wenn der Begriff aber ein "bloßes Abbild" sowohl des Phänomens als auch der Idee ist, dann auch Abbild ihrer Differenz und der Tatsache, *daß* die Erscheinung als Abbild ihrer Idee fungiert, Abbild der Idee *und* ihres phänomenalen Abbilds zugleich. Wenn der Begriff von einer Sache die Identität wie die Differenz von Erscheinung und Idee abbildet, ließe er sich im Aphorismus besonders gut abbilden, in einem Satz vom für mich Ersten zum an sich Ersten, vom an sich Letzten zum für dich Letzten.

Neigt eine dekonstruktive Kritik zu alarmistischen Elogen?

Peter von Matt, "Die Intrige", München 2006, 275: "Die Kunst blieb der Stachel im Fleisch der Philosophie", weil ihre Bilder nicht ganz in

Begriffe auslösbar sind. Aphoristiker leben von diesem Dilemma zwischen Metaphysik und Metaphern, das Hans Blumenberg nur *nicht*-aphoristisch thematisiert und ausgeschöpft hat.

Der Aphoristiker macht nur "kurzen Prozeß" mit den gängigen Gesellschaftsthemen. Er fertigt sein Objekt schnell ab und ist schnell fertig mit seinem Pauschalurteil über die Allgemeinheit. Die notwendigen Differenzierungen und feinen Distinktionen werden von ihm durchaus nicht unterschlagen, sondern schon vorausgesetzt, aber sie würden am vernichtenden Gesamturteil eben nur nichts Wesentliches mehr ändern, sondern es bloß verwässern und um den springenden Punkt bringen.

Gibt es schon eine *rationale Rekonstruktion* des *absoluten Idealismus?* Dialektisch zu denken wie Hegel läßt sich ebenso wenig technisch lernen und formalisieren (als dreiwertige Logik oder Modallogik) wie Aphorismen zu schreiben à la Schlegel, wenn Dialektik als mystischer Versuch verstanden wird, diese Kunst der weltgeschichtlichen (Wider-)Sprücheklopfer abschließend zu systematisieren. Der Witz bei der Sache besteht für Hegel darin, subjektive Doxa, objektive Idee und ihre Paradoxa idyllisch zu verklammern, um die *docta ignorantia* von gnomischem Witz als Wissen(schaft) zu etablieren und zu nobilitieren : Esprit als Geist aus der Flasche.

"Sprechakte" : Niemand macht, was er sagt, oder sagt, was er macht.

Etsi Deus daretur: Da genügt es nicht,
sich die Überlistung der Justiz zuzutrauen.

Wer dir folgt, verfolgt meist seinen Dieb.

Dein schlechtes Gewissen beißt gern mich.

Kraft braucht Jugend zur Tugend und Alter zum Laster;
beiden fehlt sie.
Ich komm & bin ganz weg : Will Kunst Liebeshöhepunkte verlängern?

Wann war Geschichte mehr, als technischer Raserei hinterherzuhinken?

Dies behauptet es zu sein, und das ist es wirklich : Dialektische Widersprüche halten satirisch fest, was noch nicht seinem begrifflichen Anspruch entspricht, sich davor blamiert und dann bemüht, tödlicher Lächerlichkeit lebend zuvorzukommen.

Lebendig um den Preis der Vergänglichkeit, ewig um den Preis de Versteinerung? Anthropologie, oft eine Autobiographie des Anthropophagen.

Protagoras 2000 : Junges Ding ist das Maß aller Menschen (geworden).

Marsmenschen sind uns, glaube ich, heute gar nicht so fremd wie frühere Menschen, die an Gott Mars glaubten.

Transzendentale Apperzeption 2000 : Das "Ich stelle mich vor" muß alle meine Gedanken begleiten dürfen.

Tugend gilt als Waschpulver, das keine schmutzige Wäsche waschen will. Ein kluger Kopf weiß - wenn nötig - ein Dummkopf zu sein.

Die Experimente der Physiker verraten viel über die Natur der Physiker.

Untertanengeist? Schützlinge werden geliebt und Beschützer gehaßt.

(Mord-)Hemmungen hat fast nur noch, wer nichts verdrängt.

Jungfrauen, Transen und Höhere Töchter bilden noch kein Matriarchat.

Wirkungen bedienen sich Zweckwerten, um Ursachen auszuarbeiten.

Versteckt Gottvater seine Wunder hinter kausalen Naturgesetzen, die sich hinter unseren Sozialsatzungen und Projekten verbergen?

Wirkliches ist ungewiß, Gewisses unwirklich : Gewissen wirkt Wunder.

Was, wenn nur Verbrecher die Wahrheit erkennen würden,
durch späte Reue?

Liberale Demokratie heißt heute oft nur noch dein Recht auf eigenen Blödsinn, ohne meinen legitimierten Blödsinn anzutasten.

Der Kapitalist beutet allein die Arbeiterklasse aus, der Sozialist auch ihre Idee. Materialismus : Das Sein bestimmt nur Erfolg oder Mißerfolg des Bewußtseins.

Wer dir vergibt, gibt heute oft zu verstehen,
daß es da ja kaum etwas zu vergeben gab.

Dein Egoismus nützt anderen, dein Edelmut dir selbst? Am meisten tut für sich, wer nichts für sich tut, sagt die Religion, und gegen den Eigennutz spricht weniger die Moral als die Intelligenz, die ihm dient.

Macht erst wahre Fakten, dann falsche Ideen zu eurem Schicksal!

In guten Zeiten haben und fordern wir freie Wahl unserer Tyrannen.

Wer fremde Gegenden erleben will, ohne sich vom Sessel zu erheben, der lese, was die „Baedecker" der Welt über seine eigene Heimat und seinen Wohnort schreiben.

Wer Maschinen nutzt, denkt an Fehler, nicht an Sünden, und nicht die geringste der Sünden besteht darin, in ihnen einen Mangel an Aufklärung zu sehen.

Komplexe bilden die Bausteine des einfachen Lebens.

Geistige Schwergewichte sind schwerfällige Geister, doch die wenigen Gedanken, die ich äußere, verdecken vor allem die vielen Ideen, die mir nicht einfallen.

Licht und Luft kriegt man nie mehr von oben, eher vom Abgrund her.

Wer uns den HErrn einredet, hat uns noch keinen Teufel ausgetrieben. Habe Mut zur Demut, trau dich endlich, auf Unendliches zu vertrauen!

Neigung zum aufrechten Gang: Hat die Bedeutung von Sagen und Märchen den Erfolg der Aufklärung vor sich oder schon hinter sich?

Lies ein gutes Buch zehnmal, um zehn neue Meisterwerke kennenzulernen. Die Zahl deiner Lieblingswerke wird zur Zahl ihrer Lektüren.

Genies entpuppen sich als zu mittelmäßig, um verkannt zu bleiben?

Heute wird so getan, als sei der religiöse Moralcode ersonnen worden von herrschsüchtigen Lustfeinden und nicht von klugen Menschenfreunden, um uns vor (selbst)zerstörerischen Folgen unserer *Selbstverwirklichung* zu schützen.

Praxis gilt als die theoretische Bestreitung von Wahrheiten,
und Theorien wirken wie praktische Urteile über Aktivisten.

Konstruktives ohne Destruktives gibt's nicht
mal bei *Dekonstruktivisten*.
Messopfer bedeuten heute Opfer von Messungen, und wer tausend Meter weit läuft, irgendwohin, hat es immer noch tausend Meter bis zum Ziel.

Das Neueste ist seit alters her immer das Niederste vom Veralteten.

Vereins*brüder* gehen meist mehr auf den Geist als Familien*väter*.

Kultur nimmt die Industrie erst an, sobald sie Spiel und Sport, Kommunikation und Tourismus vernachlässigt.

Unfreie Leute sind am unberechenbarsten. Was dein freier Wille morgen tun und kaufen wird, weiß jeder Industrielle, für den du nur arbeitest.

Wer viele Wünsche hat, kann vielen Herren zugleich dienen.
Aus einem Weltall voller Galaxien befreien nur große Ideen.

Die größten Verbrecher folgten meist nur der Stimme ihres Gewissens. Wer Irrtum und Lüge verbreiten will, muß nur Wahrheit lehren.

Ursachen und Gründe lassen sich nie *verstehen,* Ziele und Zwecke nie *erklären.*

Der eine will Gedanken begreifen, der andere seine Reaktion auf sie.

Entweder lebst du banal oder denkst du banal.

Wer immer hinter seiner Zeit zurück war, muß sich am Lebensende nicht seiner Jugendtorheiten schämen.

Fruchtbare Tragödien sind ziemlich unfreiwillige Komödien, und wer den aufgeklärten Mittelstand betrachtet, wünscht sich das Volk unaufgeklärt.

In einigen Geschichtsepochen verlieren mathematische Ewigkeitswerte genau diese und wirken Moden zeitlos.

Ein Begriff enthält genau so viel Wahrheit wie das Ergebnis, nachdem seine verschiedensten Objekte einander korrigiert haben.

Gründet die "Dialektik der Aufklärung" darin, daß das Licht der Vernunft das Licht der Gnade, dem es sich verdankt, auslöschen will? Was ist begriffen, wenn du begreifst, daß es unbegreiflich ist wie du?

Wer nichts Sagbares ausdrücken kann,
kann noch nichts Unsagbares ausdrücken.

Wir leben immer länger in immer kurzlebigeren Zeiten.
In der Ewigkeit müßte man dann nur einen Augenblick leben.

Ein Aphorismenwerk spiegelt "diskontinuierliche Prozesse" eines "ange-richteten evolutionären Systems": Was formuliert wurde, wird *nicht* zum Gesetz für das, was formuliert (werden) wird: Der Übergang von einem zum anderen gnomischen Mikrosystem ist fast regellos, und wie beim Kontinuum wird Vollständigkeit nicht erreichbar durch wiederholte Teilungen. Die spieltheoretisch "freie Variation der Möglichkeiten" als "freie Wahlfolge" der Methode bei jedem neuen Schritt läßt sich je als Fortschritt oder Rückschritt deuten : Zielsequenzen entstehen aus völlig andersartigem Ausgangsmaterial und werden auch durch keine Selektionsprinzipien vorfinalisiert.

Es könnte einer kommen und fragen, wer alle diese stümperhaften Tastversuche denn lesen solle, wohlwollend oder wenigstens neugierig, diese immer wieder rasch in sich zurücksinkenden Aufschwünge einer prätenziösen Blague, dieses neurotische Herumfingern an kulturellen Spitzenleistungen anderer, diesseits von professioneller Kunst und Wissenschaft, irgendwo zwischen Gefühl und Verstand, doch beide irritierend und düpierend. Was wäre nun solchen Fragestellern zu entgegnen? Immerhin wäre ja verständlich, wenn Leser, falls es überhaupt zu Lesern kommen sollte, nicht recht wissen, was sie von derartigen Aufzeichnungen und Notaten halten sollen, wie sie diese Betrachtungen eigentlich zu verstehen haben, die Gedanken oft genug nur umreißen, um sie im nächsten Satz schon wieder halb zurückzunehmen und einer erneuten skeptischen Befragung auszusetzen, ähnlich der nervösen Beinarbeit eines Boxers, der seinen Widersacher trotz aller Schwergewichtigkeit leichtfüßig umtänzelt, um in dessen Deckung eine Lücke zu entdecken und rasch auszunützen, bevor die kurze Chance vertan ist. Oft bleibt dem Leser die Entscheidung überlassen, ob so vorgeschlagene Lösungsansätze triftig sein mögen oder weiterverfolgt werden sollten. Es wird zu bedenken gegeben, statt stur zu behaupten, es werden gedankenexperimentelle Möglichkeiten ausgebreitet und durchgespielt — ohne Anspruch, sie methodisch durchmustert zu haben. Rhetorisch aufreizende Formulierungen werden bevorzugt, die zum Weiterdenken animieren wollen und den Kampfgeist herausfordern, doch der Ehrgeiz zielt auch darauf, Formulierungen zu finden, die nicht zu bald überholt werden können, die es dem erstbesten Leser nicht allzu leicht machen, den Autor zu überführen und zu überbieten. Es handelt sich um bloße "Vorschläge zur Güte", einer gefälligen Überprüfung anheimgestellt, aber auch voller Vollendungsaspirationen. Sie hätten ihren Zweck erfüllt, wenn sie weiterquälende Problemstellungen aussichtsreicher umformulieren oder gar um einige Fortschrittsmeter weiterbefördern und dann dort ablegen, wo künftige Leser, die sich daran versuchen wollten, sie wieder aufgreifen könnten, um hier anzuknüpfen und in hier erreichten Problemumformulierungen noch eine kleine Strecke weiter zu kommen und der Sache neue Schraubenwindungen beizubringen, dem Problemfelsen noch unerprobte Funken zu entlocken. Die hier versuchten Konjekturen und Korrekturen allzu steril festgefahrener Fragestellungen wollen als Lockerungsübungen oft nur bessere Lösungskapazitäten vorzubereiten helfen, ohne sich selber mit der "regulativen Idee" der Wahrheit schon zu verwechseln.

Für den Neophänomenologen Schmitz scheitert der Positivist Carnap, weil er nur abzählbare und nicht auch chaotisch unentschiedene Mannigfaltigkeiten, also keine „vorbegrifflichen Gattungen" (aner)kennt. Bereits 1951 hatte *Nelson Goodman* in „The structure of appearance" an Carnaps „Quasianalyse" (von Objekt-Relationen als Objekt-Eigenschaften) einen Mangel an Eindeutigkeit kritisiert und Carnaps phänomenalistische *Elementarerlebnisse* durch primäre Sinnesqualitäten (physikalische *Qualia*) ersetzt sehen wollen. (Eine solche Korrektur hätte in den Augen von H. Schmitz nicht viel gebessert.) Im Teil II seiner „Einführung in die symbolische Logik" (Wien 1954, [2]1960) hat Carnap die physikalistische Kritik von Neurath und Goodman an seinen „Quasiobjekten" mehr als ein Viertel Jahrhundert später noch einmal aufgenommen und berücksichtigt. Dort ist dann keine Rede mehr (wie 1928) von der phänomenalistischen „Ähnlichkeitserinnerung" von Basiserlebnissen, sondern nur noch von den Relationen relativistischer Raumzeitpunkte. Das letzte Kapitel des Logistiklehrbuchs enthält sogar ein Axiomensystem biologischer Organismen in Zellteilungen und Zellfusionen, anagogischen Hierarchien etc. An dieser Stelle hat leider niemand jemals wieder angeknüpft und das logistische Programm weiterentwickelt. Die Einzelwissenschaften kümmern sich bis heute nicht um die kunstsprachanalytischen Grundlegungsbemühungen der Wissenschaftstheoretiker. Carnap selbst hat keinen brauchbaren Logikkalkül für Ästhetik, Psychologie oder Soziologie entworfen, und die hermeneutischen Geisteswissenschaften hätte er wohl bis zuletzt ohnehin nur in naturwissenschaftlichen Einheitsgrundbegriffen fundiert sehen wollen.

1993 hatte der Neophänomenologe Hermann Schmitz den "Idealisten" Fichte als originären Philosophen der von objektiven Tatsachen "entfremdeten Subjektivität" vorgestellt, als dreifach ursprünglichen Denker der 1.) - für Vernunft genommen - "transzendentalen Einbildungskraft" (als gemeinsamer Wurzel von Verstand und Sinnlichkeit), 2.) des "transzendentalen Zirkels" (zwischen Ich und Nicht-Ich) und 3.)

der "absoluten Abstraktion", also einer Emanzipation von allen objektiven Fakten und subjektiven Affekten. Schmitz erkannte in den frühromantischen Aphoristikern Novalis und Friedrich Schlegel die legitimen Nachkommen Fichtes, aber nicht in Salomon Maimon den wichtigsten Vorläufer Fichtes nach Kant. Problemgeschichtlich steht Maimon zwischen Kant und Fichte wie Fichte zwischen Maimon und Friedrich Schlegel (statt Hegel).

Gerhard Neumanns "Ideenparadiese" hatten 1976 Kants "kopernikanische Wende" vom objektiven Kosmos (samt empirischen Subjekten in ihm) zur transzendentalen Subjektivität als den Auslöser des "aphoristischen Jahrzehnts" (etwa 1798-1809) bezeichnet. Fast noch sinnvoller scheint es, Fichtes Imaginationsdialektik der "entfremdeten Subjektivität" als Quelle der frühromantischen Fragmentalität zu bezeichnen. Dann aber wäre der Leibnizianer Maimon zwischen Kant und Fichte einer der geheimen theoretischen Begründer der deutschsprachigen aphoristischen Produktivität jener Jahre gewesen, sofern er Kants "Ding an sich" beim Wort "Noumenon" nahm und es damit auflöste in die regulative Idee der potentiell unendlich vielen und unendlich kleinen monadologischen Aspekte von ihm, die nun aphoristisch formuliert und von der Einbildungskraft (der gemeinsamen Idee des Objekts) zusammengehalten wurden.

Philosophie: Logik - Physik - Ethik. Hinter den platonischen Ideen, die ja von der physischen Welt abgebildet werden, stehen heute logische Operationsregeln, welche von der mathematischen Naturwissenschaft in Anspruch genommen werden. Die soziohistorische Ethik in politökonomischer Praxis hingegen wird wenn schon nicht von der Dialektik, so doch von Antinomien und Paradoxien oft angemessener beschrieben.

Mit allen Kräften sucht jeder das zu erstreben und zu erwerben, was nur verbirgt, wie sehr es von Anfang an längst unverdient geschenkt war.

Sind Atheisten das nur, um guten Gewissens gewissenlos sein zu dürfen? Aristoteles (Ousia) - Thomas von Aquin (Intellekt) - H. Conrad-Martius (Objekt) / Husserl (Wesen) - Heidegger (Stimmung) - H. Schmitz (Affekt). *Froh:* erregt, bewegt, lebhaft schnell. *Verg(e)nügt:* zufriedengestellt, genug getan. *Heiter,* leuchtend, hell, klar. *-heit :* Die Bedeutung *Person, Stand, Geschlecht, Zustand, Rang, Art, Wesen, Form* stammt etymologisch aus : *Schein, Erscheinung, Bild.* Das hat die indogermanische Wurzel **kai:* scheinen, leuchten, und **skai:* glänzen, schimmern. (Siehe „schier": rein).

Feudale Freiheit (von Kirche und Krone) - bürgerliche Freiheit (von aristokratischer Verschwendung) - plebejische Freiheit (von materiellem Mangel). Die Roboterklaue verändert das von Menschenhand Gemachte fast wie diese das von Gotteshand Geformte. „So viele Hände, um diese Welt zu verändern, und so wenige Blicke, um sie zu betrachten!" *(Julien Gracq:* „Lettrines I", 1967 / „Witterungen", Graz 2001, S. 105)

Mancher lebt unterirdisch, um nicht mehr beerdigt werden zu können.

Medizin. Mehrdeutige Ausdrücke lindern vielsagende Eindrücke u. u.. Anregungen dämpfen Aufregungen und Erfindungen die Empfindungen.

Auf der Suche nach der Sache selbst. „Leute, die viel erlebt haben, sind um nichts schöpferischer, jedenfalls nicht deshalb." *(Nossack,* Tagebuch 1948)

Geist heißt, an einem Theos oder einer Theorie auch und gerade dann festzuhalten, wenn die sinnfällige Bestätigung und praktische Verwirklichung auf längere Zeit einmal ausbleiben sollte — und sogar einer evidenten Widerlegung oder praktischen Schädlichkeit ähneln kann. Jede Theorie und Theologie enthält unbeobachtbare und impraktikable Parameter, die sie deshalb noch nicht falsifizieren oder überflüssig machen. Was sich nicht sinnlich dokumentiert, ist nicht gleich als sinnlos erwiesen. Aber bewirkt Vergeistigung einen begründeten Aufschub sinnlicher Überprüfbarkeit -bis hin zum begründbaren Verzicht darauf, und liefe das nicht hinaus auf eine paradoxe Widerlegung mutiger Mutmaßungen durch ihre Bestätigung oder auf eine Sinnbestätigung durch sinnliche Nichtbestätigung? Ist Gott umso wirksamer, je weniger er sich wirklich zeigt und leibhaftig durchsetzt? Begründet sich eine Theorie umso besser, je *seltener* sie verifiziert und realisiert wird (und was sinnlicher Wahrnehmung nur recht ist, sollte praktischer Bewährung billig sein)? Wie bewährt sich Wahrheit als Funktion vorhersehbarer, aber unerzwingbarer Wahrnehmung und Bewährung?

Nur Gescheiterte werden gescheiter, und den Wert der Dinge nicht zu kennen, heißt noch nicht, ihre Wertlosigkeit zu kennen. Geh spazieren, damit etwas in Gang kommt. Dein Buch soll für dich leben.

Wer sich des Urteils über die Welt enthält, sitzt auch zu Gericht über sie.

Der Künstler fesselt Menschen — doch nicht an sich.
Ins Jenseits befördern heißt heute ins Abseits stellen. Deshalb wollen alle im Diesseits leben, also im Mainstream schwimmen.

Die mathematische Logik dient nicht als pragmatisches Instrument einer Luhmannschen Komplexitätsreduktion der Welt, sondern richtet inmitten der vagen Vieldeutigkeit des Psychischen und diffusen Vergänglichkeit des Gesellschaftlichen wenn nicht ein archetypisches Ideal, so doch ein tröstliches Gegenbild menschenmöglicher Präzision und urteilssicherer Gewißheiten, abschließender Schlüssigkeit und unerschütterlicher Beweisbarkeit auf. Es ist schön, daß sich etwas so zeitenthoben Exaktes wenigstens im Imaginären oder Fiktiven durchspielen läßt und wir nachkonstruierend daran Anteil nehmen können.
(Ist Realität Ur-Negation aller Protentionen?)

Die ganze Welt trennt dich von jedem und jeder dich von der ganzen Welt. Gibt es eine Kulturgeschichte der getesteten Abseitsfallen und plebejischen Sinekuren, der Nischen und Verstecke, Fluchtasyle und inneren Exile? Gib dem Kaiser, was des Kaisers, und Gott, was Gottes ist: Kann der Unscheinbare die ganze Geschichte unterlaufen durch äußerliches Nichtwiderstehen und Nichtwiderstreben, und in welche Büsche läßt sich jetzt noch schlagen? Neuzeitliche Philosophen einigen sich noch am ehesten auf so etwas wie einen umgekehrten Platonismus. Ideen gelten nicht länger mehr als die überzeitlich perfekten Urbilder irdischen Wandels, sondern als Verkalkungssedimente des Lebensstroms, als wären sie eher darin zurückzuverflüssigen, als daß die schwankenden Erscheinungen ihr Eichmaß gewönnen an statischen himmlischen Urformen. Die Zahlen und mathematischen Naturgesetze gelten nicht mehr als Idealformen des sinnlichen Weltmaterials, sondern bestenfalls als praktische Sortierungswerkzeuge oder schlimmstenfalls als unmenschliche Skelettierungen einer blutvolleren Wirklichkeit. Apollon steht nicht mehr für das Idealmaß der Schönheit, sondern nur noch für dürre Knochengerüste. Die Wahrheit über regulative Ideen scheint nicht einmal zwischen dem Vollkommenheitsleitbild der depotenzierten Welt und dem verhaßten Verknöchern der glorifizierten Vitalität zu liegen, sondern eher daneben, in der konfliktarmen Parallelität der Dimensionen. Das ergibt Parallelwelten, die von Natur aus elementfremd zueinander bleiben, aber zu Nutzungszwecken durchaus noch aufeinander bezogen werden können: Logik und Mathematik reduzieren dann die semantische Überdichte der Realität auf wenige leicht manipulierbare Merkmalskomplexe und Parametervernetzungen und postulieren eine Idealisierung, wenn die Realität sich schon von sich aus verkürzt auf das formal vermeintlich allein Wesentliche in all den Materialkontingenzen: Ein reineres und klareres Jenseits, das nicht die trübe Wirrsal „darunter" aufheben oder richten kann, aber doch brauchbar als ein Refugium vor dem „Absolutismus der (gesellschaftlichen) Wirklichkeit", eher Gegenbild als Vorbild und meinetwegen auch nur ein Überkompensat.

Neu oder treu? Gedankengebäude werden errichtet aus Steinen, die uns vom Herzen fallen oder in den Weg gelegt werden.

Sententia sat sapienti. In dir werden viele eins und zugleich um eins mehr, doch manche sind in dir uneins und um eins weniger. Jedes Individuum ist noch etwas mehr als eine besondere Synthese anderer Individuen. „Naturgesetze sind die Ratschlüsse des Schicksals." *(A. Whitehead)*

Nur aus dem Verstand kommt, *daß* alle Wichtige aus den Sinnen kommt, und den Sinnen entstammt, *daß* alle Bedeutung dem Verstand entstammt?

Sein oder Sollen? Für dich bin ich primär eine Tatsache, für mich ein Wert, doch was ich mir wert bin, stammt oft aus dem, was du mir bedeutest.

„Selig sind die Sanftmütigen, denn sie werden die Erde besitzen." „Selig sind die Friedfertigen, denn sie werden Gottes Kinder heißen." *Mt. 5,5 u. 9* Wer hat Recht, Habermas oder Ratzinger? Wenigstens steht Gottes Gesetz im Dissens zu vielem Mehrheitskonsens bürgerlicher Satzungen. *„Gott":* Begriff von etwas, ohne das selbst dieser Begriff recht unbegreiflich wäre.

Man muß schon zur Elite gehören, um laut und deutlich öffentlich sagen zu können, daß alle Menschen gleich(berechtigt) seien, und als Gleicher unter Gleichen auftreten, um die Notwendigkeit privilegierter Eliten zu betonen.

Der Weise geht heute keinem gängigen Wegweiser aus dem Weg.

Unbeherrscht? Mancher muß herrschen, um sich nicht beherrscht zu fühlen.

Die Zukunft holt dich aus der Vergangenheit hervor, und Vergangenheit reißt dich aus der Zukunft zurück. Zwei gegenläufige Zeitbewegungen treffen sich in dir: Du versinkst immer weiter ins Gewesene und bewegst dich zugleich immer weiter in einen Advent. Gegenwart ist Gleichzeitigkeit von Vorwegnahme und Vergessen; reines Voraus und reines Zurück greifen an dir geistesgegenwärtig zugleich an. Sie dehnen dich zu deiner Lebenszeit auseinander, indem sie dich zusammendrücken zum dimensionslosen Jetztpunkt, aber sie zerreißen dich so wenig, wie sie dich zerdrücken. Ich bin mir so vorweg, wie ich hinter mir zurückbleibe und umgekehrt. Bin ich nun mir voraus oder über mich hinaus? Bei Sartre und Heidegger bleibt nur noch diese horizontale Temporalität übrig, bei Hedwig Conrad-Martius nur noch die (quasi-räumliche) Vertikalität von „hyletischer Selbstversenkung" und „ätherischer Selbstenthebung". - Werden wir nun nicht beides zusammenführen müssen, um einer ungeschmälerten Realität näher zu kommen? Du bist also von vier Seinskräften zugleich ur-zeitlich vorangestoßen bzw. zurückgezogen und ur-räumlich erhoben bzw. versunken. Die temporale Horizontale auf der Abszisse und die „transphysische" Vertikale auf der Ordinate eines Koordinatensystems bilden im Achsenkreuz eine zweidimensionale Fläche, auf der eine dritte Dimension senkrecht steht und sie zum „Weltkörper" macht. Diese dritte Urdimension quer zur Urfläche von sowohl *Hochoben* und *Tiefunten* als auch Gestern und Morgen, von Licht und Gewicht wie auch von Hoffnung und Gedächtnis, bildet gleichsam eine Seitwärtsbewegung zum urzeitlichen Voraus-Zurück und transphysischen Hinauf-Hinab. Diese dritte Urdimension quer zu Plänen und Abstürzen, Erinnerungen und Aufschwüngen, ist ein überzeitliches und außerirdisches Gedankenspiel, weder konstruiert noch konstatiert, sondern Entdeckung durch Erfindung und Erfindung durch Entdeckung, eine reine Welt der Ideen und Fiktionen, eine Geistesgegenwart zwischen Himmel und Erde,

Geburt und Tod, seitwärts in die Büsche auf dem Seil balanciert, eine einzige Konstellation aus eiliger Vorsicht und heiliger Vorsehung.

Objektförmige Sätze über satzförmige Objekte? Man kann die Welt nicht be-greifen, ohne sie zu er-fassen. Bedeutet die Frage nach der Bewußtseinsunabhängigkeit der Außenwelt die Frage nach der Möglichkeit einer Weltbeschreibung unabhängig von jeder Beschreibung, also die Unübersetzbarkeit des „Buches der Natur" in eine Menschensprache, und wer diktiert mir durch die Realität selbst in die Feder, was ich über sie schreiben kann?

Würde der Tod seit der Geburt mit Fallbeschleunigung auf dich zufallen, welche Fallstrecke hätte er nach 80 Lebensjahren hinter sich gebracht?

Descartes à la carte. *Ich denke* ans Essen, *also bin ich* am Kochen. Ich bin in Gedanken, also verloren. Ich mache mir Gedanken, also mache ich mich.

Uneigennützigkeit ist moralische Objektivität,
Objektivität sachliche Moralität.

Ricoeur : Heideggers „Da-sein" fühlte sich dem Gewissen, seinem „eigensten Ganz-sein-können", gewissenlos verpflichtet und keinem anderen.

Mancher Junge mag Alte und möchte schon selbst einer sein:
Kinder müssen noch nicht arbeiten und Greise nicht mehr.

Deine Intelligenz reicht gerade aus zu erkennen, *daß* sie von einer größeren erzeugt sein wird. Wie solche Intelligenz beschaffen sein muß, um deine erschaffen zu können und zu wollen, bleibt dir vorerst verschlossen.

Die Gesellschaft muß überaltern, wo der Einzelne ewig jung bleiben will. Es leben zu viele Menschen auf der Welt. — Genau jene, die das denken.

Zugetextete Welt. Jeder läßt andere so viel leiden, wie er ihnen zu opfern glaubt. Manche heute fühlen sich wie ihre Enkel und Großeltern zugleich, und wer beneidet seine eigene Jugend mehr als seine Altersgenossen?

Deutsche sind gleich von der Demokratie, weil von ihrer Partei enttäuscht.

Logos - Physis - Polis:
Formel - Haiku (vorsozial) - Gnome (postsozial).

Ist Kunst sinnlich dargestellte Befreiung vom Sinnlichen oder vergeistigte Form der Entgeisterung? Folgen Naturgesetze aus dem Wesen der Dinge oder verändern sich Sachverhalte mit den Gesetzen, denen sie unterworfen sind? (Aber je schwächer die Eindrücke, desto drohender die Einflüsse.)

Ho(hl)heit. Ziert dein Gesicht rötliche Freude oder fröhliches Rot? Erst sehen wir einen frohen Menschen, dann nur noch Sinnesdaten, die kausal als symbolischer Ausdruck von so etwas wie Freude gedeutet werden.

Carnaps „Einführung in die symbolische Logik" (Wien 1960) enthält die als „schwierig" deklarierte Übungsaufgabe, Whiteheads „Process and Reality" (1929) zu axiomatisieren. Ob diese Aufgabe auch nur von einem einzigen Leser - oder von Carnap selbst - wirklich gelöst worden ist?

Vegetarische Kost wäre sehr gut und gesund. Vor allem für Tiere.

„Nichts Schöneres gibt es als ein schönes Buch", schrieb Joseph Joubert. Der immer wieder von drei Pünktchen ... elliptisch unterbrochene Romanstil, das fieberhaft Halluzinierte und hysterisch Jagende der Texte, findet sich bei Céline, der z. B. Sartre, Genet, Ginsberg, Miller und Selby beeinflußte, wie bei Nathalie Sarraute, die niemanden sehr beeinflußte. Welche unterschiedlichen Funktionen haben dort diese Pünktchen?

Verhält sich Schönheit zur Erhabenheit heute wie Idyllen zu Aphorismen? Von Westphalen fragte: „Warum soll die Industrie nicht als Aphorismensponsor auftreten?" — Damit Werbesprüche nicht als Aphorismen auftreten.

Den einen Freiheitslehren genügt es schon, sich den Zwängen zu entziehen, andere geben sich erst zufrieden, wo sie die Zwänge ihrerseits bezwungen haben, ob nun im Handlungsvermögen oder nur in der Einbildungskraft. Die einen wollen selber aktiv bestimmen, andere nur nicht davon bestimmt werden. Kurzum : Tu, was du willst — du willst ja nur, was sich tut.

Globalisierte Globalisierungskritik. Bei Franzosen klingt noch das Englische französisch, bei Deutschen das Deutsche schon englisch.
Philosophie läßt sich treiben als angewandte Logik à Hegel oder Carnap.

t (Theorie), **p** (Beobachtungssatz): **[(t → p) ∧ ¬p] → (¬t)**
Ist Poppers Falsifikationismus schon falsifiziert durch Quines Holismus?

Man nehme die Relation xRy : x erschafft y. **R** habe den Bereich **C** aus Vorbereich **Dl** und Nachbereich **D2.** Dann gelten für **R** (Schöpfer):
(D1′R ⊂ D2′R) ≡ (D2′R = C′R)
Wenn alle Schöpfer selber zu den Geschöpfen gehörten, gäbe es keinen unerschaffenen Schöpfer, sondern nur Geschöpfe.
(D2'R ⊂ Dl'R) ≡ (D1'R = C'R)
Wenn alle Geschöpfe selber kreativ wären, gäbe es kein letztes Geschöpf, das nichts selbst wieder hervorbrächte, sondern nur Schöpfer.

Reizen oder rühren. Bricht bei Mörike das Elementare immer wieder durch das Idyllische hindurch oder gelingt die arkadische Dämonenbändigung?

Nur Gott ist objektiv, and man is free for not to free. Nur *Seine* Existenz kann die Existenz aller (vorziehbaren) Existenzmöglichkeiten ermöglichen.

Existierte Sartre? Wer sich selbst erfindet, wenn Erfinder und Erfindung technisch eins sind, meldet der sich nicht als Patent an, um sich die Rechte an der eigenen Originalität zu sichern und in Serie zu gehen, will der sich nicht vermarkten und sucht Geldgeber, die bereit sind, in ihn zu investieren. Aber Sartre hat nur erfunden, Selbsterfinder zu sein, d. h. ideologisch vor sich und uns verborgen, wie gesellschaftlich vorkonditioniert dieses ganze waren-ästhetische Kreativitätsspiel und autobiographische Patchwork-Engineering war. Um Bürgerschreck zu sein, hatte er wie Brecht viel zu großen bürger-lichen Erfolg, und sich nie getraut, sein Publikum zu verlieren. Sein Ekel vor dem Natursein kannte nur zwei *kulturelle* Heilmittel, die letztlich zusammen-fielen : das imaginäre Kunstwerk und das politische Fehlengagement.

Die Praxis springt ein, wo Theorie kein Wissen produziert, und handeln heißt beschließen, wo nichts sich logisch schließen läßt. Wird man aktiv, wenn man nichts erkennt, oder *damit* man nichts erkennt und erkennen muß? War die athenische Demokratie, in der jeder freie Bürger sich drei Sklaven gehalten hatte, schon eine wirkliche „Volksherrschaft" gewesen, und wie viele Arbeitssklaven stützen heute die europäischen Demokratien?

Um Verhältnisse unerträglich zu finden und gegen sie rebellieren zu wollen und zu können, muß es einem schon ziemlich gut gehen. - „Je suis ami de tous les esprits, ennemi de tous les coeurs." „Der Krieg des Spartacus war der legitimste, der je unternommen wurde." *(Baron de Montesquieu)*

Satisfaktion statt Befriedigung im empirischen Empire. Rezensenten sollten kritisieren, als was sie durch ein Buch sich selbst (v)erkennen durften.

Glücklos oder willenlos? Am Guten sehen wir nicht immer gleich das Schlechte und an schlimmen Dingen nicht gleich die gute Seite, also jubeln wir ohne Arg, bevor wir trauern ohne Trost.

Die Philosophen zerbrechen sich den Kopf über ihn,
indem sie sich von einer Welt anfallen lassen.

Stelle dir vor, auch ohne zu bilanzieren, wie viele Menschen auf der Welt in diesem Moment vor Lust und wie viele vor Schmerz schreien.

Nichts mehr zu begehren begehren? Der Unsinn, den Unsinn des Lebens zu vermeiden, ähnelt dem Fehler, alle Kunstfehler einmal zu korrigieren.
Wir wünschen anderen nicht, besiegt zu werden, sondern auch zu scheitern.

Wer weder schwatzen noch schweigen und doch beides zugleich will, der schreibt Aphorismen — legale Legierungen von Gold und Silber.

Marx : „Es ist allerdings unverzeihlich von Goethe, den unmoralischen Faust zum Helden zu machen und nicht den ersten Wirklichkeitsphilosophen Wagner", dessen Famulus, den „trockenen Schleicher".

Die menschliche Vorstellung vom Unvorstellbaren (und von seiner Unvorstellbarkeit), ob es sich um die Existenz Gottes oder nur der Außenwelt oder der unsterblichen Seele selbst handelt, hat dieselbe paradoxe Struktur, die oftmals schon den Index ihres Wahrheitsgehaltes ausmacht.

Reflexionen : Formen der Reaktion auf fremde Reaktionen auf die Realität.

Valeurs & Werte. Kannst du soviel teurer sein, wie du besser sein willst? Jedes Leben ein *big bang* im Kleinen. Der Depressive denkt:

„Es ist alles gleich, es ist alles eins." Doch er allein fühlt sich draußen.

Immer schwächer zu werden ist auch eine Form flexibler Verwandlungen.

Homo homini agnus. Man kann noch so hoch vor Wut in die Luft gehen und kommt so wenig in den Himmel wie hochfahrende Tiefstapler.

Am besten sieht die Sterne, wer rücklings zu Boden fällt und liegen bleibt.

Der modernste moralische Konflikt entsteht, wenn kaum einer weiß, wovon er mehr profitieren könnte, von der Moral oder der Unmoral.

Demokraten unterliegen leicht ihren Gegnern: Wer die Demokratie schätzt, schätzt sie häufig weniger als seinen Besitzstand, und wer sie verachtet, der verachtet sie mehr als die Diktatur.

Mancher lebt in seiner Zeit und Umgebung wie ein Dolch in der Scheide, wie eine Maus in der Falle, ein Kranker im Bett oder ein Wurm im Apfel...

Wo wir uns befinden, so ist unser Befinden. Was einem das Studium der Weltgeschichte verleidet, ist ihre Eigenschaft, daß ihr überwiegender Teil besser nie geschehen wäre. Warum sich interessieren für etwas, das man nur ungeschehen wünschen kann, zumal die Verschiedenheit der Umstände alle Lehren für die Zukunft eher entwertet?

Um anderen Größe zu zeigen, muß man niemandem überlegen, doch allen Unterlegenen zu Diensten sein.

Was den Weg vom Kopf in ein Buch findet, ist kein schriftlicher Plan, der den Weg vom Papier ins Leben sucht. Ist Fühlen und Träumen besser als Denken und Schreiben oder nur dieses besser als Handeln und Herstellen?

Der Genuß der Freiheit ist wie die Sklaverei der Tabaksucht — ein bloßes Mittel, um alles Übrige in der Welt überhaupt genießen zu können.

Aphoristiker fassen sich kurz, weil sie wissen, wie kurz das Leben ist — das stets den Kürzeren zieht und sich daher leicht langweilt.

Kunstreligion des Möglichen. Sartres linke Politisierung der Kunstwerke ähnelte einer rechten Ästhetisierung der politischen Aktion. Die „Critique de la raison dialectique" (1960) wirkt wie eine politische Transformation der Psychologie von „Saint Genet" (1952): Das gutbürgerliche Heil wird verdammt und das „anarchistische Verbrechen" ästhetisch heilig gesprochen. Schon die deutschen Frühromantiker hatten in ihrer kongenialen Fichte-Rezeption dessen männliche Tatkraft als tollkühne Einbildungskraft enttarnt.

Was erwartet uns, wenn wir nie mehr erwarten können, was uns erwartet?

Frauen und Fromme *hören,* Griechen und Männer *sehen* —
uns vergeht beides.

Familienvater oder Urenkel deiner Vorbilder und Urahn deiner Jünger?

Aphoristik: das einzige komplette Vollsystem mit allen Lücken *für* fast beliebige Überraschungsgäste.

Zu viele haben heute in den Adern zu wenig Feuer, um eine Hölle fürchten zu dürfen, und nicht genug Moral, um ihre paar Lumpereien aufzuwiegen.

Lukrez war kein Physiker, empfahl den Nerven aber naturwissenschaftliche Studien als bestes Sedativum und Anxiolytikum.

„... fortan wäre die Geschichte absolut allein und die Gesellschaft, die außerhalb und oberhalb der Geschichte ihren Platz fände, wäre noch einmal in der Lage, jene gleichsam kristalline Struktur wiederzuerlangen, die, wie die besterhaltenen primitiven Gesellschaften lehren, der Menschlichkeit keineswegs abträglich ist. In diesem utopischen Ziel" wäre der Mensch befreit „von dem jahrhundertealten Fluch, der ihn zwang, andere Menschen zu versklaven, um den Fortschritt zu ermöglichen." *(Claude Lévi-Strauss,* Antrittsvorlesung am Collège de France) Der französische Anthropologe und Ethnologe der „Traurigen Tropen" ist hier radikaler als der deutsche Antihistoriker Karl Löwith, der nur zu der Kosmo-Polis der altgriechischen Bourgeoisie zurückwollte, nicht zu den *kühlen Gesellschaften* der Vorzeit.

M(M,0): Die Nullmenge **0** (p $\land$ $\neg$p : Allmenge der Widersprüche) ist eine Teilmenge jeder Menge und jede Menge M auch eine Teilmenge ihrer selbst. Warum kann man nicht sagen:
(xMx) $\equiv$ x$\neg$M(xMx) $\land$ xM(x$\neg$Mx) ?

Unaussprechliches als Nichtssagendes. Naturgesetzen *muß* man folgen, Sittengesetzen *soll* man folgen, und Grundgesetze *dürfen* uns verfolgen.

Und mancher eilt seinem Widerruf voraus, ohne ihm gerecht zu werden.

Je leichter etwas zu ertragen ist, desto schwerer ist es zu beschreiben - und umgekehrt. Doch was macht die Kunst deshalb wirklich erträglicher?

„Was tun", fragte Lenin, „statt handeln?"

Gerechtigkeit gilt oft schon als Gnadenerweis und Strafrecht als Tyrannei.

Eine Gesellschaft wird zusammengehalten durch jedermanns Gefälligkeitsegoismus und aufgelöst von christlicher Selbstlosigkeit.

Viele Verbrechen werden verübt zur Abwehr größer gemalter Verbrechen.

Berühmt ist jemand, dessen Nachfolger seither mehr bewundert werden als seine Vorgänger.

Man lebt nach der Physik und streitet über die Ethik - statt umgekehrt.

Kinder müssen noch nicht als Sterbliche leben, und Greise können wenigstens nicht mehr im Jugendalter sterben.

Wer Gutes schlecht tut, tut Böses noch nicht gut, und man kann Schlechtes sehr gut tun, um es wieder gut zu machen. Ist es böse, *daß* es überhaupt Böses gibt, und ist es schon gut, daß es Gutes geben sollte?

Man liebt Menschen, obwohl und weil man sie gar nicht kennt, und liebt sich selbst, obwohl und weil man sich allzu gut kennt.

Früher fürchtete man Götter mehr als den leeren Himmel, heute umgekehrt.

Bestürzt, erschüttert, verschüttet... Gefühle sind gar nicht unser Innerstes, sondern Mächte, die unser Innerstes mehr als sichtbare Dinge irritieren.

Wollte er im Leben die Logik und in der Logik das Leben entdecken, weil er von keinem der beiden genug verstand, um das andere zu erfassen?

Individuum contra Gesellschaft oder Natur gegen Geschichte. Wo das Individuum der gesellschaftlichen Allgemeinheit opponiert, verfällt es der naturgesetzlichen Allgemeingültigkeit? Bauer und Edelmann teilen häufig das Bürgerschreckliche, und wo es gegen *Pfeffersäcke* ging, wurde von Adorno wie von Goethe der adlige Komplize dann doch dem plebejischen vorgezogen.

Erkenntnistheorie. Jedes Subjekt bildet ein mögliches Objekt fremder Urteile und jegliches Objekt ein mögliches (grammatisches) Subjekt von Urteilen.

Wäre die „ideale Kommunikationsgesellschaft" von Apel und Habermas das Selbstgespräch eines sozialen Außenseiters mit dem Schöpfer?

Deine Stärken enden schon mit der Jugend, deine Schwächen erst im Tode.

Wer steht nicht standhaft zu seiner Sache und nicht ein und gerade für seine Sache, nimmt die Niederlage vorweg, indem er sich niederlegt, und überlegt, wie er überlegen sein kann, wo er unterliegt? Die eigenen Beine, die Herausforderungen beständig ausweichen, ohne sie durchzustehen, werden weich und stehen nicht ihren Mann: Abweichungen durch Aus- und Aufweichen. Man opponiert ja bevorzugt durch Differenzen oder durch Differenzierungen, durch ein äußeres Minimum bei einem inneren Maximum.

Einmalig Gutes wirkt nicht gut, wiederholtes Schlechtes aber immer besser.

Ein Aphoristiker „verliert" so viele Worte, daß er nicht selbstverständlich wird, aber nicht so viele, daß er unverständlich wird.

Die großen Toten : Das Volk *kann* sie nicht, der Bürger *mag* sie nicht lesen.

– „Es ist heute tatsächlich so, es gibt nur zwei verbale Transzendenzen: mathematische Lehrsätze und das Wort als Kunst. Alles andere ist Geschäftssprache, Bierbestellung." (Gottfried Benn, „Doppelleben")

Was am Lebensschifflein unverbrüchlich „feststeht", sitzt auf Grund oder auf Riffen fest, und das eignet sich als Reparaturdock für fällige Umbauten.

Wahre Liebe ist nicht größer als der Standesunterschied,
den der *kleine Unter-schied* überwindet.

S(pr)ache : Was du auch redest, du kannst selten sagen, worüber du sprichst.

In Diktaturen wird vermutlich mehr gelesen als in Demokratien:
Es ist dort verboten, die nicht verbotenen Bücher nicht zu lesen.

Wie böse muß man handeln, um jedem zu beweisen, daß man nicht böse ist?

Some things never change. Atheisten missionieren Unterschichten.
Ein Gutteil deines bisherigen Lebens verdankt sich dem naturwissenschaftlich-medizinischen Fortschritt. Ohne das rettende Kortison damals hättest du nicht viel länger als vier Jahrzehnte gelebt.

Jeder Aphorismus hat fast die Rapidität der Lichtgeschwindigkeit, doch da es zwischen je zwei aphoristischen Gedanken immer unbestimmt viele andere geben kann, kommt das Denken auch sprunghaft kaum von der Stelle.

Wer sein Leben nicht verdient, verdient deshalb noch nicht seinen Tod.

Bürger zweier oder vieler Welten? Es gibt zwei Arten von Weltbildern, die alles entweder als Resultat zweier Grundantagonisten oder als Resultat unzähliger, nur graduell verschiedener Determinanten sehen lassen.

Auch und gerade unseren Freunden geben wir gern zu verstehen, daß wir ihre Schwächen eher verzeihen als gar nicht sehen.

Per monstra ad sphaeram. Im Einzelnen geht alles mit natürlichen Dingen zu, doch das Ganze ist ein einziges Wunder, und wer dauernd Wunderbares erlebt, wird im Ganzen schließlich doch wohl immer gewöhnlicher.

Das Erkennbare wirkt selten wissenswert. Von der Dummheit der Jugend werden wir nur befreit um den Preis von Altersbeschwerden.

Rabies eruditorum. Die sinnliche Grundlage jeglicher Abstraktion bildet eine sehr allgemeine Abstraktion, auch von allen Abstraktionen selber.

Bist du glücklich integriert ins Massenelend oder unglücklich geblieben selbst in den glücklichsten Verhältnissen? Selig sind auch die Kleinmütigen, denn das Traumreich ist ihrer, und nur Kunst gibt die einzigartige Chance, die eigene Bedeutungslosigkeit in bedeutender Form - oder doch wenigstens mehrdeutig - darzustellen.

Ist Zeit ein Versuch, (von) uns aufgegebene Lösungsrätsel umzuformulieren?

Kant kompensiert Kopernikus : Als die Erde nicht länger Mittelpunkt des Alls war, wurde der Mensch erst wirklich der Mittelpunkt seiner Welt(en).

Evidenz oder Eminenz? Als der Sozialismus weltweit verfiel, konnte überall auch der Sozialstaat abgebaut werden, der vor ihm schützen sollte.

„Andacht zum Unbedeutenden" : „Es gibt nichts in der Welt, was einem beschaulichen Leben gleichkommt." (*Suleiman,* der „Prächtige")

Was verbindet die *unendliche Arbeit* phänomenologischer Reduktionen, Freuds *unendliche Analyse* und Hegels *schlechte Unendlichkeit?* Was auch immer zu Recht an Husserls Wesensschau kritisiert werden muß, die legitimsten Kritiker waren gerade nicht ihre existenzphilosophischen Weiterentwickler. Was die meisten bis heute daran stört und verstört, hat wohl etwas zu tun mit dem ausgebildeten Mathematiker in Husserl, mit seiner Vorliebe für ideale Formen überzeitlicher (Gleich-)Gültigkeit gegen geschichtliche Kontingenzen — wie schon bei Ahistoriker Descartes und Kant.

Aus dem Wesensbegriff Gottes folgt nach Kant nicht seine Existenz, aber nach Husserl aus seiner Nichtexistenz — als Ergebnis der *phänomenologischen Reduktion* — auch noch nicht sein anschauliches Wesen.

Ein Realist „verrät" nur, was sich selbst verrät, in aller Doppeldeutigkeit.

Amnes(t)ie : Mein Herz ist in den Städten, mein Kopf in den Wäldern.

Bewegungstherapie? Weglaufen vor allem hält fit.

Unnachsichtige Vorsehung? Es verwundert, daß unter allen Möglichkeiten einer *Vergangenheitsbewältigung* die vergleichsweise ergiebigste so überaus selten empfohlen wird : lebenslanges Studium der biblischen Schriften.

Wenn der Ekel über die Kontingenz der Welt die Freude über ihre gottgewollte Notwendigkeit überwindet, triumphieren Techniken über die Künste.

Nur Selbstbewußte sehen im Handeln eine Quelle des Selbstbewußtseins.

Kopf hoch! Die schweren und tiefen Gedanken sind ja längst weg.

Noch das längste Leben gilt als kurz, noch das kürzeste kennt Langeweile, doch der kürzeste Weg vom Schoß zum Grab ist der Rückweg.
Etwas schwermütiger Überdruß dient oft nur dazu, einen übermütigen Leichtsinn abzuwehren und umgekehrt.

Weder dein Glück noch dein Unglück macht dich zum guten Menschen. Und mich auch nicht.

E(x)ternal distance. Das menschliches Bewußtsein ist ein Kosmetikspiegel der Mutter Natur - meist etwas beschlagen von ihrem Atem.

Der *Mensch ist, was er (ver)mißt.* Wer nicht reden kann oder wer reden will, ohne daß man ihm dauernd ins Wort fällt, wird gern Schriftsteller.

Selbstvergessen, selbstversessen? Spiritualität ist die Ungeduld, schon vor dem Tode etwas vom Jenseits zu erfahren. Der Dummkopf hat nicht den Verstand, den der Faulpelz (und der Spiritist) nur nicht benutzt, um zu erkennen, was sich mit den fünf Sinnen selten erkennen läßt.

Wie viele Bücher muß man schreiben, bis wenigstens eines angelesen wird?

Via dolorosa est vita beata? Wer keine Form wahrt, verliert jeden Inhalt.

Ein Autor, der andere mit eigener Feder schändet,
hat sich mit fremden Federn noch nicht geschmückt.

Die Atheisten sind meistens durchaus alles andere
als sinnenfrohe Amoralisten. Sie glauben ja auch nicht an Gott Amor.

Cede minori. Wenn du lügst, um die Realität besser zu durchschauen, weichst du von der Innenwelt mehr ab als von der Außenwelt.

Kunst wurde häßlich: Künstler hassen ihr Publikum.
Der Steuerzahler hält sie aus, nicht ihre Werke.

Man kann andere schadenfroh um ihre Gründe zur Schadenfreude bringen.

Wahrhaftigkeit oder Wahrheit? Von aller Welt verschieden ist allein der Mensch durch die bloße Idee, letztlich mit aller Welt vereint zu sein.

Du mußt schon viel lügen, um übl(ich)en Strafen für Lügner zu entgehen.

Für Franzosen ist Kunst die Formung des realen Lebens, für Deutsche die Belebung der idealen Formen.

Wahr wirkt ein Satz, der seine Bewährungsprobe noch vor sich hat.

Gut wirkt ein Mensch, dem noch kein gutes Angebot gemacht wurde.
Schön wirken eher blutjunge Leute und steinalte Kulturgüter.

Mancher Künstler will nicht einmal durch Schweigen nichtssagend sein.

Beziehung 2000 : Er liegt auf ihr, doch sie nicht unter ihm, oder er liegt und steht unter ihr, aber sie nicht auf ihm.

Sic semper tyrannis? Selbst Gutes oder Böses tut mancher nicht selber. Er läßt es andere tun für sich.

Abwechslung erfreut, heißt es, doch Verwechslung schon weniger.

Das besondere *Nichtidentische* bei Adorno heißt beim Phänomenologen H. Schmitz das vielsagend „chaotische Mannigfaltige", die nicht ohne nennenswerte Verkürzung auf abzählbare Merkmalsklassen reduziert werden könne. Beide sahen das abzuwendende Verhängnis der Neuzeit in dieser kostspieligen Reduktion des wesentlich *unerschöpflichen Gegenstandes* auf einige leicht quantifizierbare und manipulierbare Merkmalskomplexe.

Man fällt nicht von der Erde, man steigt von ihr.

Selbstbewußtsein des Aphoristikers bildet den transzendentalen Angelpunkt des „Systems" seiner Fragmente. Die aphoristische Fragmentierung wird nicht systematisch durchgeführt, Systemlosigkeit ist unsystematisch.

Was du feststellst, hast du zuvor festgesetzt und festgelegt. Kann man nur Konventionen konstatieren, Strukturen von Konstruktionen erfassen?

Kann man die „göttliche Komödie" nur als menschliche Tragödie ertragen? Der einzige Weg für jemanden, sein Vaterland wirklich zu entdecken, liegt in einer Weltreise, doch wer die Welt immer umrunden oder erobern will, darf seinen Geburtsort niemals verlassen (siehe auch *Chuang-tse*).

Von den Zeitgenossen wurde sowohl *Fichtes* Idealismus (außer von den Frühromantikern) als auch der Existenzialismus *Sartres* (150 Jahre später) als Handlungsvermögen mißverstanden, wo es nur um die Einbildungskraft ging.

Wie du deine Spuren verwischst, hinterläßt besonders viele.

Anti-Watzlawick. Erwachsene wollen immer mal etwas ganz anderes, sobald sie müde werden, immer das Gleiche zu tun. Die Kinder rufen fröhlich nach „immer mehr vom Gleichen", *weil* sie schöpferisch sind.
(Sag aber hundertmal „Haus" und du weißt nicht mehr, was es bedeutet.)

Wer sich in der Fensterscheibe spiegelt, sieht draußen gar nichts.

Gelten Wahrscheinlichkeitsaussagen selbst nur in bestimmten Wahrscheinlichkeitsgraden? (Stimmt hundertprozentig, *daß* etwas nur halbwahr ist?)

Zwei Kulturen. Mathematik ist die einzige Geisteswissenschaft, ohne die zum Glück keine Naturwissenschaft auskommt, und Logik die einzige Unnaturwissenschaft, ohne die leider jede Geisteswissenschaft auskommt.

Realist nennt sich, wer zum unwandelbaren Ideal erhebt, seine Ideale jederzeit ändern zu können, und so auf der Stelle tritt, die sich Fortschritt nennt.

Fadenscheiniger roter Faden. Etwas wollen heißt, unendlich viele Dinge ausdrücklich nicht zu wollen, außer einem einzigen. Willenlos sein heißt aber deshalb noch nicht, alles zu wollen, außer einer einzigen Sache.

Es gibt *notwendige* Denkgesetze, aber lediglich *zufällige* Naturabfolgen, sagte Maimon mit Leibniz gegen Kant. Der Apfel fällt *notwendig* unter den Begriff Obst, aber nicht weit vom Stamm fällt er, weil sein Schöpfer es *zufällig* immer wieder so will, bis er einmal anderen Sinnes werden wird.

Mancher erweitert nicht gern seinen Horizont.

Eher verbreitet er seine Engstirnigkeit über die weite Welt.„Man kann Einfälle, die schon in Büchern sehr viel Platz beanspruchen, können nur ziemlich kleinmütig und kurzatmig sein.

Daß man die ganze Geschichte immer verlassen will, ist ja schon selber Geschichte, aber es gibt kein Naturrecht, die Natur zu berichtigen, und daß sie zu beherrschen oder zu bedienen wäre, war nie ein Naturgesetz.

Manche sehen das Einzigartige Ludwig Wittgensteins so, als sei er vor allem frommer Dandy und schwuler Logiker in einer Person gewesen.

Geschmäcker und moralische Vernunft. Jeder kennt die goldene Regel: „Was du nicht willst, daß man dir tu, / Das füg' auch keinem andern zu." Das hieße doch auch: Was nicht dir selbst, jedoch anderen verhaßt ist, das darfst du ihnen getrost antun. Jesus Christus wendete ins Positive, was das Alte Testament negativ ausdrückt : „Was ihr wollt, daß die Menschen euch tun, das tut ihnen auch." Aber wie sollst du handeln, wenn anderen Leuten nun zufällig verhaßt ist, was dir selber ebenso zufällig erwünscht ist?

Wer nicht rechtschaffen ist, kann doch Recht schaffen, wie ein Chirurg, der sich bereichern will oder gemordet hat, noch vorzüglich heilen kann.

Das menschliche Bewußtsein ist kein „Spiegel der Natur", sondern spiegelt sich in der Natur. Die Welt spiegelt dich, der - sich - in sie hineinschaut.

Den Drögen die Drogen. Möchtest du lieber, daß deine Freunde deine Stärken hassen, als daß deine Feinde deine Schwächen lieben?

Zähle nur einmal auf, was du immer schon voraussetzen und in Anspruch nehmen mußt, um es auch nur bestreiten und dementieren zu können, und was kannst du umgekehrt nicht behaupten, ohne es auch schon zu leugnen?

Sehr werkwürdig. Besingen läßt sich das Meer besser in der Wüste, und nur Ertrinkende träumen von der Sahara.

Das Lob, das eher den Lobredner ehrt, tadelt beide.

Im Christentum wurde der Allmächtige kein Mensch, der zu allem fähig ist. Der Geist wirkt im Leben wie das Leben in der toten Natur : wie ein Spuk.

Frage an das Christentum : Ist der Sohn eines Gottes selber ein Gott, wie der Vater eines Menschen selbst wieder ein Mensch sein muß?

Jedem das Seine — keinem das Gleiche?

Man fragt sich oft, wo die Zeit geblieben ist. Es gibt so viele Menschen wie Sand am Meer und im Getriebe, aber das Leben rinnt durch keine Sanduhr.

Du sollst auch nicht begehren deines Nächsten Güte.

Gute Selbstbeherrschung erreichen gute Diener nie durch Selbstversklavung.

Um Agnostiker zu sein, muß man wenigstens so viel wissen wie Sokrates, und mancher weiß schon viel zu viel, um *kein* Agnostiker zu sein. *Nur Theoretiker sehen Unsichtbares.* Wer durch mich hindurchsieht, weil er mich durchschaut, hat mir die einzig mögliche Tarnkappe aufgesetzt.

Der Mensch ist zu klug, um nur zu überleben. Er hat so viel mehr Verstand, als jeder siegreiche Existenzkampf erfordert, daß er ästhetisch, religiös und philosophisch damit beliebig spielen kann — in Ruhepausen.

Daß es nur Physik oder Unsinn gibt, ist nicht Physik, also Unsinn — sagen meist nur Nichtphysiker.

Kunstwerke bilden selbst jene Idyllen, die sie besingen wollen oder sollen, und allein deine Gegenwart ist der Ursprung jedes arkadischen Ursprungs.

„Der Antihistorismus ... ist der Versuch, die Kontingenz der eigenen Zeitstelle zumindest zu vergessen, das Postulat der Gleichheit in der Zeit, die nicht zu vollstrecken, doch wenigstens zu simulieren." *(Blumenberg, 1986)* Hegel beschränkte sich darauf, die Weltgeschichte allein als Entfaltung und nicht auch als Verfälschung dessen zu begreifen, was im unmittelbaren Ursprung schon angelegt war. Aber das Ursprüngliche ist nicht nur Armut, die sich geschichtlich erst anreichern muß, sondern auch und zuerst Reichtum, der sich geschichtlich nur verdünnen kann. Ist der „Satz an sich" die schriftliche Fixierung des Dinges an sich hinter prädikativen Erscheinungen oder die imaginäre Fingierung eines Ursprungs, der entspringen läßt?

Mündlich oder mündig? Weshalb sollte eine Politik jene Kultur fördern, durch die sie überwunden werden soll, und müßte eine Politik, die eine zu ihrer Veränderung aufrufende Kunst subventioniert, überhaupt noch verändert werden? Die meiste Kunst entsteht gar nicht *ohne* kunstfreundliche Politik und wird *durch* sie auch schon nahezu überflüssig.

Abstand will fiktive phänomenologische Reduktion von Weltexistenz, *Entlastung* reale systemtheoretische Reduktion von Umweltkomplexität.

Erklärt ein Forscher, was hätte eintreffen *können*, oder warum etwas umso eher eintrifft, je unwahrscheinlicher es wird?

Auch Wahrheitsliebe ist und macht blind. Man kann ja so viele Rindviecher schlachten, wie man will, es bleibt immer noch eins am Leben.

Am selbstlosesten behandelt uns, wer uns für Teile von ihm selbst hält.

Unterdrückt wird, wer sich unterwirft. Der Zivilist gilt in Kriegsjahren oft als feiger Verräter, der Offizier in Friedenszeiten als bezahlter Sadist.

Orga(ni)smus. Henry de Montherlant teilte mit den Christen nur die weltverneinende Geste, die er als guter aristokratischer Nietzscheaner Nihilismus nannte - nicht viel anders als der linke Walter Benjamin.

Ad asperum per astra. Geschichtsphilosophisch triumphiert der Verfall nur durch den allgemeinen Fortschritt in Permanenz, nicht umgekehrt.

Wer Details moniert, sichert das große Ganze, und wer es erschüttern oder verbessern will, muß einfach immer mehr Einzelheiten bestätigen.

Facta sunt (con)servanda. Ist es nicht besser, sich durch logische Gesetze bremsen und einengen als durch menschliche Launen entführen zu lassen?

Bildungshunger und Wissensdurst beweisen nicht, daß es einst etwas zu essen, zu trinken und zu verdauen gab und geben wird. Laut Bloch sind die Menschen noch nicht satt, aber nicht, weil es nichts zu essen gebe, sondern weil das Brot noch kein wirkliches Brot sei. Das *nur* Gute ist laut Leibniz schlechter als das *auch* Schlechte und das Schlimme besser als gar nichts. Für das Nichts ist auch das Sein - nichts (nicht mal etwas Schlechtes), und für das Sein ist auch das Nichts - etwas (wenn auch nichts Gutes). Richtig leben heißt so viel leiden, daß wir am Ende, wenn wir sterben müssen, nicht mehr leben wollen : Sterbenwollen lernen, nicht nur Sterbenlernen wollen?

Erdkunde und Geschichte waren verhaßte Schulfächer, also Reisen, ob nun durch Raum oder Zeit. Man träumte lieber von Weltveränderungen als von Ortsveränderungen und zog die Zeitreisen durch die Geistesgeschichte vor. Macht man Weltreisen und Raumfahrten, um keine Zeitreisen zu machen? Die besten Bewegungen bildeten Spaziergänge und logische Konklusionen: Zwingende Übergänge von einem zum anderen Urteil. Und Aphorismen verbanden weit auseinander liegende Dinge schneller als jedes Flugzeug.

Fallacia non causae ut causae. Glauben heißt nicht wissen, ja, doch wissen heißt auch noch nicht glauben, daß es stimmt.

Geltungstriebansprüche : Dic cur hic. Gebote und Gewissen kommen vom Schöpfer, Gesetze und Gefängnisse von uns Geschöpfen.

Nicht Sklaven werden die besten Freiheitskämpfer, sondern Sklavenhalter.

Kunst verbreitet nicht einmal die Lehre, niemanden belehren zu wollen.

Schnapsidealismus : Erkennen heißt vergessen, erinnern heißt schönfärben.

Leben auf der Kinderwippe : Die schwerere Seite drückt down to earth und läßt die leichtere schadenfroh im Himmel „verhungern".

Redselige Unredlichkeit? Wäre diese Welt gerade so, wie du sie siehst, hätte sie sich längst zerstört und wäre gar nicht mehr da.

Ego nego. Zwischen uns steht meist nichts als unser Gefühl füreinander.

Können zeitlos geltende Urteile über vergängliche Dinge wahr sein, wie können wahre Urteile über wandelbare Dinge unwandelbar gültig sein?

A ratione ad rationatum. Wer Gesetze auch gegen sich selbst aufstellt, wirkt entweder strohdumm oder hochmoralisch.

Auch der Christ lebt nicht von Fleisch und Blut allein.

Warum sehen wir im gegenwärtigen Zustand leichter die Wirkung vergangener Ursachen als die Ursache künftiger Wirkungen?

Eine Handvoll Hände von euch. Kein Mensch kann die Welt jemals erschaffen oder verbessern, jeder aber sie mit in seinen Tod reißen. Erscheinen die kommenden sechs Jahre dir länger als die vergangenen sechzig Jahre, erreichst du die biblische Lebenszeit von 120 Jahren. Freiheit ist die Erlaubnis, mehr zu sein, zu haben, zu wissen und zu können als andere. Gleichheit ist das gleiche Recht aller auf die Freiheit, anderen nicht zu gleichen. Befreiung heißt für viele ein Rückfall hinter ihre eigene Entwicklung, um ihre frühkindlichen Prägungen rückgängig zu machen.

Nicht erst mit dem romantischen Rückgriff aufs Mittelalter, sondern schon mit dem im Christentum globalisierten biblischen Bilderverbot beginnt die Kunst für Hegel aufzuhören, die bevorzugte Gestalt jeder geschichtlichen Wahrheit zu sein. Das Wort Gottes vertritt seither die *eine* Wahrheit, die menschliche Kunst aber die vielen Götzenbilder. (Handeln : ein oft zu teures Probedenken und der Kunstgenuß ein Probefühlen ohne Konsequenzdruck.)

Das *Jenseits von Gut und Böse (Nietzsche)* liegt selber stets jenseits vom Guten : Jenseits von Wahr und Falsch ist immer jenseits der Wahrheit.

Zielstreber. Nicht erst tote Autoren dienen den Bücherwürmern zum Fraß

Nonfiction-Fiktion, Dekonstruktionskonstrukteure. Bildungsbürger heute sind eher unbemittelt und Besitzbürger unbelesen. Die einen wollen mehr Geld für ihren Geist erhalten, die andern halten sich Geistesarbeiter für ihr Geld. Einige schätzen falscher, was sie haben, andere falscher, was sie nicht haben, und danach werden sie noch immer geschätzt.

Schlüsse - und Beschlüsse - stimmen meistens, Begriffe und Urteile selten.

Kants subjektive Erkenntnisformen a priori müssen nicht selbst durch subjektive Erkenntnisformen gehen, um erkannt zu werden. Sie verhalten sich zur besonderen Materie a posteriori wie die *Erscheinung* zum *Ding an sich.* Der Verstand bestimmt das phainomenon, das noumenon die

Sinnlichkeit? Von unseren Erkenntnisformen unabhängig ist nur das sinnlich Gegebene, und allein die Aposteriorität individualisiert die allgemeinen Apprioritäten. Schmiegt sich die Form des Kleides dem weiblichen Körper oder der Kleiderstoff den weiblichen Formen an? Für Kant prägt sich die allgemeine Form dem besonderen Stoff auf, wie die feste Backform beliebig viele Plätzchen aus einem weichen Teig stanzt. In der Tradition hingegen paßt umgekehrt ein allgemeines Material sich der besonderen Form an wie eine Flüssigkeit dem Gefäß. Aus der Existenz des uns sinnlich Gegebenen läßt sich schließen, *daß* es Dinge-an-sich geben muß, nicht aber, *was* sie sind, und sie können unmöglich die *Ursachen* unserer Sinneserscheinungen sein, weil Ursache und Wirkung selber die Formen aller Erscheinungen sind. Erst Fichte erklärte auch das sinnliche Material zum intellektuellen Apriori und so das ominöse *Ding an sich* zur - praktikablen - Idee seiner selbst.

Über mathematische Naturwissenschaften ging Kant, um die Weltgeschichte vernünftiger zu machen und vor Gott *glückswürdiger* zu werden, nur mit (desinteressierten) Naturschönheiten und (fiktiven) Naturzwecken hinaus.

Ideen in meinem Kopf sind real wirksam, Realitäten in deinem Kopf ideal. Schon zu viel Zivilisation und zu wenig Natur oder noch zu viel Natur und zu wenig Kultur : Pluralismus gleichberechtigt ungleichwertiger Beiträge?

Ein Jahr verhält sich zum ganzen Leben nicht wie ein Apfel zum „Apfel".

Erst sind wir zu dumm, um zu lügen,
später zu klug, die Wahrheit zu sagen.

Die einzige „klassenlose Gesellschaft" bilden immer die Klassenfeinde.

„Die Sprache muß vor der Sache immer versagen." — „Feigling!"

Für gute Taten werden mehr Menschen belohnt als für gute Ideen, aber für böse Gedanken mehr bestraft als für böse Taten.

Der deutsche Idealist sei „der Mensch selbst als der große Ehelose der Welt betrachtet", sagte 1814 die Salonière *Germaine de Stael*.

Fortschritt ist reaktionär, weil er ohne mein Zutun automatisch kommt.

Früher war die alte Zeit gegenwärtig, und gegenwärtig ist sie vergangen.

Dynamis, Dynamik, Dynamit ... Es gibt einen philosophischen Stiltyp, der eine Verbindung von satirischer Glanzschärfe und idyllischer Höhlengeborgenheit anstrebt, von konfliktscheuem Sicherheitsbedürfnis und rivalitärem Geltungsdrang, irgendwo stehen geblieben zwischen verzärteltem Mamakind und ehrgeizigem Schulprimus (der - ohne es je zu eigener Vaterschaft zu bringen - den Vater bei der Mutter endgültig *ausstechen* will).

Logische *Gedanken Gottes **vor** der Schöpfung,* ästhetische Gefühle Gottes **in** der Schöpfung und moralisches Getue des Menschen **nach** seiner eigenen Schöpfung, seiner zur „zweiten Natur" gewordenen Kultur, dem Gegenstand der Geisteswissenschaften, der Texthermeneutik und Ideologiekritik, *subjektiv* nach Psychoanalyse und existenzieller Anthropologie, *objektiv* nach Recht und Moral, Staat und Gesellschaft - und zusammenfassend in monotheistischer Religion (für viele) und atheistischer Philosophie (für wenige). **Logik** und **Physik** vertreten die selige *theoria* nun nicht mehr als mathematische Naturwissenschaft, sondern als Logistik und Naturpoesie gegen die praktische Vernunft der Kulturwissenschaften, aber nicht einer geisteswissenschaftlichen **Ethik,** sondern einer geistreichen Moralistik.

Husserls *epochale* Einklammerung der Wirklichkeit für reduktive *Wesensschau* machte die Angewiesenheit der kantianistischen Vernunft auf empirische Sinnesdaten wieder rückgängig.

Hinter den sinnlichen Phänomenen verbirgt sich als Jenseits nur ihr gesetzmäßiger Zusammenhang, sprich unsere begriffliche Konstruktion, also wir selbst als „Dinge an sich", die - in der Praxis - als von Kausalitätsketten befreite Selbstgesetzgebungspotenzen auftauchen. Das „*Ding an sich"* entpuppt sich praktisch als *alter ego,* in dem ich mich selbst (an)erkennen soll, d.h. faktisch als (vom Knecht abhängiger) Herr oder als Knecht, der stoisch die bloße Freiheit der Gedanken verficht oder dogmatisch an allem zweifelt außer an sich selber, eine sehr wankelmütige Sehnsucht nach dem Unwandelbaren, eine nur geistige Freiheit in mönchischen Kutten-Ketten.

In meinem Privatinteresse sehe ich nur uneigennützige Sachlichkeit und in deinem Edelmut nur selbstsüchtiges Eigeninteresse. Menschen sind selber organische Wesen und erkennen nur anorganische Wesen in festen Gesetzen und andere organische Wesen lediglich in fließenden Analogien. Seltsam.

Nicht nur sollten geisteswissenschaftliche Verzögerungstaktiken technische Beschleunigungen ausgleichen, sondern umgekehrt mathematisch-naturwissenschaftliche Exaktheiten auch die Folgeschäden ästhetischer Vieldeutigkeiten und schöngeistiger Geschwätzigkeiten kompensieren.

Gnosis. Ist es für die Seelen und Geister nicht immer noch besser, in Leiber und Körper zu fallen als in bodenloses Garnichts?

Straft der Allmächtige dich auch dafür, daß er mich durch dich bestrafen läßt?

Esse vel velle. „Dieses intellektuelle Leben schwebt, wie eine ätherische Zugabe, ein sich aus der Gärung entwickelnder wohlriechender Duft, über dem weltlichen Treiben, dem eigentlich realen, vom *Willen* geführten Leben der Völker, und neben der Weltgeschichte geht schuldlos und nicht blutbefleckt die Geschichte der Philosophie, der Wissenschaften und der Künste." (A. *Schopenhauer:* „Parerga und Paralipomena", Band II.l, § 52)

Denkzettel, Zettelkasten, Kastendenken — Denkzettelkastendenken

Denken heißt begrifflich dem danken, was sich dem Schöpfungsveränderungsverzicht erkenntlich zeigt. (Phänomen heißt: *Daß* etwas enthüllt wird, verbirgt sich, und diese Verborgenheit selber enthüllt sich ganz.) *Exempla odiosa in contrarium.* Der Biotechnologe bastelt ja eben nicht an seiner eigenen persönlichen Gen-Ausstattung herum und läuft also kaum Gefahr, während dieser Selbsteingriffe sein Denken, Fühlen und Forschen merklich zu verändern. Das erleichtert ihm sein Tun erheblich.

Aus Epilogen der Epigonen. Wer ganze Weltkriege überlebt, hat verschämtes Glück gehabt, d. h. sich oft nur als unsensibler Holzklotz erwiesen.

Industrielle Arbeitsteilung oder demokratische Gewaltenteilung?

Wer wird schon überfordert zugeben, wie sehr ihm die zeitgenössische Technozivilisation längst so über den Kopf gewachsen ist, daß nur so etwas wie Kriege noch tabula rasa schaffen, damit er die Ärmel wieder aufkrempeln kann, um endlich elementarere Probleme zu bewältigen, statt vollversorgt verheddert in überkomplexen Systemstrukturen zu zappeln?

Genitum, non factum. Jeder ist dazu bestimmt, sich selbst zu bestimmen, und bestimmt sich dann doch nur dazu, über sich bestimmen zu lassen?

Wer nichts hat, will leben, und wer alles hat, will sterben?

Gibt es eine Schnittmenge zwischen der logistischen *Extensionalitätsthese,* nach der ein Begriff nicht mehr als die Menge seiner Gegenstände ist, und dem *Identitätssystem* Hegels, nach dem der wahre Begriff realisiert ist in seinen Objekten, die ihm adäquat zu entsprechen haben?

In der Lebenszeit geht es durchaus darum, frei zu werden, auch von sozialer Kollektivvernunft, aber nur, um eine überlegene, im Kosmos inkarnierte Weltintelligenz bis zu der dir in die Wiege gelegten - und sozial unvereitelten - persönlichen Grenze nachbuchstabierend verstehen und erstaunend würdigen zu können. Das „Buch der Natur" *(Augustinus)* neben dem Buch der Bücher ist weder ganz in idyllischen noch in aphoristischen Sätzen (aus dem Buch heraus) geschrieben, in Chiffren ohne transzendente Ziffern, in der Unbestimmtheit jeder Übersetzungstätigkeit und der Unausforschlichkeit der Referenzobjekte, wie Van Quine sagte. *„Ich will meine Hand nicht von dir lassen, bis daß du getan hast, wozu ich dich berufen habe."*

„Man begreift die Erde erst, wenn man den Himmel erkannt hat." (Joubert) Theorien sind nicht widerlegbar durch einzelne Erfahrungen, sondern nur durch ein ganzes System von ihnen, d. h. lediglich durch ganz andere Theorien ablösbar. Die Erfahrungen sind dazu da, Theorien, deren konkrete Anwendungen sie bilden, weniger zu falsifizieren als zu exemplifizieren. Theorien fungieren als Verallgemeinerungsversuche von Erfahrungen, also diese bloß als die Sonderformen ihrer Theorie. Ein Experiment und seine Auswertung kann in Widerspruch zu mehr oder weniger zentralen Teilen einer paradigmatisch dominanten Theorie stehen, aber keines sie je ganz außer Kraft setzen, selbst wenn es überhaupt nicht in den Begriffen dieser Theorie formuliert ist.

Überschätzte der frühere Carnap die deduktive Wahrheit theoretischer Entscheidungen ebenso wie der spätere dann die induktive Wahrscheinlichkeit praktischer (und pragmatischer) Entscheidungen? Paul Lorenzen schrieb in „Theorie der technischen und politischen Vernunft" (Stuttgart 1978, 153): „Jede Theorie ist nur sinnvoll aufgrund einer Praxis, das ist der Primat der Praxis", der hier bestritten wird, auch wenn der Primat der politischen über die technische Vernunft, also der Zwecke über die Mittel, geteilt werden kann. Wir suchen hier nur Gründe, den reinen Sprach-Axiomatiker Carnap gegen relativistische Pragmatisten und Operationalisten wie Van Quine und Putnam, Goodman und Lorenzen ein wenig zu verteidigen.

Die Hypothese des analytischen „Irrealisten" *Goodman* in „Sprachen der Kunst" (1968), daß Künstler die auch von anderen benutzten Symbole mit syntaktischer Fülle und semantischer Dichte anreichern und überfrachten, mag eine notwendige Bedingung treffen, doch die zureichende verfehlen.

Gott wurde Mensch. Der Mensch wurde Ding, und Gott ging nicht mit.

Erwartest du denn, dass ich deine Erwartungen erwarte? Metaphysische und physikalische Theorien haben immerhin gemeinsam, über unbeobachtbare Dinge wie Götter und Quarks zu sprechen. Entweder sind metaphysische Arbeitshypothesen auch sinnvoll oder physikalische dann auch sinnlos.

Leere Möglichkeit, blinde Wirklichkeit. Ein Gedanke ist auch die Summe der Kontexte, die neue Bedeutungsschattierungen an ihm hervorrufen. Daher sind die Ideen nicht nur deduktiv auseinander zu entwickeln, sondern nicht zuletzt auch aus fruchtbaren Anwendungsmöglichkeiten heraus.

Anthropologisch gilt der Mensch „physiologische Frühgeburt": Erst außerhalb des Mutterleibes kann ihm sein evolutionsentscheidendes Riesenhirn wachsen. Wächst auch später nur dem frühen Nestflüchter sein Großhirn weiter oder exzelliert der ewige Nest- und Studierstubenhocker?

Zergliederungen in Einzelsynthesen oder Synthesen von Einzelanalysen?

Ein System bestehe aus einer unsystematischen Methode, systemsprengende Systembestandteile herzustellen, Bausteine für „unendliche Theorien".

Zeitgenossen werden kommuniziert und exkommunizieren mit Göttern.

Was die Rezeption des naturphilosophischen Werkes von H. Conrad-Martius (1888-1966) bis heute blockiert, die metaphysische Deutung der modernen Physik und ontologistische Deutung der Naturwissenschaft, wäre ja gerade das Rezeptionswürdigste daran. „Zurück zur postökologistischen Natur" hieße heute vorwärts zur phänomenologischen Naturmetaphysik. Physik und Biologie sind seither fortgeschritten, doch ihre metaphysische Interpretation bleibt eines der wichtigsten philosophischen Desiderate.

„Zu beklagen ist der große Mangel an Stubenhockern und die Überzahl von weltfahrenden, an ihr vorbeifahrenden Akademikern." *(Botho Strauss:* „Der Untenstehende auf Zehenspitzen", München 2004, S. 71)

Steck den Kopf und schreib in den Sand im Getriebe, doch wer führt ein Leben, das von seinem Tod nicht so ganz widerlegt und verhöhnt wird?

Entia scribentia. Man schreibt ein Buch, um alle seine früheren Bücher zu korrigieren und es von seinen späteren Büchern korrigieren zu lassen, ohne daß der Abstand des letzten vom ersten Werk ihrer aller Abstand von dem Realen oder Idealen jemals nennenswert verkleinern wird.

Relativ absolut oder absolut relativ? Ist ein Name, ein Individuenausdruck, der Inbegriff der in ihm zusammengefaßten Sinneseindrücke wie ein Begriff der Abkürzungsausdruck aller unter ihn fallenden Individuen? *Sicht auf ein Gesicht.* Der Mensch ist ein „endliches Wesen", doch selbst seine Endlichkeit kann ein Ende haben und ist nicht vollendet. Selbst Philosophen wollen dem Meer auf dem Meer nicht auf den Grund kommen.

Genaue Wesenserkenntnisse gibt es nur ohne exakte Wissenschaften u. u.

„Contemplator coeli". „Dialektik der Aufklärung" gebietet vernünftigeren Vernunftgebrauch, doch nicht nur Nächte klären auf und erleuchten.

Habermas unterstellt, daß Streithammel die Einigungskapazität eher lernen müßten als Harmoniesüchtige die Kampfcourage, aber ist Konsensfähigkeit nicht ohnehin habituell verbreiteter als Konfliktfähigkeit?

Wer die Wahl hat, hat die Qual erlitten oder zugefügt - und genossen?

Heldenmut oder Herdenmut : „Feigheit ist der Menschheit Bestes... Ruhe, Stille, Sofa und eine Tasse Tee geht über alles …" (Th. Fontane).

Mauern zeigen, woher der Wind weht. Wer sicherer leben will, muß sich unsicherer fühlen, und was wir kaum fürchten, das merken wir kaum.

Ist Gott der wahre Sophos ist, ist der Philosoph der nachbuchstabierende Gottesfreund und theophile Philosophie begriffliche Gotteserkenntnis.

Philosophie ist auch die Liebe zum Witz an der Urur-Sache.

Viel versäumt? Du entgehst dem, was dir entgeht.

Liegt es auf der Hand, daß sie die andere wäscht?
Erfahrlässig ... erfahren, bewandert, wallfahren, wandern, wandeln, winden, (wiederholt) wenden, wallen, wehen, gehen, pilgern, schweifen...

Wer Schuld leugnen will, leugnet am besten gleich Gott, der ihn schuldig sprechen und strafen kann, und wer Gott leugnet, hat Schuld abzuleugnen.

Klugheit macht klüger, Demokratie Demokraten und das Gesetz gerechter.

Du siehst, (daß es nichts ist mit dem) was du siehst. Logiker : die interessantesten Langweiler und Weltreisende die ödesten Stimmungskanonen.

Exekutive frißt Legislative? Rechtssicherheit heißt oft, daß nicht Gnade, sondern Sicherheit vor Recht geht und das Recht auch seine eigenen Ausnahmezustände regeln muß und seinen gewaltlosen Widerstand mit aller Gewalt verteidigt. Ist Rechtsfriede Kampf aller Rechtsansprüche gegen alle, und muß der Rechtsstaat oft verletzt werden, um ihn nur zu erhalten?

Definire vitae nequit. Ist der Tod das Ende aller Wiederholungen oder umgekehrt jeder Wiederholungszwang schon ein Todestrieb?

Heute kann die Natur offenbar nur noch als Sozialprodukt wahrgenommen werden, ohne normative Kraft des faktischen Gottgeschaffenseins. Mit der Naturalisierung der Normen ist die Normativierung der Natur abgeschafft.

Logistik statt Mathematik, Naturpoesie statt Naturwissenschaft, Moralistik statt Kulturwissenschaft? Logischer Positivismus der analytischen Philosophie, phänomenologische Naturphilosophie und phänomenologische Existenz- bzw. Affektphilosophie statt diskursethische Transzentalpragmatik ...

Der Aristokrat Plato setzt im „Timaios" die Invarianz der kosmologischen Ordnung als Urbild der politischen Ordnung an, doch da er die Schöpfungs-Ordnung als hierarchische Herrschaft der Wenigen über die Vielen mißversteht, wird politische Oligarchie nur naturrechtlich legitimiert. Prästabilierte Harmonie der Sphären soll hier jeder Gesellschaft als Vorbild dienen.

Widerstand der Außenwelt oder Widerspruch der Mitwelt? Wenn Gott tot wäre, gäbe es gar keine objektive (von Menschen unabhängige) Welt mehr. Dann wäre der „Konstruktivismus" die einzige legitime Philosophie einer technischen Welt, wo relativistische „Irrealisten" mit guten Gründen oder mutwillig „neue Welten aus alten" (Nelson Goodman) erzeugen und dann beschreiben oder umgekehrt erst skizzieren und dann kreieren. Man könnte noch einen Schritt weiter gehen und sagen, daß Menschen seit geraumer Zeit ihren Schöpfer verleugnen, um die unverfügbar objektive, meinungs-resistente Welt zu leugnen und sich als konkurrenzlos einzige „Welterzeuger" übrig behalten zu können.

Faulpelze lassen sich ungern auf frischer Untätigkeit ertappen.

Gerade Denker, die Philosophie nicht nur als akademische Wissenschaft, sondern auch aus persönlicher Bildung betreiben wollen, versagen nicht selten persönlich („existenziell") bei politischer Bewährung ihres Denkens, während „szientistische" Philosophen, die nicht mehr als Wissensexperten auf ihren personfremden Sachgebieten sein wollen, sich oft menschlich besser bewähren (mögliche Ausnahmen : Frege und Jaspers).

Am liebsten möchtest du sagen : Es ist un-er-träg-liche Altersgeschwätzigkeit, wenn einer das einmal erteilte Wort partout nicht wieder abgeben will, als habe man so viele Schätze an die Jüngeren weiterzugeben, daß man von denen nichts mehr lernen könne. Der Greis redet und redet, daß man der Jugend zuhören müsse, um jung zu bleiben, und altert und altert dahin auf seinem Redefluß, der ins Tote Meer des Schweigens mündet. Redet er, ohne es zu merken, gegen seinen Tod an, fragst du dich, oder kann er die Sätze im Munde so wenig halten wie sein Wasser in der Hose? Ist denn „Sprachinkontinenz" (Logorrhoe) als ein geriatrisch relevantes Problem bereits anerkannt? Die Worte schießen mit essentiellem Bluthochdruck aus dem rotvioletten Kopf und prallen auf dein höflich zuwartendes Gesicht, dem du den Ausdruck wohlwollender Aufmerksamkeit aufzuprägen suchst. Du willst deinen guten Willen zeigen, auf den du dir nicht wenig zugute hältst, weil es ja nicht Qualität des Gehörten ist, die dich hindert, dem Alten in die Parade zu fahren, das haltlose Wort abzuschneiden und ein neueres Thema anzuschlagen. Es ist auch keine Ehrfurcht vor dem Alter oder Furcht vor dem sanktionsfähig Mächtigen. Du weißt ja, daß du guten Gewissens dummes Zeug nennen darfst, was du vernimmst aus diesem zerfransten Altmännermund, der sich sein gutes Recht nimmt, alle in Grund und Boden zu sabbeln, ohne Gegenwehr befürchten zu müssen.

Was ich erfassen kann, muß mich schon erfaßt haben,
doch was dich mitnehmen kann, hast du schon vorweggenommen.

„Selbstfindung"? Finde dich, ja, aber doch in andere hinein, bitte schön. Schönheit? Nichts spannt so auf die Folter wie alles, was die tiefste Entspannung verheißt. Schoß : Bedrängte suchen auf engstem Raum das Weite.

Wer Meßinstrument *ist* und keines hat, kann nie Naturwissenschaftler sein.

„Macht euch die Erde untertan." Laßt die Erde (und nicht andere Leute) für euch arbeiten und bearbeitet sie nicht selber.

Leichter halten sich ja Dumme für klug als Häßliche für schön, doch demokratisieren durch Schminken und Schulen läßt sich wohl beides nicht.

Aphorismen sollten den Wesenskern, also mehr als nur den ausbesserbaren Rand von Weltbildern und Überzeugungsstrategien treffen.

„Das Leben der Erkenntnis ist das Leben, welches glücklich ist, der Not der Welt zum Trotz." *(Ludwig Wittgenstein,* Schriften I, Seite 174)

Keine Selbstfindung ohne Selbsterfindung und keine Selbsterschaffung ohne Selbstentdeckung. *Eine* unendliche Gotteswelt oder unendlich viele Menschenwelten? Das „Menschenmögliche" eines instinktdefizitären Mängelwesens umfaßt tunlichst viel mehr als das „Naturgegebene" plus Institutionelle und viel weniger als das widerspruchsfrei „Denkmögliche".

Hirten(nomaden) „sind die Erfinder der Muße, ... der Hauptbedingung auch für die theoretische Lebensform." Schon sie entdecken die „alle Lebenszeit überbietende weltzeitliche Anforderung an die geschichtliche Geduld des Menschen." *(Hans Blumenberg:* „Lebenszeit und Weltzeit", Frankfurt/M. 1986, S. 194) In späteren Hochkulturen müssen erst Spezialisten von der Sklavenarbeit für andere freigestellt werden, während für Hirten, die Viehherden und Naturwissen zugleich hüteten, diese „Theoria" ohne Arbeitsteilung zwanglos abfiel und im Garten Eden vielleicht immer gemeint war.

Hat nur Kultur den Grund, Wert, Sinn und Zweck, den die Natur entbehrt?

Cura et curiositas. Wer will durch Erfahrung enttäuscht werden können? Stoiker hoffen überhaupt wenig und Christen wenig vom Diesseits. Jede Gegenwart darf sich der Vergangenheit überlegen wissen um den Preis, sich der Zukunft unterlegen zu fühlen, und umgekehrt.

Wir sind nicht Marionetten Gottes, doch ohne ihn Marionetten der Welt. Gott und die Welt und die Seele: Jeder der drei Eckpunkte trennt die beiden übrigen voneinander und hindert sie, sich — auch gegen ihn — einig zu werden. Wer nachdenkt, denkt die und den Gedanken Gottes nach.

Es geht dir um alles, das All geht dich an. Da steht die Welt, und du gehst vorüber. Philosophen denken, was ihnen zugedacht ist.

Der Mutterbrust entwöhnt, gewöhnt man sich an Frau Welt, um doch im Alter wieder alles immer ungewohnter und ungewöhnlicher zu finden.

Abschlußresistent evidenzbasiert war alles wunderbar
oder bar aller Wunder?

Erst einmal wäre ja zu entschleiern, wo Schleier liegen
und was dafür gelten soll.

Künstler und Christen unterscheiden sich darin, daß hier Junggesellen das Eheglück und dort Verheiratete Ehebruch und Ehescheidung rühmen.

Am Beispiel des armen Kafka fällt ja besonders auf, was von ausgequälten Dichtern oft notiert wurde : Nach ihrem Tode leben von ihnen besonders wohlgenährte, selbstgefällig weitläufige Leute, die sich mit ihnen wichtig tun und verwechseln, obwohl sie den Leidenspreis nie zahlen würden.

Blumenberg ist einer der wenigen zeitgenössischen Philosophen, die metaphysische Fragen nicht schlankweg eskamotieren, aber doch unzureichend abfertigen, was beim heutigen Niveautiefstand auf diesem Gebiet natürlich weniger auffällt als das Unikum, daß hier einer überhaupt die Metaphysik noch unverdrossen säkularisiert und umfunktioniert statt lässig totschweigt.

Gesellschaft, das ist laut Hegel primär kein einzelnes Kollektiv, das seine Mitglieder organisch ausgliedert und dann solidarisch aufeinander bezieht, sondern am Ende der Inbegriff aller selbstbewußten Subjekte, die nach Fichte einander als gleichberechtigte Gegenspieler (an)erkennen. Der „Holismus", bei analytischen Philosophen wie Quine der Weisheit letzter origineller Schluß, ist bei Hermeneutikern am anderen Ende der

Skala eine nur triviale Denkvoraussetzung. Welcher Weisheit letzter Beschluß von Phänomenologen und Transzendentalpragmatisten dient nun bei logischen Positivisten und Sprachanalytikern umgekehrt gerade nur als eine axiomatische Prämisse?

„Gegenbewegung zum Versuch einer vernunftstolzen Geschichtslosigkeit" des Aufklärers Kant und seiner Natur(wissenschafts)philosophie: „Die Geschichte ist das Schicksal." *(Hans Blumenberg: „Glossen zu Fontane", München 1998, S. 49) Dein* Schicksal aber sei eine Gegenbewegung zur ideologischen Schicksalhaftigkeit von Geschichte, Gesellschaft, Ökonomie und anderen Supra-Strukturen. (Anschlußstellen winken auch bei Cohen, Carnap, Löwith u. a.) Schopenhauer erwartete von Geschichte Fortschritt weder im Verfall noch in der Weltverbesserung, sondern nur eine ewige Wiederkehr desselben grauen Elends unter immer neuen bunten Masken. Wer auf wenigen Inseln der Seligen den Schlachthäusern der Erde entrinne, stehe vor dem moralischen Imperativ, dieses privilegierende Glück, das vielleicht nur zur Probe auf Zeit verliehen wurde, auch anspruchsvoll zu nutzen und nicht unter Preis zu verspielen — und sich den verdienten Entzug dann doch einzuhandeln. Sinnvoll erscheint unter heutigen Bedingungen nur noch eine Geschichte, die an der Aufhebung ihrer eigenen Hegemonie arbeitet. Zu rechtfertigen wäre ihr Gewicht nur noch als Kampf gegen ihr eigenes Übergewicht über Naturzyklen und kulturidyllische Kalmierungen : Besonnenes Einfrieren des naturwissenschaftlich-technischen Fortschritts, Gleichverteilung bis dahin erwirtschafteter Potentiale auf *alle* Erdbewohner, radikale Arbeitszeitverkürzung, demokratischer Abbau der Hochleistungsgesellschaften.
Die Stoa zählte die Ethik zur Physik, als deren praktische Nutzanwendung. Wo nicht mehr die Einsicht in die Natur den Einklang mit ihr grundiert, braucht es weiter den einen Gott als anerkannten Menschheitspädagogen.

Sinn und Verstand vergröbern das Atomgewimmel
zu sozialem Menschengewimmel.

Vergibt man nur Leuten, von denen man sich noch etwas erhofft?

Ars nuda veritas brevis. Was gelungen sein mag an manchem Buch, hat der Autor auch gegen sich selbst geschrieben.

Logiker: Inter mortuos liber. Wer paßt sich schon der Welt an? Man läßt sie stehen, setzt sich die Maske auf, die man ihr abreißt, oder löst eine Haut von ihr ab, die man sich überzieht, bis sie paßt und anwächst.

Nichtspieler stehen abseits und als Mitspieler im Abseits.

Du bist der Blickwinkel, den du nicht siehst und aus dem du alles siehst.

Wer überall in der Fremde ist, muß nicht verreisen, um sie kennenzulernen. Kleine Leute lieben das große Ganze, große Menschen die Kleinigkeiten. Nicht wenige leben von der Kraft, mit der sie sich hart bekämpfen lassen.

Nur Unzeitiges und Zeitloses geht in die Geschichte ein, sagen Nachzügler.

Dann noch und dennoch ... Sprich von der Welt und du äußerst dich selbst. Sprich von dir selbst und du redest wie alle Welt über alle Welt.

Zur Wahrheit manches Menschen (und nicht nur seines Kritikers) gehört, daß er häufig lügt (und nicht nur zwanghaft irrt).

Zurück zur Natur, d. h. der Zukunft und allen Futurologen immer voraus.

Einsatz statt Einsicht? Gibt es ein während der Naturevolution unverändertes Gesetz der evolutionären Veränderung von Naturgesetzen?

Was sich noch niemand ausgedacht hat, muß deshalb noch nicht existieren.

Weder Insider noch Außenseiter: Unser Diesseits war sein Jenseits, sein Diesseits unser Jenseits. Bei Kafka glaubt der treue Leser sich noch gut aufgehoben mit seltsamen Schwächen und unbehebbarsten Lebensunfähigkeiten, die er bei den robusteren Autoren oder anderen Kultureinrichtungen längst nicht mehr eingestehen und verständnisvoll aufgenommen fühlen darf. Allerdings sollte dieser Leser sich irgendwann klarmachen, daß sein Vorbild Kafka wohl lebenslang weltmeisterhaft scheiterte, aber ja nicht bei verzweifelten Widerstandsversuchen, sondern bei den verzweifelten Anpassungsversuchen an pedestre Verhältnisse, die das nur wenig verdienten. Hier darf man sich ungestraft auf die Nobelpreiswürdigkeit feiger Lebensängste berufen, ohne gleich an obligate Therapiedienste weitergereicht zu werden.

Gut und gütig sein heißt heute, vom eigenen Weg abkommen?

Volk ist als Ganzes mehr als die Summe jener Teile, die es „anführen".

Wahrheiterkeit und Froh-*Sinn des Seins* : Ernstfälle des Lebens wegspielen mit Liebesspielen, Gesellschaftsspieltheorien und Redeschlachten?

Man müßte so lange existieren wie das All, um sich alle Wünsche zu erfüllen : Wer weniger Zeit hat, habe weniger Absicht und mehr Einsicht. Gönnt sich oder duldet der Kosmos seine Sinnierer und Spekulanten?

Max Frischs kitschiger „Homo Faber" entdeckt eines Tages, daß es jenseits seiner Linien und Zahlen noch so etwas wie Gefühle und Unvernunft geben muß, aber erst beim Tochterinzest. Wo bleibt der Roman, der einmal zum gegenteiligen Thema macht, daß es jenseits trüber Launen und Affekte ja auch noch eine leuchtende Welt kristalliner Gesetze und Formen gibt, die es mehr als wert wären, lebenslang studiert und bewundert zu werden?

Hegel verspottete Bukolik und Idyllik schon deshalb als langweilig, weil ihm die Natur - als bloß entfremdetes „Anderssein des Geistes" - fremder und langweiliger blieb als alle menschliche Gesellschaft und Geschichte.

Viel Geist schlagen aus wenig Körper? Chamissos *Peter Schlehmil* verlor seinen Schatten, an dem ihm nichts lag, weil er so lebte, daß die Sonne stets über seinem Scheitel stand und kurz vor Sonnenuntergang sein Schatten theoretisch in den Weltraum fiel und nicht mehr den Erdboden berührte ...

Ohne unrealistische Poesie wird jede Realität so abstrakt wie ihr Begriff.

Vieles hat genau so viel Wahrheit, wie erforderlich ist,
um gute Lüge zu sein.

Versteck dich nur vor mir hinter deiner Hilfsbereitschaft.

Werden Kulturrevolutionen gefördert, um Sozialrevolutionen vorzubeugen, damit nach mehr *law and order* gerufen wird?

Kosten und Bericht erstatten. Sachen sollen nicht sprachlich erfaßt werden, sondern müssen sich durch dich aussprechen wollen. Du bist nicht mehr aus deiner Zeit zu verstehen, wenn sie auch aus dir zu verstehen ist.

Wer Vernunft als bloße Rationalisierung rationalisiert,
kann auch Gefühle zu gefallenen Gedanken erheben.

Eigene Träume bewachen den Schlaf, doch fremde Träume schläfern ein.

Erfolglose Kunstwerke *können,* erfolgreiche *müssen* epigonal sein.

Kollektive machen dich schwach, und Schwache suchen Kollektive.

Tu mir Gutes, um mich nicht hassen und dich dafür verachten zu müssen.

Pflege in dir ein kostbares Instrument, daß dir nur überlassen wurde, etwas Besonderes darauf zu spielen, bevor es seinem Besitzer zurückzugeben ist.

Getrennt von keinem, vereint mit keinem? Innere Leere beseitigt man nicht durch Wünsche und Wünsche nicht durch Erfüllung.

Ausdruck steuert hindurch zwischen reinem Ausbruch und reiner Abwehr.

Eine neue Idee muß den Philosophen befähigen, sein Gedankengebäude in ein Kartenhaus zu verwandeln, das er sich vom Leibe denkt.

Ist das „transzendentale Subjekt" die ganze Gesellschaft oder ein Erzengel?

Am sichersten vor Entlarvung fühlt sich ein Lügner, der Lügner entlarvt.

Prosa kommt zur Sache durch Sprache,
Poesie zur Sprache durch die Sache.

Knaben werden von Müttern geboren, Männer von Vätern.

Beweise ruhig vergeblich, wo außer dir niemand zweifelt.

Man kann Geschehnisse nie ungeschehen, aber ungeschichtlich machen.

Laß *dich* durchschauen, aber nicht, *daß* du andere durchschaust.

Arme Autoren hindert ein Brotberuf, Brotarbeiten schreiben zu müssen.

Brücken unter dem Abgrund. Wer sich zu ernst nimmt, wird nicht ernstgenommen, und wer sich gar nicht ernst nimmt, erst recht nicht.

Ethik war einmal der natürliche und zugleich logische Versuch der Physik, über sich hinaus zu gelangen, ohne aufzuhören, Physik zu sein.

Eingeordnet als nicht einzuordnen. Wer seine Selbständigkeit nicht in der Einsamkeit sucht, findet sie eher in Selbstlosigkeit als im Selbstmord.

Die Politik ist unser Pseudo-Schicksal, und auch Hampel-*Männer machen Geschichte,* die übrigen nicht einmal ihre eigene Lebensgeschichte.

Solve et coagula. Vertrieben aus allen Paradiesen jenseits von Eden, ist gottgegebene Selbstbehauptung allein möglich durch Gottergebenheit.

Starke geistige Widersprüche lösen sich durch keine sexuelle Entspannung. Mancher schüchterne Habenichts fühlt sich zum Künstler berufen, um sich nicht einzugestehen, daß er lieber den reichen Frauenhelden spielen würde.

Frauen: Göttinnen, Tiere (Katzen, Schlangen, Vögel...), (Nutz-, Zier) Pflanzen oder Landschaften (Meere, Flüsse, Wüsten, Wälder, Äcker...)?

Müßte ein sechzehnjähriger Jüngling sich für seinen sechzigjährigen Körper schämen, würde er mit sechzigjährigen Frauen vorlieb nehmen.

Entweder der Autor stöhnt und der Leser jauchzt oder umgekehrt.

Entweder du schreibst authentisch oder allgemeinverständlich.

Manches Leben war kürzer als sein Sterben.

Man entwertet Ideen und Ideale, um nicht von ihnen entwertet zu werden.

Ignoranten ignorieren? Mancher Mensch läßt sich verstehen und jeder Unmensch erklären. Würden die Dinge ihrem Ideal besser angepaßt, würde das Ideal von ihrer Erfahrung nicht so gut widerlegt.

Begrifflich *könnte* und ideell *sollte* mehr sein, als was (virtuell) ist.

Ihre Natur enthüllt die Natur am klarsten an ihrem Ursprung und verhüllt sie am sichersten, wenn das Ziel der Geschichte den Ursprung verleugnet.

Prudentia, providentia. Wahre Propheten weissagen, was zu tun wäre, um geweissagten Prognosen zu entgehen.

Eine Diktatur hält ihre Untertanen erfolgreich davon ab, in der Demokratie kleine Diktatoren abzugeben.

Ohne unerkennbaren Gott kannst du dich noch weniger erkennen als Ihn.

Was Aristoteles als konstitutiv für Wissenschaft ansah, das Erfassen „substantieller Formen", sah Ernst Cassirer als konstitutiv für Kunst.

Lebendige aristotelische Formen wurden zu wissenschaftlichen Formeln und sinnliche Funktionen zu künstlerischen Formen. Wirklichkeit und Verneinung, haben sie nie gemeinsam, enttäuschte Erwartungen zu sein?

Der modernisierte Mensch ist für so manches Laster und Verbrechen zu haben, außer es erfordert so viel Courage wie die Rechtschaffenheit.

Philosophen sind wohl weder bessere Könige noch deren bessere Berater.

Kafka wird verkannt als Widerstandskämpfer wider Willen, der seine Mitmenschen als unfreiwillige Anpassungskünstler verkannte.

Ungemütliches Gemüt. Wenn unsere Zeitgenossen glauben, daß Gott tot sei, glauben sie nicht, daß der Teufel gesiegt habe, sondern auch tot sei.

Erst verklärt man seine Kindheit, um sie sich dann vom Alter zu erhoffen.

Verzichtet Balzacs „Oberst Chabert" aus Weltekel oder Schwäche auf Gerechtigkeit? Es befriedigt wenig, daß der Held einen banalen Schluß vermeidet um den Preis, beide Haupthalunken ungestraft laufen zu lassen.

Abstellgreis. Ein bellendes Gewissen beißt nicht den, der es hat.

Feigheit findet zuweilen den kürzesten Umweg, das Leben zu verlängern.

Noxen : Unberechenbar für alle wird vor allem, wer alles berechnet.

Aristokraten nennen sich Leute, welche mit Hilfe von Gesetzen stehlen und dann den Rechtlosen illegal helfen.

Wer stets um den heißen Brei herumgeht, sieht eine Sache von allen Seiten.

Rekurrenz? Kehr um und du erweiterst wenigstens deinen Blickwinkel.

Leute gibt es ... wer nicht mit ihnen leben will, der soll für sie sterben.

Gut gedeiht auch ein Totalitarismus der Entfremdung vom großen Ganzen.

Demut? Nach Erfindung des Mikroskops glaubte kein Mensch sich mehr klein machen zu müssen, um die Dinge zu vergrößern.

Ein einziger Irrer kann uns alle normalisieren
und ein einziger Gesunder alle um den Verstand bringen.

Lampenfieber vorm Jüngsten Gericht?
Keiner wird nur als Zeuge geladen.

Sprache entsteht eher aus Gesprächen als aus Absprache und Machtworten, doch warum beweise ich mich selber stets besser, als ich dich widerlege?

Verstand hat die Menschheit erworben und jeder Mensch mitbekommen.

Verbrecher sind meistens angesehener als die Tölpel und Pechvögel, weil sie bereuen und ihre Energien besseren Zwecken widmen könnten.

Apraxie. Die Endung „-heit" bedeutet: Wesen, Rang, Art. „Heiter" heißt: (er)scheinend, leuchtend, hell. Attraktives soll man nicht traktieren und abstrahieren, sondern bloß Betrachtungen anstellen über Betrachtetes.

Wer enger mit sich zusammenhängt als mit anderen, gilt als Persönlichkeit.

Nicht Unmenschen haben Utopien verraten, sondern diese jene gefordert.

Stärker als die Naturphilosophie, die längst Philosophie der Naturwissenschaften geworden ist, spiegelt die Naturpoesie das Ineinander der von uns gemachten und von uns *nicht* gemachten Realität, von Subjekt und Objekt, von göttlicher Wirklichkeit und menschlicher Auswirkung. Solche Naturästhetik übertrifft jede säkulare Ökologik durch Bezug auf Schöpfungsherrlichkeit, die sich unserem Trachten und Betrachten zu Nutz und Frommem überläßt : Allein sie realisiert heute noch das Programm einer metaphysica specialis, weil allein sie noch Gott und die Welt und die Seele aufeinander bezieht, uns also den Schöpfer und seine Schöpfung innewerden läßt, das ganz Veränderliche und das ganz Andere zugleich.

Ein guter Fachmann wird man, um kein guter Mensch sein zu müssen u. u.

Am fremdesten bleiben uns Kulturen, die noch gar nichts Fremdes kennen.

Die Welt macht uns Druck und daher Eindruck. *Mit* seinen Gedanken soll der Philosoph nichts erreichen, nur *in* seinen Gedanken. Philosophien können Welten sein, die nicht existieren, in denen man aber existieren kann. Sie raten jedem Herdentier, sich einmal in sich selbst hineinzuversetzen, und die erfolgreichste Philosophie beruht immer darauf, etwas zu denken zu geben, um es undenkbarer zu machen.

Jeder hat sich selbst vom Anspruch auf genauso viele materielle Mittel ausgeschlossen, wie er andere davon ausschließt.

Ohne Hast und Rast. Wer ihre logischen Strukturen formal erfassen will, muß die natürliche Umgangssprache schon so arg verrenken und verzerren, daß es sich oft kaum noch um ihre eigene Logik handelt. Lassen sich nun formale Logikkalküle auch anthropologisch bzw. psychologisch interpretieren oder umgekehrt Philosophien logistisch formalisieren? Intensionale Modalkalküle wurden ja bereits moralphilosophisch oder rechtstheoretisch genutzt, logische Antinomien wurden schon für dialektische Widersprüche ausgewertet, und ließe sich das ausweiten auf neuere Anwendungsfelder? Das war schon die Frage des Zwanzigjährigen, und sie stellt sich weiter.

Sterbend lernen müssen, daß es mit dem Leben letztlich nichts ist und war?

Ein Talent ist die Gabe, Talente *(altgriech.*: Münzart) zu verdienen.

Demokratie? Gott ist eine Bezeichnung dafür, daß es nur *eine* objektive Wahrheit gibt und daß niemals nur *ein* Mensch sie verkörpert oder besitzt.

Leben heißt, vom Baum des Lebens nicht essen dürfen, weil man vom verbotenen Baum der Erkenntnis, was gut ist, gegessen hat - um zu erkennen, daß man besser vom erlaubten „Baum des Lebens" hätte essen sollen. Will Gott nicht durchschaut werden, *warum* eigentlich gut ist, was Er schuf, und schlecht ist, was Er nicht schafft? Lockte Er uns an den Erkenntnisbaum, damit wir nicht vom Lebensbaum unsterblich werden wie Er, und machte Er uns zu Rivalen gegeneinander, damit wir nicht mit Ihm konkurrieren?

Erkenntnisvermögen ist die Fähigkeit, nicht den Ausgang aller Geschichte abwarten zu müssen. Wahrheit heißt eben nicht, daß deine konkrete Welt-Anschauung mit der „Welt an sich" übereinstimmt, sondern mit deinem abstrakten Begriff von ihr. *Zeit* ist unsere Art, ewige Dinge schrittweise zu erfassen, von Aspekt zu Aspekt und nicht im Nu.

Im Christentum wird nicht nur gezeigt, wie das göttliche Grundgesetz lautet, sondern darüber hinaus, wie ein Mensch prototypisch für alle anderen dieses - leicht veränderte - Gesetz mit Fleisch und Blut erfüllt. Christentum heißt Gottespräsenz im Fleisch statt „nur" im Wort, meinetwegen, aber warum hat Gott die Schriftpräsenz seiner *einen* Wahrheit nach dem Durchgang durch die hellenistisch-christliche Fleischespräsenz dann noch einmal als eine Wortpräsenz welthistorisch wiederholt? Wurde damit nicht doch die Schriftpräsenz von Wahrheit über die personale Inkarnation hinaus bekräftigt - gegen *Klaus Bergers* Intention in seinem neuen Jesus-Buch? Das Wort ist Fleisch geworden, doch das christliche Fleisch muß wieder Heiliger Geist werden, Hegel hat das gewußt. Sollte diese „eine" Schriftwahrheit letztlich dann nicht doch vor den Gefahren des anthropomorphistischen Mystizismus bewahrt werden?

Mathematiker sprechen schon von Realisten und Naturalisten,
wenn Physiker natürliche und reelle Zahlen verwenden.

Wir stoßen auf unsere intrinsischen Mechanismen der Welterzeugung, die in jedem vorinstalliert sind, ganz ähnlich wie auf antreffbare Dinge der Außenwelt. Was nützt aller mehr oder weniger radikale Konstruktivismus, wenn die inneren Welterzeugungsmechanismen mir ebenso vorgegeben sind wie die damit angeblich allererst konstituierten Außenweltobjekte, die selbst produziert zu haben ich ja nur vergessen oder verdrängt haben soll. Meine vormals subjektive Innenwelt kann dann von der (unerforscht bleibenden) Innerlichkeit der Forscher als eine hirnphysiologische Außenwelt untersucht werden. Die „Subjekt-Objekt-Relation" wird dadurch nur verschoben auf die Beziehung des Forschers zu meiner objektivierten Subjektivität. Oder erforscht ein Teil des Hirns nur ein jeweils anderes Teil, als eine selbstreferentielle und selbstexplikative Projektion?

Nachlesen. Nur Bücher können er-lesen sein, Weine nur ertrunken.
Nicht jeder lebt nach den Tode weiter — wie Goethe oder Einstein.

„Mach, was du willst." Du machst doch nur, was du bist (oder sein willst).

Je pense, je suis: Ich denke mir, ich bin mir (oder dir) sicher.

Alles Sinnliche hat am himmlischen Sinn des Lebens nur jenen Anteil, den dieser Sinn immer schon am Sinnlichen genommen hat.

Geistige Welt ist alles, was nicht auf den Kopf gestellt oder gefallen ist.

Jedes Verhalten, das Haushaltung annimmt, schlägt verhaltene Töne an.

Das Wesen aller Lebewesen: Sie bewegen sich selbst. Aber der Mensch allein kann ohne Automat bewegen, *daß* er sich (ganz von) selbst bewegt.

Was du von der Welt aufnimmst, nimmst du (von) ihr auch ab *(und weg)*. Mancher Philosoph kultiviert das Staunen, weil er gar nicht begreifen will. Er hat keine Ahnung: Er weiß alles. Der Sommer ist ihm nicht grün.

Der liberale Staat ist wenigstens so intolerant, daß er sich von Lehren trennt, die sich niemals vom Staat trennen wollen: Er schützt Minderheiten vor der Mehrheit nicht weniger als die Mehrheit vor den Minderheiten.

Objektive Schlüssigkeit macht subjektiv unentschlossen, und Entschlußkraft macht Schluß mit logischen Schlüssen. Cioran schrieb 1987, Reinheit sei nur schwer erträglich, da mit dem Atem unverträglich. Vielleicht wird man Mathematiker aus Todesangst: Wer sich mit logischen Wahrheiten beschäftigt, hält sich am Ende für ebenso unsterblich, wie sie ewig gelten.

Bei aller Vorliebe für Psychologie, Existenzphilosophie und Literatur ging niemals das Gefühl verloren, daß dort die kleineren und größeren Gefühle eher outriert werden, als eine Bescheidenheit vor sachlicher Objektivität einzuüben. Zuviel Aufhebens wird gemacht von innerem Aufruhr, der in den klassischen Epochen leistungsdisziplinierend modelliert wurde von wissenschaftlichen (und sportlichen) Disziplinen. Naturgesetze und Denkgesetze beruhigen, statt Affekte zu affektieren in luxurierender Subjektivität, einer Blague außer aller Proportion, die sich in Launen sielt. Der Subjektivitätsfuror, der den Naturwissenschaftskultus überkompensiert, verträgt sich übrigens mit jeder Art von Coolness und Passionstabu. Man vergesse auch nicht ganz, daß Hegel bei allem „bacchantischen Taumel" seiner Dialektik ein eher nüchtern trockener Mensch war.

Pessimismus: Zeitvertreib der Unsterblichen. Sterbliche haben es nie hinter sich, immer etwas vorzuhaben. Auch Sterbende haben noch was vor - sich. Auch Künstler wissen, daß sie zusammen mit den von ihnen verachteten Bürgern im selben Boot sitzen, das eines Tages mit Mann und Maus untergehen wird, aber sie hoffen doch, als Unsterbliche zu sterben.

Laut Odo Marquard hat die verspätete deutsche Nation die Geisteswissenschaften („moral sciences") entwickelt, um verspätet zu kompensieren, daß sie anders als andere Europäer noch gar keine moralistischen Autoren hatte. Diese Psychologien, Soziologien, Ethiken, Politologien, Anthropologien, Ethnologien und Historismen sehen aber auch danach aus: Nur pedantisch elaborierte Trivialitäten statt weitläufig ironische Glanzlichter. Will sagen : Wer nicht rechtzeitig seinen Lichtenberg (an)-erkennt, findet sich eben mit einem Luhmann oder Habermas gestraft.

Zuerst war aphoristische Gnomik der bevorzugte naturwissenschaftliche Einspruch gegen scholastische Denksysteme, dann umgekehrt die aphoristische Moralistik der Vorläufer der geisteswissenschaftlichen Kompensation naturwissenschaftlich bedingter Kulturschäden. Die Aphoristiker bereiteten also natur- *und* kulturwissenschaftliche Traditionsbildungen vor und bereiteten deren Defizite nach; als lebensweltliche Vor- und Nachbereiter wissenschaftsförmiger Objektivierungen werden sie geschätzt.

Welcher andere deutschsprachige Autor des 20. Jahrhunderts ist so stark von den französischen Moralisten beeindruckt und beeinflußt: Die Kehrseite seiner vermeintlich eiskalten impassibilité? 1990: „Der eigentliche Reiz der Mathematik *(und Logik)* liegt darin, daß sie die platonische Welt simuliert. Das ist kein Grund zur Überheblichkeit" - doch eben die uns weitest mögliche Annäherung an die platonischen Ideen. Gute Gnome streifen ihre Objekte wie transzendent deutbare Bedeutungen. „Der Lakonismus der Maxime weckt leicht den Eindruck des Zynismus: der Splitter leuchtet, aber er verwundet auch. Siehe Rivarol und Chamfort; weit liebenswürdiger denkt Vauvenargues." (26. 4. 1981) Die Maxime „ist dicht am Ursprung; dafür gibt es Indizien. So läßt sie sich beliebigen Beständen und Objekten anheften. Und so gilt für fast jede auch ihr Gegenteil." (25. 6. 1990) Das aber spricht nicht gegen sie, im Gegenteil, entdeckt sie doch erst den Wahrheitsgehalt von Binäroppositionen, die es zu bedenken gilt und die so noch nie wirken konnten.

Der Urknall als Folge eines Zusammenstoßes von „Branes" (komos-großen Schwingmembranen), die schon präexistent da waren, bei den Stringtheoretikern wenigstens. Über unseren euklidischen Alltagsraum verborgen hinausreichende Zusatzdimensionen enthüllen sich keiner luftig „esoterischen Erfahrung" mehr, sondern nur den Riesendetektoren immer gewaltigerer und teurerer Elementarteilchenbeschleunigern.

Der feste Boden unter unseren Füßen saust, wie wir wissen und doch nicht fühlen, in hohem Schwung durchs Sonnensystem und liegt über einem brodelnden Glutkern. Steht es so mit unwandelbaren Ideen, oder werden diese nur an der Oberfläche gekräuselt vom Toben der Geschichte?

Man geht achtlos mit der Welt um, mit der man nicht sorglos umgeht.

Gott gibt den Bettlern nichts - als Mitmenschen, die ihnen etwas geben sollten. Gibt Er ihnen nichts - von dem, was wir ihnen zu geben hätten?

Wie viele besondere Ursachen erreichen nie ihre spezifischen Auswirkungen, weil sie von allgemeinen Umfeldern vorher absorbiert werden?

Vorwärtsscheitern, ja, aber freilich nicht sich ganz zurücklügen? Und das Leben hält dir den Todesspiegel vor : Wer ist der nächste im Lande?

Wer lobt und dankt, ist etwas ruhiger, als wer gelobt und bedankt wird.

Infantilism terrible. Jung ist, wer sein Alter vergißt — und umgekehrt. Wenn wir heute schon immer älter werden, wollen wir dabei wenigstens immer jugendlich bleiben. Kindheitserinnerungen pflegten früher die Alten und pflegen heute nur jene, die nicht älter werden können. Gebrauchsanleitungen - egal für was - sind heute längst veraltet, bevor sie auch nur gedruckt, geschweige denn studiert sind.

Jeder ist gelegentlich einmal „in Gedanken", verlegt Sachen und findet sie dann nicht dort wieder, wo er sie gewöhnlich erwartet, wenn er sie braucht. Der gesunde Menschenverstand läßt uns dann über uns selber lachen : „Ich werde langsam altersschusselig und verstecke schon Dinge vor mir selbst, das wird hoffentlich nicht schlimmer." Wer Angst davor hat, den Verstand zu verlieren, glaubt ihn messerscharf so zu beweisen: Da ich ja noch klar bei Verstand bin, würde ich mich doch bald daran erinnern, wo ich die gesuchten Sachen geistesabwesend verlegt habe. Wenn ich mich aber nicht mehr besinnen kann und dennoch nicht wirr im

Kopf zu sein glaube, müssen ja Fremde in meiner Abwesenheit meine Wohnung betreten und diese Sachen vor mir versteckt haben, um mich zu necken, zu ärgern oder fertig zu machen : Fremde gehen in meiner Wohnung ein und aus, ohne daß ich es bemerke oder beweisen kann. Diese Wahnvorstellung halte ich dann für Realität, weil ich *nicht so* verrückt sein will, mich an meine eigenen Handlungen nicht erinnern zu können. Kurzum: Um mich nicht für verrückt halten zu müssen, weil ich in Gedanken Dinge vor mir selber verstecke, nehme ich die doch viel größere Verrücktheit in Kauf, mich als das Opfer feindseliger Besucher zu fühlen, die mir schlimme Streiche spielen.